より良い英語授業を目指して
教師の疑問と悩みにこたえる

斎藤栄二・鈴木寿一 編著

大修館書店

より良い英語授業を目指して
教師の疑問と悩みにこたえる

斎藤栄二・鈴木寿一 編著

大修館書店

は　し　が　き

　1997年9月に、本書の執筆者の一人で、京都教育大学大学院での編者(斎藤)の教え子である横川博一氏ともう一人の編者(鈴木)との間で本書の企画は始まりました。「発行部数が少なく、高価で、仲間うちでしか読まれない論文集より、中学や高校にお勤めの先生方の授業改善に役立つ本を作るほうが斎藤先生に喜んでいただけるのではないか。」ということで、横川氏と鈴木の意見が一致したのが本書の始まりです。

　京都教育大学の学部及び大学院での斎藤の同僚、教え子、研究会や仕事で関わりのある先生方に鈴木が執筆を依頼したところ、多数の方が快諾してくださいましたが、分量的に本書1冊で収録できないことがわかりました。内容的にも、英語教育の関連領域に属する論文も含まれることになるため、「退官論文集」も出版することにしました。そちらの方は横川博一氏の編集で、近く三省堂より出版されます。中学・高校の英語教育に的を絞った本書に対して、英語教育とその関連領域の論文が中心で、本書とは相補的関係になっております。本書と併せてお読みいただければ幸いです。

　さて、本書の目次に目を通していただければおわかりいただけますように、読者の皆さんがお持ちの疑問や悩みが数多く扱われております。それらは編者や執筆者が作ったものではなく、中学や高校の先生方が実際にお寄せになった疑問や悩みです。編者たちが関わっている語学ラボラトリー学会 (略称LLA。2000年4月より外国語教育メディア学会、略称LETに改称)関西支部授業研究部会、英語の教え方研究会、現代英語教育研究会などの研究会を開いた際に、ご参会の先生方にお書きいただいている英語教育に関わる疑問や悩みのうちの一部を選び、その疑問に対する回答と、悩みの解決策あるいは解決のためのヒントとなる実践報告を、優れた実践を展開しておられる先生方にご執筆いただいたものが本書です。

　私たち編者は、先生方が本書を参考にして、ご自身の授業を改善するための筋道をつける努力をしてみました。具体的には、実践報

告の前後に、疑問・悩み・問題点や今後の実践の方向を明らかにするために、数名の中学・高校の先生方と編者との対話を設定しました。それがどれだけ成功しているかは、読者の皆さんの評価に待ちたいと思います。どうぞご意見をお寄せください。

　今、英語教育は大きな変革のうねりの中にあります。しかし、どんな時代においても、英語教育を支えてきたのは、また今後も支えていくのは、着実な実践を積み重ねておられる現場の先生方です。編者たちは長年にわたる英語教師としての生活の中で出会った数多くのそのような先生方の実践に光を当てたいとずっと思ってきました。幸いにして、今回、多くの先生方が私たちのその願いに応えて下さいました。今後も、より良い英語授業を目指して努力しておられる先生方の実践に光を当てていきたいと私たちは考えています。今回、本書で取り上げた英語教師の疑問や悩みはほんの一部で、取り上げることができなかった疑問や悩みはまだまだたくさんあります。すなわち、理想の英語教育への道ははるか遠くまで続いており、本書はそれに至るための一里塚に過ぎません。一里塚はもっと必要です。近い将来、続編を出版したいと考えております。その際には、本書をお読みくださった先生方が一人でも多く、仲間(執筆者)に加わってくださることを願っております(仲間に加わってくださる方は、〒612−0863京都市伏見区深草藤森町1京都教育大学英文学科鈴木研究室までご連絡ください)。

　紙面も残り少なくなりました。多忙な中、執筆をお引き受けくださった先生方にお礼申し上げます。そして、企画から原稿の校正など、出版に至るすべての過程でご尽力くださいました大修館編集部の長友賢一郎氏に心より御礼申し上げます。

　最後に、読者の皆さんに呼びかけます。

日本の将来を背負って立つ次の世代のために、みんなで力を合わせて、より良い英語教育を提供しようではありませんか！

　　　　　　　　　　　　　2000年2月　京都教育大学研究室にて
　　　　　　　　　　　　　　　　　　　斎藤栄二・鈴木寿一

目次
contents

はしがき		*iii*
英語教師のみなさんに呼びかけます	斎藤栄二	*3*

コミュニケーション能力の育成

■ コミュニケーション能力の育成と大学入試に対応できる学力の養成は両立するか？

悩み・疑問	斎藤栄二	*19*
論文	鈴木寿一	*20*
読後の話し合い	斎藤栄二・鈴木寿一	*34*

■ 四技能を統合して指導するにはどうすればよいか？

悩み・疑問	斎藤栄二	*37*
論文	溝畑保之	*38*
読後の話し合い	斎藤栄二	*50*
Question 1 英語で授業をするには？	溝畑保之	*52*
Question 2 コミュニケーション志向の授業に生徒を積極的に参加させるには？	白井雅裕	*55*

文法指導

■ 英語ルールをわかりやすく、納得できるように生徒に教えるにはどうしたらよいか？

悩み・疑問	斎藤栄二	*61*
論文	山口　均	*62*
読後の話し合い	斎藤栄二	*73*

■ 文法指導をどのように行なえばよいか？

悩み・疑問	鈴木寿一	*75*
論文	竹中重雄	*76*
読後の話し合い	鈴木寿一	*85*
Question 3 *Pattern Practice*は時代遅れか？	竹中重雄	*87*
Question 4 文法用語はどこまで教えたらよいか？	白井雅裕	*90*

■ 生徒に提示すべき望ましい例文とはどのようなものか？

悩み・疑問	斎藤栄二	*92*
論文	橋本雅文	*93*
読後の話し合い	斎藤栄二	*102*

目次
contents

リスニング・スピーキングの指導

- *Question 5*　スローラーナーのためのリスニング指導は
  どのようにして行なうか？　　　鈴木　寿一　　*106*
- *Question 6*　リスニングが苦手な生徒に対して
  どのような指導をすればよいか？　紀岡　龍一　*108*
- ■ LLをどのように活用すればよいか？
  - 悩み・疑問　　　　　　　　　　　鈴木　寿一　*111*
  - 論文　　　　　　　　　　　　　　白井　雅裕　*112*
  - 読後の話し合い　　　　　　　　　鈴木　寿一　*124*
- *Question 7*　声が出ない生徒に対する
  音読指導と音読の効果　　　　　　吉見　徳寿　*126*

リーディングの指導

- ■ パラグラフ・リーディングの指導はどのようにすればよいか？
  - 悩み・疑問　　　　　　　　　　　斎藤　栄二　*130*
  - 論文　　　　　　　　　　　　　　後　　洋一　*131*
  - 読後の話し合い　　　　　　　　　斎藤　栄二　*145*
- *Question 8*　トピック・センテンスはどう使う？　磯部　達彦　*147*
- ■ タスク中心のリーディング指導はどのように行なうか？
  - 悩み・疑問　　　　　　　　　　　斎藤　栄二　*150*
  - 論文　　　　　　　　　　　　　　西本　有逸　*151*
  - 読後の話し合い　　　　　　　　　斎藤　栄二　*163*
- *Question 9*　内容重視のための「和訳」利用　磯部　達彦　*165*
- ■ いかにして英文和訳から脱却するか？
  - 悩み・疑問　　　　　　　　　　　鈴木　寿一　*168*
  - 論文　　　　　　　　　　　　　　安木　真一　*169*
  - 読後の話し合い　　　　　　　　　鈴木　寿一　*181*

ライティングの指導

- ■ 段階的なライティング指導をどのようにして行なえばよいか？
  - 悩み・疑問　　　　　　　　　　　斎藤　栄二　*184*
  - 論文　　　　　　　　　　　　　　高田　哲朗　*185*
  - 読後の話し合い　　　　　　　　　斎藤　栄二　*193*
- *Question 10*　自由英作文の指導をいかに行なうか？出口ナナ子　*195*

目次
contents

誤りの訂正
Question 11	生徒が書いた英文の誤りは訂正すべきか？	出口ナナ子	200
Question 12	生徒の誤りにどう対処するか？	達賀　宏紀	202

動機づけと教材
■ 英語嫌いの生徒を授業に参加させるにはどうすればよいか？
	悩み・疑問	鈴木　寿一	208
	論文	清水　敦子	209
	読後の話し合い	鈴木　寿一	215
Question 13	生徒が興味を持つ題材は	中井　弘一	217
Question 14	英語授業で音楽は活用できるか	中井　弘一	219
Question 15	映画の活用法	中井　弘一	222
Question 16	英語教育に役立つサイト紹介	中井　弘一	225

評価
■ 話す力をどのように評価すればよいか？
	悩み・疑問	斎藤　栄二	234
	論文	藪内　智	235
	読後の話し合い	斎藤　栄二	243
Question 17	生徒による教師の評価	藪内　智	245

教師と学習者
Question 18	英語教師の理想像――生徒と教師の間にずれがある時、どうするか？	諏訪真理子	250

■ 受け身的な生徒を自ら積極的に学ぶ生徒に変えることができるか？
	悩み・疑問	鈴木　寿一	252
	論文	藤林　富郎	253
	読後の話し合い	鈴木　寿一	261

自己研修
Question 19	多忙な中で、どのように自己研修を行なうか？	鈴木　寿一	264
Question 20	授業を改善するには何をすればよいか？	横川　博一	267

参考文献	279
編者・執筆者紹介	285

英語教師のみなさんへ

英語教師の皆さんに呼びかけます

斎藤栄二

1 ことばの力の大きさの前に、ことばをなくす

　40年近くにわたって、英語を教えることを仕事としてきた。ここ10年以上は、英語を教える人を育てることも重要な仕事となった。小学校をスタートに中学校、高校、教育センター、短期大学、4年制大学、大学院の場で、実際に黒板を背にして教室に立ってきた。いつの間にやら教師として経験していないのは、幼稚園だけになってしまった。

　それらを通して、私の心の中に少しずつ育ってきたものがある。それは何だろうか。ひと言でいうとことばの持っている不思議な力に対する畏敬とでも言ったらよいのだろうか。

　私たちは1日たりとも、ことばを使わないで生きていくことはできない。ことばによって人に語りかける。ことばによって、人から語りかけられる。ことばによって考える。ことばによって喜びを表し、ことばによって悲しみを訴える。ことばによって愛を語る。ことばによって選挙公約を訴える。

　そして時に、ことばは、私の心の中で結晶となる。例えば、次のように。

> ことばは
> 心の病んだ人をいやす
> ことばは
> 悲しみのどん底にいる人を
> 立ち上がらせる
> ことばの力の大きさの前に
> ことばをなくす

2 ことばは、時には人の命を救う

　1998年12月に沖縄に行ってきました。現地のガイドの松永さんと話をしている間に、比嘉平治という人の名が出てきました。この人が私の心をとらえたのです。何せ1人で1,000人以

上の命を救ったのです。

　沖縄にいる間の丸一日は、松永さんの案内で比嘉平治さん関係の資料を追いかけました。この事件は1945年に起こっています。米軍第6海兵師団カメラマン、ジョン・C・マクマレンさんが撮影したフィルムをビデオにしたものを、南風原文化センターで見せてもらいました。この中に比嘉平治さんが出てきます。このビデオは後日コピーを送っていただきましたので、今私の手元にあります。そして、この件については、下嶋哲郎という方が岩波ブックレット246「沖縄チビチリガマの集団自決」に調査の結果をまとめています。つまり、これは実際にあったお話しだということです。

　では、沖縄で何が起こったのでしょうか。1945年4月1日、アメリカ軍は170艘の大型艦船と、183,000人の兵力をもって沖縄本島への上陸を敢行しました。その勢いは、まさに太平洋を荒波のごとく北上してきたというのにふさわしかった。日本が敗戦に追い込まれる4カ月前のことです。

　その時、上陸地点となったのが、読谷村（よみたんそん）の西海岸にあった波平部落です。部落の人々は米軍に追い詰められて、チビチリガマとシムクガマという鍾乳洞に避難しました。ご存じかとは思いますが、沖縄の地下には鍾乳洞が網の目のように走っています。私もシムクガマに入ってきましたが、懐中電灯がなければ、日中といえども漆黒の闇で、目の前5cm先に立っている人間の姿さえ見えませんでした。チビチリガマは名前の通りかなり狭い鍾乳洞で、100人以上も入ればお互いに肩が触れ合うくらいだそうです。ここに避難した142名のうち82名が集団自決等によって命を亡くしています。

　シムクガマはかなり大きく、このガマには1,000人以上が避難しました。チビチリガマもシムクガマも同じような状況下に置かれていました。集団自決にいたりかねない緊迫した空気は、シムクガマにも流れていたのです。ところが、シムクガマの集団自決は直前で中止されました。両方のガマは、600～700mしか離れていません。なぜこのような違いが起こったのでしょうか。それは、シムクガマに比嘉平治さんがいたからです。

英語教師の皆さんに呼びかけます

3 142名中82名が命を断つ

　　チビチリガマで集団自決が起こったのは、アメリカ軍が上陸した翌日の４月２日のことです。チビチリガマの入り口にアメリカ兵の姿がチラチラと見え始めます。人数はそんなに多くないと、ガマの中の人々は考えました。しかしガマの中は極度の混乱に陥りました。下嶋哲郎さんのまとめておられるものによると、その時、「神国日本の民たるものが、そのうろたえようは何かっ！　アメリカを恐れることは何もない。竹やりで戦いなさい。」と一喝した若い女性がいます。そこで、我に返った村人たちは、闘志もあらたに手に手に竹やりをつかんで、入り口に殺到した。男も女も子どもも老人も突撃したのです。中には包丁を振りかざして走る少女もいました。自分の子どもに竹やりを持たせて、「行け！」と命令した母親もいました。「うちらは大和魂と竹やりで勝てる！」というわけです。村人たちは、「殺せ！」、「やっつけろ！」「天皇陛下万歳！」と口々に叫んで、突撃しました。人間というのは、命をかけなければならないとき、自分の口から叫ぶ呪文のようなことばによって、自分の理性を凍結させてしまうのかもしれません。

　　しかし、ガマから飛び出した村人たちが、チビチリガマの崖の上に見たものは、ずらりと並んだアメリカ兵の姿です。そのアメリカ兵に向かって、２ｍほどの竹やりを、７ｍ以上、上にいる彼らめがけて、「ヤーツ！ヤーツ！」と突きだしたのです。崖の上からはたちまち機関銃や手りゅう弾の雨が降り注ぎました。かくして、集団自決も含めて142名中82名が命を絶ったのです。そのうち約６割は子どもでした。

4 おまえら竹やりを捨てろ！

　　一方、シムクガマです。状況はチビチリガマとあまり違いませんでした。しかもこちらは人数が1,000人以上もいました。追い詰められたシムクガマの村人たちの間にも、緊張感が高まります。

　　シムクガマでは子どもの警防団員が口火を切りました。ガマの奥の方から、「バシャ、バシャ」と川を突っ走って数十人の

子どもたちが、手に手に竹やりをつかみ突撃を開始したのです。
　その時です。
「イッター！　竹ヤリ、ウッチャンギレー！（おまえら竹やりを捨てろ！）」と大声で叫んだ人がいます。比嘉平治さんです。彼のあまりの迫力に押されて、少年たちの足は止まりました。村人たちが大騒ぎになっているときに、比嘉平治さんは、叔父の平三さんを伴い、
「アメリカーと話し合ってくる。」
とガマを出て行ったのです。2人の行動は、村人たちの理解を超えていました。「外にアメリカ兵が大勢待ち構えている。殺されに行くのと同じではないか」と村人たちは考えました。
　しかし2人は無事に帰ってきたのです。
「アメリカーと話し合ってきた。アメリカーは手向かいしない限り、殺さないと約束した。戦世（イクサユー）でやられるのは、兵隊がいるからだ。この中には日本兵はいないから攻撃しないと言っている。大丈夫だ。命を大切にしようじゃないか。さあ、出よう。」と村人たちに呼びかけたのです。マクマレンさんの撮影したフィルムを見ましたが、カンカン帽をかぶったヒゲだらけで頬のこけた比嘉さんが、土の上にしゃがみこみ、アメリカ兵に取り囲まれて盛んに何か話しています。
　この後、彼は、別のアガシムクというガマに行って80名以上の村人たちを説得しています。彼は1,000人以上の人の命を救ったのです。今は救われた人たちの孫の世代が、沖縄で命を伝えているのです。

5　勇気

　なぜ比嘉さんには、こんなことが可能だったのでしょうか。比嘉平治さんと平三さんは英語が話せたのです。平治さんは、ハワイでの長い生活体験を持っていました。ハワイでバスの運転手をしていたそうです。彼はいわばハワイ移民からの帰省者だったのです。私はこの話を沖縄のガイドの松永さんから聞いたり、下嶋哲郎さんの書かれた岩波ブックレットを読んだりしている間に、ことばのできることの意味、この場合は英語ですが、英語のできることの意味というものについて改めて考えざ

るをえませんでした。

　平治さんが英語ができなかったとしたら、どうなったのでしょうか。1,000人以上の命を救うことなどできなかったでしょう。もし平治さんが、「アメリカ兵は民間人を殺さない」というアメリカ兵の考え方を理解していなかったとしたらどうなったでしょうか。これは今で言う異文化理解です。異文化理解がなかったら、1,000人の命を救えなかったでしょう。

　英語ができ、異文化が理解できれば、それで1,000人以上の命が救えたでしょうか。私にはそうは思えません。もう一つ大事なものがあります。それは勇気です。人の命など、戦場の場では銃の引き金を1回引くだけで終わりになります。勇気がなくてはできることではありません。

6 ことばで思いを伝えること

　まとめると次のようになります。
　　(1) ことばができること
　　(2) 異文化に対する理解
　　(3) 勇気

　私たちみんなが、比嘉平治さんのような経験をすることはないでしょう。しかしながら、上にまとめた「ことばができること」「異文化に対する理解」「勇気」というのは、これからの世界に生きていく人間にとっては、かなり基本的な要件ではないでしょうか。

　ことばとことばによって、心をつなぎ、命の安全を守る。そのことは今の世界でも、まだ人間が成し遂げていないことなのです。この原稿を書いている今は、連日NATO軍がコソボを空爆し、100人単位で命が抹消されつつあります。しかし、その前には、この空爆に至らしめるようなユーゴスラビアによる民族浄化や集団レイプが伝えられています。いずれにしても、一つ確かなことは、人間は、まだことばとことばによる話し合いを通しての解決というところに完全に到達できていないという事実です。そして、このことは、何も遠いヨーロッパにおける出来事ではないのです。

　心を暗くする事件が、教育の世界で続発しています。文部省

の調査によると、1996年に生徒が教師に暴力を振るったケースは、公立中学校595校で1,316件。1,431人の生徒が1,402人の教師に暴力を振るっています。この件数は前年度より5割増しです。そしてこの数字は、1982年度に調査を始めて以来最悪だそうです。これは文部省の調査に表れた数字ですが、実際はもっと多いのではないでしょうか。また、中学生が校内で教師を殺害して補導されましたが、警察庁によると、このような事件は過去に例がないそうです。

こういった病理現象は、中学校だけでなく小学校でも増えています。授業中に徘徊し、学校の器物を破壊し、教師から注意されると、「死ね」「ムカつく」と反抗する。学級崩壊が不気味に広がっています。こういう子どもたちが成長し、間もなく社会の主役になります。その時、この国はどうなっているでしょうか。私たちが直面している現象は、今までになく重大だと言わざるを得ません。

人間は一生の間、誰でも腹の立つことに直面します。そんなときに、ことばで伝える努力をする前に、暴力に訴える。こういう状況が広がりつつあるときに、比嘉平治さんのように命をかけてことばで訴えようとした人のことを若い世代に伝えていくことは、意味のあることではありませんか。

7 英語教師へのメッセージ

私たちは、英語の教師です。英語の教師というのはことばを教える教師です。『現代英語教育』1999年3月号で、ことばの教師である皆さんへの呼びかけをさせていただきました。私の心はそこで書かせていただいたことに尽きるのです。もう一度、皆さんに読んでいただけないでしょうか。

> **あなたは一生、文型指導屋で終わるつもりなのですか?**
> あなたは一生文型指導屋で終わるつもりなのですか。
> ある夫人がむなしさを感じて言います。
> "What we do seems no more than a drop in the ocean. It does not seem to make any difference."
> それに対して、Mother Teresa は静かに答えます。

"The ocean is made of drops. If that drop were not in the ocean, I think the ocean would be less because of that missing drop."

　あなたは、このことばを生徒に教えるとき、何を教えますか。

　「The ocean is made of drops. は受け身形だ。」などと言い出すのですか。「If that drop were not in the ocean, は仮定法。」などと言うつもりですか。

　英語はことばです。ことばには書いた人の心がこもっているのです。こんな簡単な単語を連ねながら、とても深いことを言っている。それをどうして伝えようとしないのですか。

　「"I have a dream." は S＋V＋O の文型だ。」などというつもりですか。

　「"Love is action." は S＋V＋C の文型だ。」などと言って片づけるつもりなのですか。

　キング牧師が、"Even if people hurt us, we must hurt no one. We must have the courage to refuse to fight back. We must use the weapon of love." と語りかけるとき、このことばこそ、まさに「キレル、ムカツク、ナイフを振り回す」私たちの目の前の中学生に伝えるメッセージではないのですか。

　あなたは一生を文型指導屋で終わるつもりなのですか。too ～ to を so ～ that ... に書き直して、それが何だというのですか。クジラの公式がわかったからといって、何がわかったというのですか。

　切れば血が噴き出るようなことば、そのことばのメッセージを伝えることこそ、ことばの教師の仕事ではないのですか。そして、英語の教師は、まさにことばの教師ではなかったのですか。

　英語の授業ではコミュニケーションが大事だといわれます。コミュニケーションとは一体何ですか。

　自分の心を深く伝えたい。

　その心のメッセージを豊かに受け取りたい。そこから

コミュニケーションは出発するのではないのですか。
　同僚の英語教師諸君！
　いつの日にか、あなたが書く授業案のトップに、「Mother Teresaの生き方を彼女の語ったことばを通して知る。」とか、「キング牧師ほど、ことばの大切さをわかっていた人はいません。それがどういうところに表れていたのかを考えてみよう。」といった目標を「関係代名詞のthatの用法」などに代えて、書く日が来るのを実現しようじゃありませんか。
　文型を教えることが仕事でないとは言いません。しかし、あなたはそれを一生の仕事として、あなたの人生を終わるつもりなのですか。それで、充実した人生だったといえますか。それではあまりにも寂しくはありませんか。
　「人の心の豊かさ、悲しさ、そしてつらさ、それらをイキイキと表現している人は世界中にいる。人間の生きた心のメッセージを、生徒とともに探ること。そんな英語の教師を目指そうではないか！」
　それでも、あなたはまだ一生を文型指導屋で終わるつもりなのですか。

8　私の呼びかけ

　私は1996年4月から1999年3月まで、4年間京都教育大学附属京都中学校の校長を務めさせていただきました。日常的に、中学校の先生方と接触する機会ができました。それまでは、ほぼ20年以上にわたって、ずっと英語の先生とのふれ合いが続いていました。私の京都中学校での経験は、英語教育も、他の教科の教育と肩を並べて教育活動の一つであるという視点を私に与えてくれました。考えてみれば当たり前のことです。私にとっては、教育の活動の総合として、学校教育の在り方が目の前に大きく広がってきたということになります。こういう経験は英語教師としては得難いものでした。そこで私は、そういう経験を踏まえて、この稿の中で、英語の先生方に語りかけよう

と決めたのです。それは、いわば、英語教育も含めた私の教育論です。英語教育プロパーの諸問題については、本書においてもすぐれた実践家の皆さんが、多方面から経験に基づいたノウハウを提言してくださっています。また私自身も、その分野で話したり書いたりしてきました。そして、そういう実践的な英語の授業活動が、大きな教育活動の中でどういう役割を果たさなければならないのかというのが、今の私の関心事です。英語の教師としてずっとやっていくのなら、そのことを基本的に考えてみませんかというのが、私の呼びかけなのです。

9 「学び」とは何なのでしょうか。

　さて、それでは、学校教育とは一体何なのでしょうか。そして、その中で、特に英語教育はどういう分野を分担すべきなのでしょうか。

　まず、学校教育は何なのかということから考えてみたいと思います。佐藤学さんが『学びの身体技法』(太郎次郎社)で述べておられることを頭に置きつつ、私の考えを述べさせていただきます。

　佐藤学さんは「学び」ということばを使います。勉強ということばは使いません。子どもが行なうのは、強いて努めるものではないという考えからです。学習ということばも使いません。「学び」とは、既存の知識を一方的に吸収するニュアンスをもつ学習とは一線を画するものだからです。

　さて、それでは「学び」とは一体何でしょうか。それは次の３つから成り立っています。

　　(1) 人と人とのふれ合い
　　(2) 人と物とのふれ合い
　　(3) 自分と自分とのふれ合い

「学校教育とは一体何なのか」と問われた時、私はこの３項目をあげます。

　今は、教育力の低下現象は明らかです。それは、子どもが育つ家庭においても、そして、やがて入る学校においても、それらを包んでいる社会においても、普遍的に見られる現象です。次なる世紀には、教育の復権を図らなければなりません。

10 人と人とのふれ合い

　人が人とがふれ合って生きるのは、根本的なことです。人に生まれると、もうその時点から母親とのふれ合いが始まります。そして、その人間関係は父親へ、兄がいれば兄へ、姉がいれば姉へと広がります。弟や妹が生まれれば、その関係はもっと広がります。そして、祖父母へ、やがては保育所、幼稚園、小学校、中学校、高等学校、大学へと進むにつれて、量的にも質的にも膨大で複雑なネットワークとして一人の人間を包んでいきます。

　そういう人と人とのふれ合いは、どういう意味を持つのでしょうか。

　次の例を見ていただきたいと思います。

> 　1945年、小児精神分析の専門家、R・スピッツが発表した研究があります。スピッツは2つの捨児養育院の収容児の健康状態を比較研究しました。ひとつの養育院は、保健衛生の面で非の打ち所のない設備を誇っていて、乳児たちは消毒された純白のシーツのある乳児用ベッドに一人ひとり別々に寝かされていました。マスクをした看護婦ができるだけ赤ん坊に触らないよう注意しながら世話をしていました。
> 　もうひとつの養育院は経済的に貧困で、管理も行き届いていないような印象を与えました。そこでは、あまり清潔でない大きな囲いの中に大勢の乳児を入れていました。赤ん坊たちは、お互いに接触したり、ボランティアの保母たちに、まつわりついていたりしたのです。身体接触のチャンスだけは、こちらの方がずっと大きかったのです。この養育院では乳児死亡率が一般の平均より低いという結果が示されました。ところが、先に述べた衛生的な養育院では非常に高い乳児死亡率が示されました。特に多くの乳児がマラスムスと呼ばれる脊髄萎縮を起こす状態で死んでいきました。このことから、スピッツは、衛生的な隔離がかえって乳児の心身の健康によくないこ

> と、乳児にとって、生身の人間との触れあいが不可欠であるという考えを述べたのです。
> 　　　　　国谷誠朗（『孤独よ、さようなら』集英社）

　上の引用は何を語っているのでしょうか。人にとって、人とのふれ合いがなければ、寿命を縮めるほどの意味を持つということを語ってはいないでしょうか。乳児はいわば人間としてスタートする原型のような存在です。であればこそ、「人と人とのふれ合いは命にかかわるほどの存在」ということをストレートに語ってはいないでしょうか。

　このことは、乳児に限ったことではありません。新聞は、一日おきほどの頻度で、神戸の仮設住宅における孤独死を伝えていたことがあります。人と人との意味のある人間関係を作れず、終日仮設住宅に閉じこもり、ただ部屋の壁に向き合っている時の孤独感が、人の命を縮めているのです。だとすれば、人間にとって、人とふれ合って生きるということは、根源的な意味さえ持っているのです。ところが、人との交わりを持てない子どもたちが大量に出現しているのです。佐藤学さんの『学びの身体技法』から例を借りましょう。

> 　無表情で沈黙した生徒が教室に置物のようにすわっている。声をかけると一瞬身構えて緊張が走るが、呼びかけて待っても口を開く様子はない。もっと凄い話がある。小学校の１年生というと、まず「はいはい。」とツバメの巣のような教室から出発するのが常識だが、４月から一言も口を開かない１年生の教室が、いくつかの学校で見られるようになった。(中略)
> 　これらの特異な現象だけでなく、教室における身体の異変は、もっと日常的に深く浸透している。
> 　まず、他者への無関心がある。例えば、１人の子供が「先生、消しゴムがない」と何度も言う。「先生、消しゴム」を連発するだけで、隣の子も隣の子で、「これ使っていいよ」という子もまれにしかいない。ほとんどの子供が他人事として聞きながしているし、よくて「先生、この子、消しゴムがないって言ってるよ」なのである。中

> 学校や高校の教室だと「○○君はいる？」と休憩時間に尋ねても、いっこうに釈然としない。「おい、○○、今日来てたっけ」「さぁ、」という調子である。甚だしい場合には、もう半年もたっているのに「○○ってうちのクラスだったっけ？」という声を聞くこともある。

　こういう子どもたちの層は家に帰ると自分の部屋に閉じこもり、TVゲームに熱中したり、ビデオに熱中して自分だけの世界を作ってしまうのです。私は思うのですが、人は一人ひとりが砥石ではないでしょうか。いろんな形の砥石がぶつかり合い、少しずつ砥がれて、そこで自分というものとの折り合いをつけていく。折り合いをつけるためには大変な苦労することもあるのですが、私たちはロビンソン・クルーソーではないのですから、そういう人間関係から逃げ出すわけにはいかないのです。そして、そういう砥ぎあいがあって、自分のアイデンティティーができあがり、バランスのとれた人柄へと成長していくと思うのです。バランスのとれた人柄というのは、すぐキレれたり、ナイフを振り回したりしない人柄ということです。

　人は人との交わりの中で育つ。そうであるとするなら、教育はまず、人と人とのふれ合いをその場に取り戻す、あるいは創り出すことをもって第一義としなければならないのではないでしょうか。私は、教育の場における学びの活動を、そういう視点からとらえ直すべきだと考えています。そのことが教育の復権につながっていく途への王道ではないでしょうか。

11 英語を学ぶことの意味

　人と人とがふれ合うとき、一番大切な役割を果たすのはことばです。だから、まずなによりも
「ことばでコミュニケーションのとれる生徒を育てる」
ということが、教育の中心的な役割だと私は思うのです。暴力などに訴えずに、自分の考えを順序だてて説明できる人間ということです。怒っているときに、なぜ怒っているのか、それを説明できる人間です。簡単なことではありません。
　さて、英語の教師もことばの教師だということです。

「英語ということばを使ってコミュニケーションのできる生徒を育てる」

ということの意味を、今までに説明したことに照らし合わせてもう1度考えていただければ幸いです。もちろん、日本語である母国語のレベルとは自ら違ってきます。しかし、この仕事をやっていくことは、英語教師の役割でないはずはありません。「そのことのために努力しませんか」と呼びかけます。そのことが本稿の目的です。具体案はいろいろあります。ささやかながら方向だけは示させていただきます。

それは「自分の考え」を述べることのできる英語教育の方向です。新里眞男さんが次のように書いておられます。

21世紀の英語教育の指針として

学習指導要領が改訂されれば直ちに英語教育が"drastic"に改善されるだろうというのは、ナイーブな考え方である。英語教育を改善するためには、財政、人事、入試、研修などさまざまな分野での総合的な改善が必要だからである。

しかし今回の改訂で、何を目標とすべきか、そして、その目標にどうアプローチすべきかについて(少なくとも授業や試験のレベルで)の指針は示すことができたと考える。今後、今回の改定の趣旨を十分に理解していただき、英語の先生方をはじめ多くの方々の改善への努力を期待したい。

最後になるが、21世紀の英語教育の指針としての「実践的コミュニケーション能力」に、もう1つ重要な要素を加えておきたい。この要素は、海外の外国語教育ではほとんど論じられないが、日本の外国語教育では不可欠なものである。

それは、生徒が情報や考えの送り手として「自分の考えや意見を持つこと」である。今回の改定では、小、中、高のすべての教科で、このことが強調されているが、外国語教育でもこれに留意する必要がある。そして、これを保証した外国語教育をわれわれ日本人が創造しなくてはならないと考えている。

本書でも具体案については、いろいろな方が話してくれると思います。

> 21世紀の英語教育は
> ことばの教育
> ことばの教育とは
> まず何よりも
> 自分の考えを述べることのできる教育
> そして、そういう努力をすれば
> なおさら相手の言うこともわかろうとする心

として締めくくっておきたいと思います。お読みくださってありがとうございました。

より良い英語授業を目指して
教師の疑問と悩みにこたえる

コミュニケーション能力の育成

コミュニケーション能力の育成と大学入試に対応できる学力の養成は両立するか？

A先生：私の教え子で、教員になって7年目の優秀な英語教師がいるんですが、今年、県内でも有数の進学校に転任になったのです。昨年までは、ほとんどの生徒が英語が苦手だという高校でコミュニケーション能力の育成を目指す授業をしてきたのですが、今度の学校では、一緒に転勤してきた同僚と彼を除いて、全員が英文を一文ずつ和訳する授業をしていて、それが大学受験対策として一番有効な指導法だと信じ込んでいるんだそうです。「コミュニケーションか何だか知らないが、あんな授業では入試に対応できん。困った教師が転勤して来たもんだ。」と同僚たちが他教科の教師と一緒になって陰で2人の悪口を言っているそうです。なんとか力になってやりたいのですが、**コミュニケーション能力の育成を目指す授業は入試対策としても有効なのでしょうか？** 私自身、その有効性に確信が持てないので困っています。

斎　藤：本当に残念な話を、また聞かされました。

A先生：というと、今までにもこういう話にぶつかっているんですか。

斎　藤：ぶつかっているというより、直接の経験です。学生諸君を英語の教員に育てる仕事をしてきましたが、私のところから巣立って先生になった諸君が、程度の差はあれ、同じような状況に巻き込まれています。「せっかく育てた教師を現場の教師が壊していく」という図式が見えます。おそらく、日本全国でこのようなことが起こっていると思います。自分の信念を貫いて、すばらしい実践を展開している先生方もおられますが、同僚たちの圧力に負けて、不本意な授業を続けておられる先生方のほうが多いのではないでしょうか？ 偏見を避けるためにも、次の鈴木寿一先生の論文をお読み下さい。実は、鈴木先生自身が若い頃、先生の教え子と同じ状況に置かれていたのです。その中で、10年以上にわたって、少しずつ授業をあるべき方向に変えていこうとする努力から生まれたのが、鈴木先生の論文なのです。

コミュニケーション能力の育成を目指す授業で、大学入試に対応する学力を養成できる！

鈴木寿一

1 大学入試の影響を受ける高校英語教育

英語教育の成果があがらない原因の一つは大学入試であると言われる。確かに、教師も生徒も入試に振り回されて、日常の授業や学習が入試対策に終始している場合が非常に多く、次のような傾向が見られる。

❶ 音声指導の軽視

「オーラル・コミュニケーション（以後、OC）」が登場して7年になるが、OC能力を測定するテストは、リスニング・テストでさえ、一部の大学・学部・学科でしか課されていないし、センター試験でも、依然として課されていない。そのため、「授業でリスニングやスピーキングの指導に貴重な時間を割くのは無駄だ」と考える教師や生徒が多く、進学校では、「OC」の授業は行なわれていないことが多い。また、「英語Ⅰ・Ⅱ」における「聴く・話す」領域の指導は省略され、音読指導も入試で課されていないため、軽視される傾向がある[1]。

❷ コミュニケーション活動の軽視

話し手や書き手の意向を理解したり、自分の考えを述べるコミュニケーション活動はもっと軽視されている。大学入試問題の出題形式が依然として「英文和訳」が主流であるため[2]、「入試であまり必要とされないコミュニケーション能力を伸ばすより、和訳する力を養成するほうが得策である」というのが教師の間でも、生徒の間でも、一般的な考え方となっている。

❸ 基礎基本の軽視

入試問題の英文と検定教科書の英文の難易度を調べてみた。調査に用いた英文は、1993年度（旧課程入試）と1997年度（新課程入試）の国公私立の約160大学の長文問題の英文、センター試験は1994〜1997年度の英文、それに、進学校で用いられる代表的な検定教科書（旧課程の「ⅡB」5冊と新課程の「リー

ディング」5冊)の英文である。パソコン・ソフト *Correct Grammar* によって英文のリーダビリティ[3]を調べ、平均値を算出したところ、表1のようになった(鈴木，1997)。

表1　大学入試問題と検定教科書の英文のリーダビリティの比較

	検定教科書	大 学 入 試		
		センター	国公立	私　　立
旧課程	7.7	7.4	10.7	10.0
新課程	8.2	6.0	10.6	10.2

　表1から、センター試験の英文は検定教科書レベルだが、国公立大学の二次試験及び私立大学の入試の英文は、検定教科書の英文よりも、平均2学年上のレベルの英文であることがわかる[4]。そのため、それに対応できる学力を養成するには、同レベルの教材を使う必要があると信じられていて、生徒の理解度や学習意欲に関係なく、大学進学希望者が多い学校では、生徒の学力よりもかなり高いレベルの教科書や副教材が用いられたり、1年生の時から入試問題集を持たせる学校もあり、基礎・基本が軽視される傾向がある。

2　実証的な実践研究の必要性

　コミュニケーション能力の育成を目指す授業を実践する教員も増えてきたが、まだまだ少数派である。「コミュニケーション能力の育成を目指す授業などしていては、大学入試に対応できる学力を養成できない。」と考える教員のほうがはるかに多い。また、コミュニケーション能力の育成が大切だと思いながらも、それで入試に対応できる学力を養成できるかどうか不安なため、入試対策指導を行なっている教員も多い。こういう現状を打破するには、客観的事実に基づかない信念や主義に拠る実践に終始していてはだめで、実証的な実践研究を行なう必要がある。出て来たデータが正反対の結果を示していても、はるかに実のある議論ができるため、指導法が改善され[5]、英語教育がより良い方向へと変わっていく可能性は大きい。

　その観点から、本稿では、教師や生徒の間に見られる、コミ

ュニケーション能力の養成を目指す授業を実践する上で障害となる考え方が正しいものかどうかを、1998年3月まで筆者が勤務していた、大阪で「公立御三家」と言われる進学校での実践から得たデータを用いて、実証的に検討する。

3 誤解と偏見への挑戦――実証データを踏まえて

❶ 教員と生徒の間で信じられていること

教員や生徒の間で一般に信じられていることのうち、次の点を検討する。
(1) 英文和訳指導は大学入試対策として最も効果がある
(2) 大学入試に対応できる学力の養成には音読指導は不要である
(3) 多読より入試問題集を用いるほうが入試対策として有効である
(4) コミュニケーション活動を重視した指導は入試対策として有効ではない
(5) 難しい教材を用いるほうが英語力がつく

❷ 英文和訳指導は大学入試対策として最も効果があるのか？

「英語Ⅰ」、「英語Ⅱ」、「リーディング」の授業時間の多くが英文和訳に割かれているのは、多くの教師や生徒が、「英文和訳の指導または練習が入試で高得点を取る最も効果的な方法である。」と考えているからだろうが、そのような考え方は正しいのであろうか？　結論から述べると、数回にわたる筆者の調査では、英文和訳による指導が入試対策として最も効果があるというデータは得られなかった(鈴木, 1992)。前任校で毎年、6月中旬、9月上旬、11月中旬に実施していた校内模擬試験(以下、模試)を利用して、筆者が担当していた4クラスの内、2クラスに全文和訳を課し、残り2クラスには部分和訳を課して、英文和訳問題と内容説明問題[6]の成績に差が生じるかを調べてみた。全文和訳クラスと部分和訳クラスから第1回模試の成績がほぼ同じ生徒を71名選び出して[7]、追跡調査を行なったところ、次のページの表2のような結果が得られた。

第1回模試では、「部分和訳クラス」と「全文和訳クラス」

表2　英文和訳問題と内容理解問題の平均点

模試	クラス	人数	模試全体 平均　SD	英文和訳 平均　SD	内容理解 平均　SD
第1回	部分和訳	71	43.6　16.28	14.4　6.91	12.6　6.21
	全文和訳	71	44.7　17.59	15.1　7.16	12.3　6.92
	差		-1.1	-0.7	0.3
第3回	部分和訳	71	47.9　17.84	17.9　8.47	16.6　8.02
	全文和訳	71	45.0　18.58	17.5　9.39	14.3　7.23
	差		2.9	0.4	2.3

の間には、模試全体、英文和訳問題、内容理解問題のいずれにおいても、平均点に統計的有意差は見られなかった。第3回模試では、すべてにおいて数字の上では部分和訳クラスが全文和訳クラスを上回ったが、両者の間には統計的有意差はなかった[8]。その後も、異なる年度の3年生の年3回の模試成績を追跡調査したが、英文和訳問題では、全文和訳クラスと部分和訳クラスの間には一度も統計的有意差は認められなかった。数字上では、部分和訳クラスが全文和訳クラスを上回るほうが多かった。また、内容説明問題では、数字上は、部分和訳クラスが全文和訳クラスを常に上回っていたが、両者の間に統計的有意差があったのは調査回数9回中3回であった。

　以上のことから、授業で全文和訳を課すことは、入試対策として一般に信じられているほどには効果がないと言えよう。未知の英文の和訳問題に対する成績に差がないのであれば、全文和訳をやめて、難しい箇所や問題のある箇所のみ和訳することによって、時間を節約し、節約できた時間をリスニングや速読などの指導に使うほうが有益であろう[9]。

❸ **大学入試に対応できる学力の養成には音読指導は不要か？**

　音読指導と言っても、その方法や割かれる時間も様々だが、筆者の知る限りでは、その日の教材を1回だけ音読するという儀式的指導であることが多い。この場合、音読指導を全く行なわない場合と比べて、生徒の英語力の伸びにはほとんど差はないが、パラレル・リーディングやシャドウイング[10]などを行な

って、大幅に音読指導の回数を増やすと[11]、コミュニケーション能力の一部である聴解力と読解速度(理解を伴ったリーディング・スピード[１分間に読んだ語数×理解度チェック問題の正答率])が向上することが判明している(鈴木, 1998b)。

では、大学入試に対応できる学力の養成に音読は効果があるだろうか。この点について調べるために、1997年度の３年生文系５クラスの生徒の中から、２年生と３年生で下のような大量の音読指導を受けた生徒と、２年生と３年生で形式的な音読指導しか受けなかった生徒を抽出して、３年生の11月に行なわれたセンター試験形式と国公立大学の二次試験形式の２種類の模試の成績と、センター試験の自己採点結果を比較したところ、表３のような結果になった(鈴木, 1998b)。

表３　大量音読クラス vs 形式的音読クラス

		校内模試						センター試験	
		人数	センター型		２次型		人数		
	クラス		平均	SD	平均	SD	クラス	平均	SD
第１回	大量音読	30	60.6	14.21	32.2	7.96	大量音読 30	—	
	形式音読	41	56.4	12.81	30.5	10.81	形式音読 41	—	
	差		4.2		1.7		差		
第３回	大量音読	30	63.1	10.96	47.2	9.37	大量音読 30	183.1	11.19
	形式音読	41	55.6	13.29	41.4	12.79	形式音読 41	172.6	15.63
	差		7.5*		5.8*		差	10.5**	
有意差	第３回模試センター型：大量音読＞形式音読 ($p<0.05$)								
	第３回模試２次型：大量音読＞形式音読 ($p<0.05$)								
	センター試験：大量音読＞形式音読 ($p<0.01$)								

校内模擬試験では、センター試験形式、二次試験形式の両テストで両群の平均点の間には統計的有意差はなかったが、５か月後の11月の２つの形式の校内模擬試験、１月のセンター試験では、いずれも大量音読クラスが形式的音読クラスを統計的有意差をもって上回った($p<0.05$～0.01)。このことから、「入試に対応できる学力を身につけるには音読指導は不要である」という考え方は誤りであると言えるであろう。あまり効果がない全文和訳をやめて、難しい箇所だけに絞った部分和訳にして、浮いた時間を音読指導などのコミュニケーション能力養

成のための基礎となる学習活動に回すほうが入試対策としても有効であろう[12]。

❹ **多読指導は大学入試に役に立たないか？**

受験対策型指導をしている教師の間では、多読指導は軽視されている[13]。「多読などしている暇があったら、一つでも単語を覚えて、入試問題集を勉強するべきだ。」と指導する教師が非常に多い。多読指導を実践する教師がごく少数であるのは、多読指導の効果が明確でないからであろう。

筆者は大学受験時代に多読を経験し、その楽しさと効果を実体験したため、教員になってからも、生徒に多読を勧め、授業中や長期休暇中に多読課題を課してきたが、1978年から、希望者に読みたい本を貸し与えて、自由に読ませるようになった。参加した生徒たちの多くが、英語力を伸ばして卒業していった。1986年度から、「ペーパーバック・クラブ」を作り、課外の多読指導を行なうようになった。ある程度の人数が集まるようになって、リスニング、読解速度、定期考査の成績と校内模試の成績に分けて、多読の効果を足かけ6年にわたって調べてみた（表4、5参照）。

表4　高校1年定期考査偏差値

		人数	4月	2月	伸び
クラブ会員		41	50.8	51.6	0.8
読破ページ数	0	7	57.5	52.4	-5.1
	1－99	14	47.6	48.0	0.4
	100－299	9	51.4	51.6	0.2
	300－499	6	51.5	55.5	4.0
	500－999	3	55.8	61.0	5.4
	1000以上	2	37.5	48.5	11.0

表5　高校3年校内模試偏差値

		人数	4月	2月	伸び
クラブ会員		57	50.3	52.6	2.3
読破ページ数	0	26	47.9	48.5	0.6
	1－99	4	46.0	46.4	0.4
	100－299	15	51.3	54.2	2.9
	300－499	3	52.2	56.9	4.7
	500－999	6	58.4	64.7	6.3
	1000以上	2	54.3	63.3	9.0

その結果、リスニングと読解速度においては、学年当初の時点では一般生徒とほとんど変わらないが、学年末の時点では、クラブ会員が一般生徒を上回り、読破ページ数が多くなればなるほど、一般生徒との差が広がることがわかった（鈴木, 1996）。表4と表5から、一般生徒とクラブ会員の定期考査の成績と校内模試の成績は一般生徒を上回り、リスニングや読解速度の場合と同様に、読破ページ数が多くなればなるほど、そ

の傾向が顕著になることがわかる。このことから、多読指導がコミュニケーション能力の育成だけでなく、大学入試対策としても有効であると言えよう。

❺ コミュニケーション活動を重視した指導は入試でマイナスに働くか？

　前任校で筆者は週2回の3年生対象の選択英語の授業で、ディベートを中心とした授業を行なった。授業中の活動はリスニングとスピーキング、授業外の準備活動はリーディングとライティングが中心であった。その受講生と入試問題集を用いた長文読解の授業を選択した生徒の中から、必修科目の「リーディング」と「ライティング」の授業担当者が同じ生徒（ディベート・クラス30名、長文読解クラス24名）の校内模擬試験とセンター試験の成績を比較した。表6にその結果を示す。

表6　ディベート・クラス vs. 長文読解クラス

	クラス	人数	校内模試 センター型 平均	SD	2次型 平均	SD	クラス	人数	センター試験 平均	SD
第1回	ディベート	30	65.9	8.66	36.1	8.59	ディベート	30	—	—
	長文読解	24	68.5	10.14	37.2	8.89	長文読解	24	—	—
	差		-2.6		-1.1		差		—	—
第3回	ディベート	30	69.7	8.90	49.70	9.95	ディベート	30	186.5	10.35
	長文読解	24	68.8	10.68	49.67	10.18	長文読解	24	184.8	11.69
	差		0.9		0.03		差		1.7	

　6月の時点では、センター試験型と2次試験型の平均点は、長文読解グループが数字の上ではディベート・グループを上回っていたが、両グループ間に統計的有意差はなかった。11月のセンター試験型と二次試験型の校内模擬試験、1月のセンター試験の平均点は、逆にディベート・グループが長文読解グループを数字の上では上回ったが、やはり両グループ間に統計的有意差は認められなかった（鈴木, 2001）。つまり、リスニングやスピーキングの能力を直接測定する問題が含まれていないセンター試験や、入試問題に準拠して作成された模擬試験にお

いて、コミュニケーション能力の育成を目指す活動が中心の授業を受けた生徒が、現在の入試問題の主流である長文読解問題の演習という、入試対策として最も直接的な授業を受けた生徒と対等の成績を残したということである。

　したがって、「コミュニケーション能力を測定する問題が少ない現在の入試問題に対応できる学力を養成するには、コミュニケーション能力の養成を目指す指導を行なうより、いわゆる受験対策指導を行なうほうがよい。」という一般に信じられている考え方は誤りであると言えよう。

❻ 難しい教材を用いると学習効果は上がるか？
1．適切なレベルの教科書が選ばれているか？

　中学校の場合と異なり、高校では各学校で教科書は選ばれる。建前上は各学校の生徒の学力に合った教科書が選ばれているはずであるが、実際には、生徒の学力よりも高いレベルの教科書が選ばれている場合が多い。特に、進学者の多い高校でその傾向が見られる。その理由はすでに述べたが、はたして、生徒の学力よりも高いレベルの教科書や副教材を用いれば、本当に生徒の英語力が伸びるのだろうか。この問題を検討する前に、教科書の難易度についての教師と生徒の間の意識の差について考えてみる。

2．教科書のレベルについての教師の意識と生徒の意識の差

　前任校に勤務しているとき、2年続けて1年生を担当する機会があった。最初の年の教科書は、進学校の生徒には易しすぎると思われている教科書(以後、A教科書)であった。翌年の教科書は、進学校の生徒には適切だと思われている難しい教科書(以後、B教科書)であった。両教科書の全本文をコンピュータに入力して *Correct Grammar* で分析したところ、表7のような結果が得られた。リーダビリティにおいて、両教科書の間に統計的有意

表7　A教科書とB教科書の比較

教科書	全語数	異語数	リーダビリティー
A	9753	2113	5.75 (0.93)
B	12216	2371	6.53 (1.13)
有意差	リーダビリティ：B＞A（$p<0.05$）		

注：リーダビリティあとの（　）内は標準偏差

表8　生徒の意識：難易度と題材の身近さ
（回答者数：A教科書79名、B教科書80名）

教科書	難易度			題材の身近さ				
	難	適	易	5	4	3	2	1
A	10	58	11	5	21	27	19	7
B	42	38	0	1	8	18	32	21
有意差	難易度：B＞A（p＜0.001） 題材の身近さ：B＞A（p＜0.001）							

差があったことや、全語数、異語数からも、A教科書よりB教科書のほうが難しいことがわかる。

さて、生徒たちが、自分たちが学習した教科書に対してどのように感じていたかを調べるため、学年末に、筆者が担当した2クラスの生徒に、教科書に関する感想を求めた。「教科書の難易度」は3段階で、「題材の身近さ」は5段階（5「非常に身近」から1「全く身近でない」）で評価させた。結果は、表8に示した通りで、2つの教科書の難易度及び題材の身近さに関する生徒の意識に差があることがわかった（p＜0.001）。

大阪の「公立御三家」と言われる前任校の生徒でさえ、難易度の点で、教師が「適切」と考えるB教科書を半数以上の生徒が「難しい」と感じているのに対して、教師が「易しすぎる」と考えるA教科書を70％以上の生徒が「適切な難易度」と回答していることに注目すべきであろう。概して、教師が「適切」と思う教材を生徒は「難しい」と感じ、教師が「易しすぎる」と思う教材を生徒は「適切」と考える傾向があると言えよう。

3．難しい教材を使うほうが力がつくのか？

前任校で、筆者が毎年4月と2月に実施していた、コミュニケーション能力の一部であるリスニングのテストや読解速度を測定するテストの成績を、2．のA教科書で学習した生徒とB教科書で学習した生徒の間で比較してみた（表9及び表10）。なお、ここでは、生徒が「適切」と判断したA教科書を「適教科書」、「難しい」と判断したB教科書を「難教科書」と呼ぶ。なお、どちらの生徒も筆者が同じ指導法で指導した。

表9及び表10から、リスニングにおいても、読解速度においても、4月の時点では、「適教科書」グループと「難教科書」グループとの間の平均値には、グループ全体、上位群、中位群、

表9 適教科書使用 vs. 難教科書使用：リスニング

		全体		上位群		中位群		下位群	
		平均	SD	平均	SD	平均	SD	平均	SD
4月	適教科書	14.7	3.29	20.4	1.05	15.0	0.78	10.3	0.75
	難教科書	15.2	2.81	20.1	0.78	15.2	0.72	10.7	0.43
	差	-0.5		0.3		-0.2		-0.4	
2月	適教科書	22.9	3.44	27.4	1.68	24.0	2.64	18.8	1.34
	難教科書	21.0	4.11	26.3	1.41	21.6	2.84	15.5	0.87
	差	1.9**		1.1		2.4*		3.3**	
有意差		全　体：適教科書＞難教科書（p＜0.01） 中位群：適教科書＞難教科書（p＜0.05） 下位群：適教科書＞難教科書（p＜0.01）							

表10 適教科書使用vs.難教科書使用：読解速度（WPM×理解度）

		全体		上位群		中位群		下位群	
		平均	SD	平均	SD	平均	SD	平均	SD
4月	適教科書	54.4	21.9	96.1	13.0	56.3	6.4	26.6	8.0
	難教科書	57.5	20.3	91.8	32.2	59.3	5.8	32.0	4.1
	差	-3.1		4.3		-3.0		-5.4	
2月	適教科書	123.4	38.2	174.5	32.2	140.2	29.5	87.1	8.1
	難教科書	107.9	42.2	170.9	25.9	109.1	22.7	55.4	8.7
	差	15.5*		3.6		31.1**		31.7***	
有意差		全　体：適教科書＞難教科書（p＜0.05） 中位群：適教科書＞難教科書（p＜0.01） 下位群：適教科書＞難教科書（p＜0.001）							

下位群のすべてにわたって、統計的に有意な差はなかった。ところが、2月の時点では、リスニングにおいても、読解速度においても、「適教科書」グループと「難教科書」グループとの間の平均値には、グループ全体と、中位群、下位群において統計的有意差が検出され（p＜0.05～0.001）、「適教科書」グループが「難教科書」グループより優れていることがわかった。ただし、成績上位群については、リスニングも読解速度も、その平均値は、「適教科書」グループが「難教科書」グループを数字の上では上回っていたが、統計的有意差は認められなかった。

以上のデータから、リスニングと読解速度の向上に関しては、成績上位群の生徒は教科書のレベルの違いによって影響を受けないが、中位群と下位群の生徒の場合は、教科書のレベルによって、大きく影響を受けることがわかる。言いかえれば、進学校と言われる学校の生徒でも、学力に合わないレベルの高い教材を用いると、かえって英語力は伸びないということになる（鈴木，1997）。

　筆者が前任校で勤務していた15年間で、共通一次試験やセンター試験での前任校の生徒の平均点と全国平均点の差が例年に比べてかなり小さい年が数回あったが、そういう年は例外なく、例年より難しい教科書と副教材が用いられていた。この事実は、大学入試に対応する学力の養成という問題に限っても、生徒の学力に合わない教材を多用するのは効果的でないことを示している。一般に、我々教師は難しい教材を選ぶ傾向があるが、もっと生徒の学力を考えて教材を選択する必要がある。そのためには、使用した教材のレベルが適切であったかどうかを生徒に評価させるとよい。それを繰り返すうちに、より適切な教材選択ができるようになる。

4　生徒のためになる英語教育を！

　大学入試が変わらなければ、高校英語教育は変わらないとよく言われる。確かに、大学入試はその制度及び出題される問題にもまだまだ改善の余地がある。改善のための検討や努力は大学側でも行なわれてはいるが、その速度は10年から20年ぐらいのスパンで見なければわからないほど遅い。

　だからと言って、大学入試が変わるまで、受験対策指導が続けられてよいことにはならない。なぜなら、生徒は3年経てば卒業してしまう。そして、受験対策指導に終始することは「英語嫌い」の生徒を増やすことにつながる可能性がある。前任校で筆者は、「英語の好き嫌い」を毎年調べていたが、受験対策指導ばかり受けた生徒たちは、受験対策指導だけでなく、コミュニケーション能力の育成を目指す指導も併せて受けた生徒たちより、「英語嫌い」が多いことがわかっている（$p < 0.01 \sim 0.001$）。受験対策指導を受けた期間が長いほど「英語

嫌い」の生徒が多くなる傾向も認められる[14]。一方、リスニングや音読、コミュニケーション活動などの指導や、課外の多読指導によって英語嫌いの生徒が減ることが明らかになっていることからも（鈴木, 1996, 2000）、受験対策指導に終始することは却って生徒のためにならないことを我々英語教師は認識しておく必要がある。

　音声面を重視したコミュニケーション能力の育成を目指す指導が、受験対策指導と同等に現状の入試問題に対応できることを示すデータも存在するのであるから、入試問題が改善されるまで待つのではなく、勇気を持って、長い目で見て生徒のためになる英語教育が行なわれるべきであろう。

　その意味で、全体から見ればまだ少数だが、コミュニケーション能力の育成を目指す実践に取り組む教員が増えてきたことは喜ばしいことである。ただ、その際に、コミュニケーション能力を伸ばす基礎となる活動（音読、暗唱など）を疎かにせず、バランスの取れた指導を行なう必要がある。

　本稿では、実証データを用いて、コミュニケーション能力の育成を目指す指導によって、大学入試にも対応できる学力を養成することが可能であることを示したが、このような実践研究が多数出てくれば、「ほんとうの意味で生徒のためになる、より良い英語教育」が実現するであろう。

注

1. 音読は現実のコミュニケーションの場ではあまり行なわれないため、コミュニケーションを重視する教師の間でも軽視される傾向がある。
2. 出題数は他の出題形式に比べて群を抜いて多い。詳細は鈴木（1994）を参照。現行学習指導要領に基づく「新課程入試」1年目の1997年度の国公立大学の二次試験でも、96.8％の大学で「下線部和訳」が出題されていた。
3. リーダビリティ(readability)は文章の読みやすさを表す指標で、Flesch, Dale-Chall、Spache、Flesch-Kincaid など、多数の公式が開発されている。通常、米国の学年レベルに合わせて数値化される。詳細については、Klare(1984)を参照。表1の数値は Flesch Grade Level である。

4．ふつう、英語を母国語とする高校生でも、リーダビリティで自分の学年より2学年上の文章を読むと、かなり困難を感じ、授業で教えられたreading strategiesが有効に働かなくなる(Kletzein, 1991)。

5．入試問題の改善にも役立つ可能性がある。国公立大学の二次試験で「下線部和訳」が最もよく出題され、読解力測定に最適だと考えられているようだが、鈴木(1994)は、「下線部和訳」が読解力測定のための最も有効な問題形式であるとは言えないことを実証している。詳細は、鈴木(1994)を参照。

6．「下線部の理由を述べよ。」とか、「下線部を具体的に説明せよ。」のように、正解を得るには2文以上の理解が必要な記述式の問題。

7．その他、予備校や塾での英語学習時間や日常の授業の欠課時数も考慮した。

8．テストを100回行なったとして、2群以上の平均点等の差がなくなる確率が5回以下である場合に、「統計的有意差がある」と言い、「危険率5％（$p<0.05$と書き表す）で統計的に有意差がある」と論文等で書く。また、差がなくなる確率が6回以上の場合は「統計的有意差はない」と言う。詳細は、清川(1990)を参照。

9．具体的な指導例は鈴木(1992)を参照。リスニングでは、音声教材に句や節単位に1～2秒程度のポーズを挿入した教材を聴かせると、自然なポーズしか含んでいない元の教材を聴かせるよりも聴解力養成に効果がある(Suzuki, 1991)。この練習と並行して、テープの朗読をペースメーカーにして英文を黙読させると、リーディング・スピードが向上する(鈴木，1998a)。この場合も、句や節単位にポーズを入れた朗読をペースメーカーに黙読させると、成績中位と下位の生徒のリーディングスピードは、ふつうの朗読をペースメーカーにして黙読させるよりも、統計的有意差をもって向上する(Suzuki, 1999b)。その理論的根拠については、河野(1992, 1997)及び門田(1994, 1997)を参照。

10．パラレル・リーディングとは、テキストを見ながら教師またはテープの朗読に合わせて音読するもの。シャドウイングは、テキストを見ないで教師またはテープの朗読を聴きながら、聴いた英文をそのまま再生するもの。

11．そのためには、難しい箇所のみ和訳する方式に変える必要がある。また、和訳の量を減らすには、生徒の学力に合った教材

を用いなければならない。

12. 全文和訳をしないと生徒が満足しないという意見もあるが、そのような生徒を作り出しているのは実は教師である。全文和訳をするクラスと難しいところだけ和訳するクラスに対して、3年生の最後の授業で全文和訳する必要があるかどうかを尋ねると、全文和訳クラスは半数以上の生徒が全文和訳を望んだが、部分和訳クラスの生徒で全文和訳を望む生徒は25％以下で、75％以上の生徒は難しい箇所だけでよいと回答した(鈴木，1992)。全文和訳をすると、教師も生徒も安心するが、教師が言う和訳を生徒はノートに書き取っているだけであることが多い。和訳が必要なら、和訳をプリントして配布してしまえばよい。筆者は、教科書の英文中の重要な語句を修正液で消して穴埋め形式にし、その隣にTMの和訳をコピーして張りつけて、一種の復文練習が可能なプリントを配布して時間を節約し、リスニングや速読、音読などの指導に当てていた。また、斎藤(1996)が提案している、和訳の穴埋め方式、並べ替え方式なども参考になる。

13. コミュニケーション能力の育成を重視する教師の間でも、多読はコミュニケーション活動と認められていないことが意外に多い。しかし、「楽しみのための読書」や「情報を得るための読書」は立派なコミュニケーション活動であり、もっと重視されるべきであろう。

14. 受験対策指導を3年間受けた生徒は、2年間受けた生徒より「英語嫌い」の生徒が多く、「英語好き」の生徒が少ない（$p<0.01$）。また、1、2年生で音声を重視した受験対策指導だけに偏らない折衷的授業を受け、3年生でディベート中心の授業を受けた生徒たちは、受験対策型授業だけを受けた生徒より、はるかに英語嫌いの生徒が少ないことも判明している。詳細は、鈴木(2001)を参照。

[読後の話し合い]

斎　藤：お読みになってのご感想は？

A先生：教員になって20年近くなりますが、その間に身につけてきた常識みたいなものを一つひとつ撃ち破られましたね。

斎　藤：常識ではなく偏見であったということですね。

A先生：「常識ではなく偏見」ですか。なかなかきつい言葉ですね。

斎　藤：鈴木先生のお書きになったもので、私が感銘を受けるのは、問題意識の豊かさと実証性です。

A先生：問題意識というと、どういうことですか。

斎　藤：ひと言で言えば、「次の世代に良き英語教育環境を提供しようではないか」ということです。

A先生：そういうことでしたら、誰だって考えていますよ。

斎　藤：その通りでしょう。しかし、「次の世代に良き英語教育環境を提供しようじゃないか」という提言の後は、大体において、「こうすべきだ。ああすべきだ。」という「べき論」が続きます。その大部分は観念的で、抽象的で具体的な提言に乏しい。また、「こうすべきだ。ああすべきだ。」と言うだけで、それを実践に移す先生方が少ない。

A先生：ああ、わかってきました。鈴木先生の提言は、実践が伴わない、単なる提言ではなく、実践とそこから得られた実証データに基づいているという点が、これまでの提言と大きく違うのですね。

斎　藤：その通りです。「英文和訳指導は大学入試対策として最も効果がある」、「大学入試に対応できる学力の養成には音読指導は不要である」、「多読は入試対策として有効でない」、「コミュニケーション活動重視の指導は入試対策として有効でない」、「難しい教材を用いる方が英語力がつく」という英語教師が持っている５つの「常識」に対して、実践から得られたデータを用いて反論しておられます。今、この５つが偏見であることがわかっただけでも、英語教育改善への方向、道のりは、かなり明らかになってくると思います。

A先生：希望が持てそうですね。

斎　藤：イヤ、楽観は許されないと思います。あり方として解っただけでは、現実に動かない先生も決して少なくないからです。例え

　　　　ば、「英文和訳をやっていれば、英語教師としてはとっても楽
　　　　だ」という現実がある。英文和訳の力では、教師は生徒に大き
　　　　な差をつけられるだけの力を持っていますから、のうのうとし
　　　　ていられる。ところが、コミュニケーション中心の授業となる
　　　　と、そうはいかない。リスニングやスピーキングの力や、授業
　　　　のデザイナーとしての企画力など、いろいろの力が要求される。
　　　　勉強もしなければなりません。これは大変なことです。しかし、
　　　　教師自身が変わろうとしないでは生徒は変えられません。
A先生：大変なのはわかります。でも、これから英語教師として生き残
　　　　るためには、チャレンジする力も必要でしょう。
斎　藤：そうですね。先生の教え子や先生のような方が一人でも多く、
　　　　一歩でも二歩でも英語教育改善へと踏み出してほしいというの
　　　　が私の願いなのです。（ドアをノックする音）はい、どうぞ。
鈴　木：こんにちは。あっ、A先生、お久しぶりです。お元気です
　　　　か？
A先生：はい、おかげさまで。
斎　藤：今、先生の論文について話し合っていたところです。A先生、
　　　　いい機会ですから、鈴木先生にいろいろお尋ねください。
A先生：はい。鈴木先生は、あの5つの英語教師の「常識」が偏見、あ
　　　　るいは誤解だと最初から確信を持っておられたのですか？
鈴　木：確信はありませんでした。だからこそ、データを集めたのです。
　　　　気が弱く、なかなか自信を持てない私が少しでも自信を持って
　　　　授業をするためには、自分の授業を生徒に評価させたり、テス
　　　　トで指導の効果を測定したりするしか方法がなかったのです。
A先生：でも、データが得られるまでは時間がかかりますね。ふつうな
　　　　ら、それまでに挫折するはずですが…
鈴　木：このあたりの事情をお話しすると長くなるのですが、簡単にお
　　　　話ししますと、要するに、私は非常にラッキーだったのです。
　　　　私が神戸市外国語大学の学生だったときに、私に英語教育のお
　　　　もしろさを教えてくださった河野守夫先生（現在は神戸海星女
　　　　子学院大学教授）が「ことばの知覚と認識のメカニズム」を実
　　　　証的に研究しておられて、河野先生の研究成果や、先生が主宰
　　　　しておられる「ことばの科学研究会（当時は、六甲英語学研究
　　　　会英語教育研究グループ）」のメンバーの研究成果が、『語法

　　　　　研究と英語教育』(山口書店)という雑誌に毎号掲載されたのです。それが私の実践を支えてくれたのです。これらの研究成果を知らなかったら、私の実践は途中で挫折していたでしょうし、その後の私の実践もなかっただろうと思います。強い信念があったわけでも、授業に自信があったわけでもないのです。

A先生：そうでしたか。私は、先生が強い信念の持ち主で、それが先生の実践を支えていたものと思っていました。ところで、そのような研究成果を知るには、どんなものを読めばいいですか？

鈴　木：河野(1992，1993)、小西(1979～1995)の英語教育特集、河野・沢村(1985)、竹内(2000)などで知ることができます。

A先生：私たち、中学や高校の教員は、研究と実践は別物と考えがちですが、研究は実践にも役に立つのですね。そういう研究に触れるためにはどうすればいいのですか？

鈴　木：そのためには、大修館書店発行の『英語教育』を毎月購読することをお勧めします。研究論文や実践報告の要旨を掲載した「英語教育・研究と実践」というページや、学会や研究会の開催情報、書評、新刊や近刊本の宣伝など、研究に触れる手がかりがたくさんあります。それらを利用して、論文を入手したり、本を買ったり、学会や研究会に参加するうちに、実践のバックボーンを得ることができる可能性は大です。やがて、先生方ご自身が実践研究をお始めになることでしょう。

A先生：ところで、受験対策指導が行なわれている中で、コミュニケーション能力の育成を目指す授業を行なう上で、最も大切なことは何でしょうか？　やはり、データを集めることですか？

鈴　木：それも大切ですが、粘り強く続けることが一番大切です。2、3度試みてうまくいかないと、すぐやめてしまう先生方が意外に多いですね。これでは生徒の信頼を失います。少しずつ修正しながら、少なくとも1学期間、できれば1年間は続ける必要があります。何事も何らかの効果が現れるまでには時間が必要です。そして、学期末や学年末に、テストをしたり、生徒に意見を求めたりして、自分の実践を評価することが必要ですね。それが、授業改善につながっていきます。

A先生：わかりました。今、進学校でがんばっている私の教え子にも伝えます。もちろん、私もがんばりたいと思います。

コミュニケーション能力の育成

四技能を統合して指導するには
どうすればよいか？

A先生：英語の指導は、一般的には、聞く、話す、読む、書くという四技能に分かれていると思います。そして、毎日、英語教師として英語を教えているわけですが、やはり、今やっているのは読む活動だとか、次に来るのは書く活動だというように、四技能が教室ではなんとなくそれぞれ独立した活動として存在しています。それはそれなりに意味はあると思うのですが、しかし四技能をもっと統合した形での指導はできないものでしょうか。また、具体的には何をどのようにしたらよいのか、ずっとわからないでいます。今日は、なにかその辺りのことについて、サジエスチョンをいただけるとありがたいのですが… 理論としてではなくて、できれば、わかりやすい実践などで示していただけないかと考えています。

斎　藤：それは優れた問題提起です。私は基礎的な学習の段階では、ここではリスニングを中心に行なうとか、次の段階ではライティングにフォーカスを当てるということがあってもよいと考えています。しかし、ややもすれば、今やっているリスニングが次の段階で行なうライティングとの間に、あまり関係なく行なわれていることが多いのが現状ではないでしょうか。いわば、独立した短編小説を思わせます。しかし、時には四技能が内容的につながっている活動をする。つまり長編小説です。このほうが、軌道に乗ると内容的にはずっと面白い。生徒の方も目の輝きが違ってきます。ところが私たちはそういう実践例を具体的に見せられたことがほとんどありません。今回、これから皆さんにお目にかけるのは、まさにその実践例です。大阪府立泉南高校の溝畑保之先生が取り組んでおられます。溝畑先生の実践の中では、生徒が単なる授業の受容者ではなくなってきます。その辺りに注目して、溝畑先生の実践を読んでいただきたいと思います。

四技能の統合——環境問題を取り上げて

溝畑保之

1　本実践の背景

オーラル・コミュニケーション科目が導入される以前から、「読む」「聞く」「話す」「書く」の四技能をバランスよく学ばせる工夫を筆者はしてきた。平成9年度に府内の全学校をインターネットで結んで、教育利用に役立てようという大阪府教育情報ネットワークが始動した。その年、現任校の職員室にもインターネットに接続された1台のコンピュータが設置された。これを用いて、導入のリスニング、内容理解のためのリーディング、ライティングを踏まえたスピーキングといった四技能のバランスを取った指導と、環境ホームページ作成へとつなげた実践を紹介する。対象生徒は、英語に苦手意識を強く持つ普通高校1年生である。

> 四技能のバランスを取った指導
> ↓
> インターネットでのホームページの作成

2　なぜ環境問題を取り上げたか

環境問題は今や地球的規模で解決しなければならない問題だが、校内では紙くずや空缶のポイ捨てが後をたたない。「ゴミを捨てるな」だけの指導でなく、中身の学習を英語の時間でできないだろうかというのが、環境問題を取り上げた一つの理由である。また、四技能のバランスを考えると、最もやりがいのあるものの一つがContent-basedな取り組みである。教科書でゴミ問題が扱われていたこともあって、1年生3学期に環境問題を取り上げた。

3　授業展開について

全員に全般的な問題についての共通のスキーマを与えることを目標に、冬休みの宿題として、岩波ジュニア新書『地球をこわさない生き方の本』を課題として与えた。

コミュニケーション能力の育成

授業時は、枠に縛られずに英語Ⅰ（4時間）とオーラルA（2時間）を合わせて取り組んだ。具体的な問題として、「ゴミ問題」・「酸性雨」・「熱帯雨林」・「ダイオキシン」・「地球温暖化」の5つの問題を取り上げた。教員側で集めた書籍などは勿論、インターネットの検索エンジンを用いて集めたものをもとに、生徒用の英文を最新の情報を盛り込んで作成した。特に「ダイオキシン」についてはインターネットの最新情報が役に立った。

表1　3学期（「英語Ⅰ」と「オーラルA」を合わせて36時間）の時間配当

	ゴミ問題	酸性雨	熱帯雨林	ダイオキシン	温暖化	原稿作成	インタビュー
時間	5	5	5	5	5	4	2

4　授業での活動

❶ 英語スキルの基礎基本 vs. 内容

従来の指導では、無味乾燥な単文の羅列などを素材とする指導が多かった。逆に、ここ数年来のコミュニケーション志向の指導で、内容を前面に押し出し過ぎて基礎基本が疎かになり、大雑把な理解のみが先行する弊害が見られた。本実践では、四技能のバランスもさることながら、スキルの基礎基本と内容の学習を平行して行なうことに留意して、次の工夫をした。

❷ 授業についての工夫

「熱帯雨林」を例にして、授業での工夫を実際に使用したワークシートで説明する。

1. 問題について今何を知っているかをたずねる活動

簡単に熱帯雨林を説明した直後、次のページに示すワークシートを配布する。それぞれの項目について、「①今知っていること」を記入させて回収する。その後英文を読んだ後で再度配布し、②について書かせる。学習後に英語で読んで獲得した知識を確認させることが目的である（本稿での Worksheet 中のイタリック体の部分は、生徒の答案例、または正解例）。

RAINFOREST Worksheet 1		
熱帯雨林について知っていること・学んだこと		
	①今知っていること	②英文を読んでわかったこと
・なぜわたしたちにとって重要ですか	なんとなく	酸素を出したり、身の回りにあるものの原料がとれる
・どんなことが起こっていますか	少なくなっている	焼畑で失われる 木材として伐採される 動植物の減少
・その原因は何ですか	わからない	火災　人口増加　焼畑 地球温暖化
・どんな害がありますか	空気がよごれる	新しい薬を見つけられない
・どうすればよいですか	わからない	現地の人に訴える 日本の企業に言う

Class (　) No. (　) Name (　　　　)

2．導入にリスニング

リスニングで英文を穴埋めさせる。次に、簡単に日本語でサマリーを書かせる。ヒントとしてキーワードを与えた。以下は、Worksheet例。

RAINFOREST Worksheet 2

1．Listen and fill in the blanks.

　Do you know you (*use*) rainforest materials (素材) daily?　Many (*materials*), like the original Levi jeans, for example, contain hemp (麻).　Many of your clothes are given their (*colors*) by dyes (染料). The dyes are (*made*) from rainforest plants!

2．Summary（日本語でまとめる）

　キーワード：熱帯雨林、衣服、染料

　衣服の素材や染料など、私たちの身の回りには熱帯雨林の資源が多く使われている。

Class (　) No. (　) Name (　　　　)

3. 身近にあるものが熱帯雨林から来ていることに気づかせる活動

歯磨き粉、チョコレート、などの語彙を導入しそれが熱帯雨林と関係があるかどうか考えさせる。いずれの品物ももとは熱帯雨林から取られた物質が使われている。

RAINFOREST Worksheet 3
3. Where do you find these items?

How many of them are rainforest related?

where	items	rainforest	
BEDROOM 寝室	*Mattress*	○	Mattress
KITCHEN 台所			Leather
STUDY 書斎			Paper Tissues
LIVING ROOM 居間			Stamps and Envelope
BATHROOM 浴室			Credit Card
			Coffee Sugar
			Butter
			Nuts Spices
			Fruits Chocolate
			Guitar
			Toothbrush Mouthwash
			Soap and Shampoo

Class ( ) No. ( ) Name ( )

---

4. 答えを探すために英文を読む活動（フレーズごとの理解）

次の点に留意したワークシートを作成し、生徒に活動させる。

1. ゆったりと圧迫感のないよう文字の大きさにも注意
2. 意味のかたまりで改行する
3. 上下の視点の移動を促すマーカーをつける
4. 対応する日本語の意味を横につける
5. 代名詞・キーワード・基礎的文法項目の部分を穴埋めする
6. 自分でフレーズに分ける作業を残す

[フレーズリーディング・ワークシート学習上の注意]
1. フレーズの切り方は一定ではない。より細かく切れる場合もあるし、慣れるに従って長いフレーズへ移行してよい。

2．英語での語順や情報の提供の順番に慣れるようにする。
3．ワークシートを完成することは目的でなく、理解への補助である。
4．完成後、上下のマーカーを目で追った音読練習をする。
5．さらに、英語のみを黙読で理解できるようにする。
6．さらに力をつけたい場合は、日本語を見て英文再生まで訓練する。
7．最終目的の直読直解への橋渡しの練習方法である。

[フレーズリーディング・ワークシートの効果]

　このワークシートを使用すると、意味を取るのに要する時間は従来の読んで訳す方法よりも短縮できる。短縮して確保した時間で、読んだテキストの音読練習や次の原稿作成に時間を使える。生徒からのアンケートでも、「最初は慣れるまで変な日本語と思うこともあるが、慣れるととてもわかりやすい」と好評である。フレーズごとの音読を練習する（切れ目までなめらかに読み、切れ目でポーズを置く）と、日本語のリズムで常に同じ強さで読み上げる音読から、多くの生徒は自然に抜け出すことができる。さらに、語数の半分の秒数（60語なら30秒前後）で読み切ることを目標にして練習できる。また、（　）の場所や数によって難易度を調整できる。

RAINFOREST　　Worksheet 4

Why are the rainforests getting smaller?

●

As the population increases,	人口が（　　）するにつれて
people in the forests	森の住民は
have to burn land	土地を（　　　　　）
to make new farming land.	（　　）耕作地をつくるため

●

This traditional method	この伝統的な（　　　　）は
is called,	〜と呼ばれている
"slash and burn."	「　　　　　　　　　」

●

The land soon becomes tired　土地はすぐにやせてしまう

コミュニケーション能力の育成

```
        and                    そして
people have to burn new land.  人は新しい土地を（     ）
            ●
  Destroying the forests       森を（           ）
  for commercial purposes      商業的な目的で
     is another reason.        もう一つの（    ）である
            ●
```

次の文に自分で意味の区切りに数字を入れて、日本語の意味を書きましょう。
① Many materials from the rainforests / ② are used in the developed countries for many things.
① 熱帯雨林からの多くの材料は　②＿＿＿＿＿＿＿
＿＿＿＿＿＿＿＿＿＿＿＿＿＿＿＿＿＿＿＿＿＿＿＿
　　　　　Class（　）　No.（　）Name（　　　）

5. 読解後、新たにわかったことをまとめる活動

ワークシート1を生徒に返却し、同じ問いについて読解でわかったことを整理させる。英文を読んで知識が増えたことを自ら確認させる。

6. vocabulary を中心にしたボトムアップの指導

次のページに示すような英単語ワークシートを活用する。単語を覚える際、見て意味が理解できる単語と、自信を持って発音でき、書けるところまで要求する単語を教師が区別して提示してやることが大切である。このワークシートでは、原稿作成などで使える単語を連語で抜き出している。音声を伴った単語の反復練習をペアで行なう。また、小テスト形式（1回10個）で家庭学習につなぐことができるように工夫してある［清水加津造著『英単語ピーナッツ』（南雲堂）をもとに作成］。左には日本語と単語のスペリングをヒントとして部分的に与え、右には単語が与えられている。授業では、①教師がモデルを読み上げ、発音は完全に自信のなかったものをカタカナなどでメモさせる。② 意味を確認させる。③ 教師の後についてコーラスで発音させる。①から③の作業をけじめをつけて行ない、1度

43

単語ワークシート	
家での練習	授　業　中
1. 日本語を見て英語が書けるまでくり返し練習しよう 2. スペリングのヒントがあります 3. わからない場合は、左下のヒントをみてもよい 4. 答えは右のページです 5. できるようになったら□に印をしてください	1. モデルをよく聞いて正確に発音できるように発音の要領をカタカナでメモしよう 2. はっきりした発音でモデルの後について発音しましょう 3. ペアプラクティス 　1) ワークシートを交換します 　2) 英語をペアに読みあげ、意味を言えたら□に印を入れて下さい
01　森林を破壊する □□□　d・st・・・ the f・・・s・ 02　伐採する □□□　c・・ d・・・	01 □□□ destroy the forest 02 □□□ cut down
（途中省略）	
10　再生紙 □□□　r・・・c・・d p・p・r	10 □□□ recycled paper
Class (　)　No. (　)　Name (　　　　)	

に複数の作業を課さないように留意する。④ ページを半分に折り、英語だけ見て、日本語が言えるように練習させ、ペアでの練習に入る。意味が言えた単語は□に印を入れさせてゲーム感覚で行なうと盛り上がる。家庭学習には、左のヒントを見て正しく書けるように練習を課す。次の授業で、ヒントを見て英語を書く小テストを行なう。定期考査までに数枚たまると、最初のワークシートから2～3枚に範囲を広げ、順番を変えて復習テストを行なうと、忘却曲線が下がった頃に記憶を強化することができる。最終的には、すべてのワークシートを「一気食い」と称して、テストする。考査には、新しい文脈で実際に使わせるような問題まで出題が可能である。

5 原稿作成とインタビュー、そしてホームページ

　表1に示したような5つの環境問題に対する共通の学習の後は、ペアで一つの問題を取り上げた。生徒2名が、ALT の前で環境問題についてインタビューを受けることを最終目標にした。ALT が次の質問をし、生徒が応答する。

1) Which topic are you most worried about?
2) Tell me more about it. What is ～? What is happening?
3) Tell me two of the problems.
4) What causes these problems?
5) What could you do to help?

　各ペアはインタビュー用の原稿を次に示す3段階で構成されたワークシートに添って書き上げていった。

　その1　日本語で大まかな流れを考えるもの
　その2　キーセンテンスなどを選択してアウトラインが書けるもの
　その3　清書

　時間を区切って一旦回収し、コメントやアドバイスを添えて返却し、次のワークシートへ移行しながら進めた。なお、今後示すワークシート例には紙数の関係で、生徒が解答を書き込むスペースは省略してある。

泉南高校発　環境問題についてのメッセージ作成　その1

◆ 何のために書くか。
1) 書いたものを土台にスティーブン先生とインタビューを行ないます。
2) 泉南高校のホームページに掲載します。
3) 解決策をインターネットで世界の人と共に考えます。
4) できることからできる仲間を増やします。

◆ 書き落としてはいけないことを確認してください。
1) Which problem are you most worried about?
   　何が一番心配ですか
2) Explain it. What is it?　　説明・描写しなさい

3) What are the problems? どんな問題がありますか
4) Write more about them. 詳しく書いてください
5) What causes the problems? 原因は何ですか
6) What could you do to help? どうすべきですか

◆ あなたはメッセージを誰に発信したいですか。
例：大阪府知事　泉南市長　橋本龍太郎　ビル・クリントン　バリー先生　アジアやアフリカの若者　日本の商社　先進国の若者　チェルノブイリの人たち　熱帯雨林の人　マライヤ・キャリー　ポイ捨てを平気でする人
その他（　　　　　　　　　　　　　　　　　）

◆ 日本語を助けにアイディアを練ってください。
1) 酸性雨・熱帯雨林・地球温暖化・ゴミ問題・ダイオキシン
2) 簡単な説明
3) どんな問題が発生しているか。
4) 詳しく問題を説明する。どんなに深刻ですか。
5) 何が原因ですか。

◆ あなたはどんなことができますか。どんなことを訴えたいですか。

Class (　) No. (　) Name (　　　　　)

泉南高校発　環境問題についてのメッセージ作成　その2

前回のワークシートに基づき、本日は英語でメッセージを作成します。

Dear (　　　　　　　　　　　　)

1) I'm most worried about _____.
   (garbage, acid rain, the rainforests, global warming, dioxin).

2) 問題を説明：どの位のゴミを出しているか・酸性雨とは何か・熱帯雨林はなぜ重要か・地球の温度はどうなっているか・ダイオキシンとは何か
   (　　　　　　) is / are 〜.

3) どんな問題が起こっているか：_____

> Some women can not give birth to a baby.
> 　　赤ちゃんが産めない
> Animals are dying.　動物が死んでいる
> Some babies are born with defects.　赤ちゃんに障害
> Burying garbage pollutes the land and water.
> 　　埋めることが汚染につながる
> Slash and burn is destroying the forests.
> 　　焼畑農業が森を破壊
> Ice caps are melting.　氷原がとける
> People may have cancer.　ガンにかかる
> We will not get enough food.　食料不足
> Parts of buildings are melting.　建物がとけている

4) 原因は何か：

　　　　　　　　　_____ causes the problems.

> Using wasteful things　無駄なものの使用
> Using too much energy　エネルギーの使い過ぎ
> Cutting trees for commercial purposes
> factories　工場　Cars
> Ignorance　無知　Greed　貪欲　Burning plastic
> Slash and burn

5) あなたの提案や意見
　　　We could _____

> tell our parents and teachers
> talk with our friends
> write to Clinton and Hashimoto
> recycle more
> use electric cars

buy eco-friendly products　環境にやさしい製品
use less plastic
change our way of life　生活の仕方を変える
use solar energy　太陽エネルギー
complain　不平を言う

　　　　　　　Class (　) 　No. (　) 　Name (　　　　)

泉南高校発　環境問題についてのメッセージ作成
その3 清書

1) 発信したい人：　　Dear (　*Rainforest people*　)
2) 取り上げたい問題：
　　I'm most worried about the rainforest.
3) 問題を説明：どの位のゴミを出しているか・酸性雨とは何か・熱帯雨林はなぜ重要か・地球の温度はどうなっているか・ダイオキシンとは何か
　　Rainforests cover only six percent of the earth's land, but they are home to half of all the living creatures of the world.
4) どんな問題が起こっているか：
　　Rainforests are cut down, because slash and burn is destroying the forests.
　　If the rainforests become smaller, CO_2 will increase, and earth will become warmer.
5) 原因は何か：
　　Cutting trees for commercial purposes causes the problems, too.
6) あなたの提案や意見：
　　I think we should use recycled paper more. We could recycle more. We could change our way of life.

　　　　　　　Class (　) 　No. (　) 　Name (　　　　)

原稿完成後、インタビュー時の応答の順番を決め、本番に臨んだ。インタビューは小さな準備室で行ない、隣の教室の大画面で実況中継した。インタビューを受ける生徒の極度の緊張を防ぐと共に、残りの生徒たちにペアの応答を評価させるためであった。予想以上にうまくインタビューをこなすペアもあった。また、身振りを交えて独創的なインタビューにするペアもいた。うまくいかないペアもいたが、なんとかインタビューを終えることができた。終了後、本校美術部生徒によるイラストを添えて、準備した原稿のいくつかを泉南高校ホームページに環境ページとして掲載した。前任のALTもカナダからホームページを見てくれ、"It's pretty cool.「かっこいい！」"と電子メールで感想を送ってきてくれた。十数年前の卒業生からもメールが送られてきたりして、具体的にホームページの成果が現れてきている。

6 最後に

1時間の授業がある特定のスキル中心に展開することがあっても、中長期の展開で四技能をバランスよく指導することが大切である。空き缶回収や募金活動などの具体的な行動まではできなかったが、事前アンケートでは、多くの生徒はなんとなく「環境に気をつけるとよい」と言っていたが、事後アンケートでは、「気をつけるだけではいけない」と意識を深めていた。今後は、実際に発信相手にメッセージを届けて交流を深めていくことも検討したい。また、柔軟な発想で協力してくれた同僚とのチームワークがなければ、このような実践はできなかったことは明らかである。

[読後の話し合い]

A先生：なるほどねぇ。私は溝畑先生の緻密な準備とエネルギーに感銘を受けました。

斎　藤：溝畑先生らしさが出ていましたね。

A先生：そうですか。溝畑先生らしさというのは、どういうところに出ているのですか。

斎　藤：ひと言でいうと、新しい領域に勇気を持って挑戦なさるのが「溝畑スピリット」だと私は思っています。

A先生：まずお伺いしたいことは、溝畑先生の今回の実践は、どういうところに特徴があるんでしょうか。

斎　藤：それについては次のようなことが言えると思います。
　　　　1．従来の教科書中心に進める授業の型を破っていること
　　　　2．授業への、生徒の主体的な参加がデザイン化されていること
　　　　3．そのために、具体的には「調べ学習」の手法を持ち込んだこと
　　　　4．環境問題を単なるお題目とせず、授業を通して生徒の身近かな問題と結びつけようとしたこと
　　　　5．緻密に考え抜かれたワークシートを準備したこと
　　　　などでしょう。

A先生：なるほど。先生のまとめをお聞きしていて、溝畑先生の授業の特徴がより一層わかってきました。しかし、この授業は重いですね。

斎　藤：重い？　どういうことですか。

A先生：これは私たちが毎日やっている、パターン化された授業とは違うと思うんです。したがって、レッスンが変わるごとに、その準備にも相当エネルギーが必要でしょう。なかなか大変ですよ。その意味で重いと言ったんです。

斎　藤：それに対する私の答えはイエスであり、ノーでもあります。

A先生：え？　ノーの部分もあるんですか。イエスはわかりますけどね。ノーというのは、つまり「大変でない部分もある」ということですか。どこがノーの部分なんですかね。私にはわかりません。

斎　藤：説明が必要のようです。溝畑先生が「対象生徒は、英語に苦手

意識を強く持つ普通高校1年生である」とお書きになってますね。
A先生：確か、そういうところがありました。
斎　藤：そこが問題なんです。生徒たちは英語が好きで、好きでたまらないなどという生徒たちではないんです。そういう生徒たちを相手に古き良き時代の grammar-translation を中心としたパターン化した授業を展開していたのでは生徒は乗ってきませんよ。そういうことをやっていると、まことにもって活気のない教室の状態が出現します。居眠り、おしゃべり、教師無視、そういう教室は日本中いたるところにありますよ。
B先生：突然私が割り込んできて申し訳ありませんが、**今、私の授業は、先生のおしゃったような状態で困っています。何か方法はありませんか？**
斎　藤：原則はあります。そういう生徒集団に対しては、まず「作業をさせる」ということです。作業といっても、教科書の本文を写させるとか、単語を10回ずつ書かせるというような作業ではありません。それも作業ですが、下手をすると生徒から見て「拷問」に近い作業になって、ますます英語嫌いの生徒が増え、活気がなくなります。そのような単純作業ではなく、自分で調べる、調べた事をワークシートに記入するといったような知的作業です。溝畑先生の場合は、その学習作業がワークシートを見てもわかるように、実に緻密に準備されている。BED-ROOM や KITCHEN や STUDY には、寝室、台所、書斎という訳語までつけてある。私はこれを見たとき、「どんなスローラーナーズもみんな授業に引っ張り込んでみせるぞ！」という溝畑先生の意気込みと配慮を感じました。
A先生：そうか、これはなかなかの授業ですね。
斎　藤：英語の嫌いな生徒のいる教室に行くのが嫌で、胃にポリープを作ってしまう教師も多い。それを考えれば、溝畑先生の教え方には、教師の挑戦を感じませんか。つまり、教師としては、準備は大変だけれども、そこに教師としての生きがいを見つけることができれば、大変でなくなるのではないか。これは総合的な学習も視野に入れた英語授業の新しい方向だと言わせてください。

Question 1　英語で授業をするには

英語で授業をすることの大切さはわかりますが、生徒は「英語で話されると全然わかりません」と言います。どうすればよいでしょうか。

回答者　**溝 畑 保 之**

　研修会や研究会で、教師がどんどん英語を話す授業が公開された後に、このような疑問や感想を多くの参会者が持つものです。ご質問の通り、生徒の聞く態度、意欲、習熟度に問題があると、英語での授業はうまくいきません。「毎日、あれだけの準備はとても…」、私たち教師の運用能力や職場環境にも問題があることも否めません。だからと言ってあきらめてはだめです。最初からすべてを求めるのでなく、生徒の聞く態度の育成を目標にして、徐々に進めるのがよいでしょう。

　さて、授業中にマンガを読んでいる生徒がいたらどうしますか。「○○さん、止めなさい！」と言って取り上げますか。普段から授業で英語を少しでも使うことを心がけていると、次のような展開は容易なはずです。

　　Teacher: What are you doing?
　　Student: ...
　　Teacher: What are you reading?
　　Student: ...マンガ...a book ....
　　Teacher: Are you reading a book or a comic book?
　　Student: 　... comic book マンガ....
　　Teacher: Don't read comic books in class, please.

授業中に教師が日本語ばかり使っていると、こんな展開はあり得ません。

　英語を使う手始めは Classroom English です。軽視される傾向にありますが、実際の状況で必要に迫られて発話される教室英語は生徒にとって重要なインプットとなります。新学習指導要領での目標で例示されている「言語の働き」のほぼ全てを扱うことも可能です。「実践的コミュニケーション能力」の養成にも直結しています。挿し絵つきで教室英語がまとめられている教科書もあります。英語を使用する雰囲気作りに、拡大コピーして教室に掲示しましょう。試験時の教室巡回の際も、If you have any questions, raise your hand. などの表現を使い続け、機会を見て raise「〜を上げる」、rise「上昇する」の区別の解説

を行なうと効果的です。実際に使う状況があり、その後で解説でまとめる帰納的な流れを増やしていきたいものです。

　さらに進んで、オーラル・イントロダクションやインターラクションを行ないましょう。テキストの3倍以上の語数で、テキストを易しく書き換えます。教師がまず、書き換えのコツを学び、英語でわかりやすく話す力を磨き、生徒のリスニング力を伸ばしたいものです。一例として、The Bullet-proof Jacket というテキスト（防弾ジャケットを売り込みに来た発明家に実際にジャケットを着させ、召し使いに銃を撃つように準備させていると、発明家はいなくなるという笑い話）をもとに A．S．Hornby が書いたイントロダクションの中の bullet-proof の説明の部分を見てみましょう。

　A man called on the Duke of Wellington and showed him a jacket which he had invented for soldiers, and which, he said, was bullet-proof. が元の英文です。

> **Oral Introduction to the Story**
> 　（最初の部分は省略）The inventor said that his jacket was bullet-proof. He said that it was proof against bullets. What does that mean? It means that bullets could not pass through it. The jacket would stop bullets. If a soldier was wearing this jacket, he could not be killed. He could not be wounded. The jacket would stop the bullets.
> 　（語学教育研究所編『英語教授法事典』1962　開拓社　p.129）

　What does that mean?　It means... のような自問自答や自然な仮定法を使った繰り返しの工夫など学ぶことは多くあります。ALT に作成してもらっても構いませんが、目の前の日本人学習者の困難点を熟知しているのは私たちです。日本人教師が準備し、より自然な英語に改善してもらうよう ALT にお願いする方がよいでしょう。

　また、絵、実物、小道具やジェスチャーなどを使うことも効果的です。私が行なっている Small Talk という活動を紹介します。授業のウォームアップに数分間行なっています。自分のおもしろい体験を英語で話します。生徒の理解のためにキーワード（日本語をつける）を与えます。聞きっぱなしにしないために小冊子形態のメモを持たせます。英語の内

容を日本語でこのメモにまとめさせる活動です。次のような手順で活動します。

	教　　　師	生　　　徒
1	キーワードを発音しながら板書 日本語でキーワードの意味を確認	キーワードを小冊子にメモする
2	略図を黒板に書きながら英語で話す	要点をつかむように聞く
3	理解度を探りながら2度繰り返す 言い換えなども試す	日本語でサマリーを書く 2文程度感想か質問を書く
4	回収してコメントまたは回答する	
5	次時、小冊子を配布する	コメントや回答を読む
6	新しい話に移る	

この活動では、小冊子で生徒の理解を確認しフィードバックを与えながら、話しを継続できます。キーワードをメモで残し語彙力の強化もできます。教師の話しの組み立てやキーワードの与え方がよいと理解度は高くなります。教員にとってはまさに話術の訓練です。

英語教師がコミュニケーションを教えることを意識しているなら、普段から「難しい」ものを「易しく」説明する技術を磨かなければ

Small Talk　小冊子例

KEY WORDS：souvenir　みやげ　tears 涙
SUMMARY：夏に上高地に行って、河童の涙をみやげに買った。
COMMENT：河童の涙の説明がわかりにくかった。
FEEDBACK：Some Visitors throw out bottles in Kamikochi. They are made of these bottles.

なりません。このような工夫をしないと、いつになっても生徒たちが英語でコミュニケーションできるようにはなりません。生徒たちの習熟度や興味をよくつかんで活動を考えることも非常に大切です。活動を工夫し、英語教師としての英語運用力を高めると、担任として生徒たちとのコミュニケーションもうまくいくようになります。広い視野を持ってがんばりたいものです。

Question 2 コミュニケーション志向の授業に生徒を積極的に参加させるには？

コミュニケーション能力の育成を目指す授業を試みています。これまで私が行なってきた文法訳読中心の授業よりは、積極的に授業に参加する生徒は多いのですが、消極的な生徒もたくさんいます。そのような生徒をどのように扱えばよいのでしょうか。

A

回答者　白　井　雅　裕

なぜしゃべれ（ら）ない？

　コミュニケーションとは何か、コミュニケーション能力とは何かという議論はさておき、教室での授業における「コミュニケーション活動」の実際に目を向けて、そこで私たちがぶつかる壁とそれを乗り越える方策を具体的に探っていきたいと思います。

　コミュニケーションを志向した授業をする場合、最大の壁は何と言っても生徒が乗ってこないということでしょう。張り切って英語で話しかける先生、目をそらせて下を向いてしまう生徒、「えっ」と言ったまま動かなくなってしまう生徒、「先生、何て言ったの？」と日本語でクラスメートに助けを求める生徒、何も言わずにモジモジしてしまう生徒。日本語に切り替えるわけにもいかず、額に汗がにじんできます。ボソッと答えてくれた勇気ある生徒のひと言に藁にも縋る思いでしがみつき、このやりとりを他の生徒にも聞かせたい、Say that again!とやってしまうともう大変です。生徒は何か間違ったことを言ってしまったと思って、再び貝のように口をつぐんでしまいます。誰もが経験する悪夢ですね。

　なぜこのようなことが起こるのでしょうか。一つには日本人の英語に対する屈折した（？）メンタリティーに根ざす問題があると思います。「つまり、英語の音は日本人には『キザ』なのだ。どうして『キザ』なのかはわからないが、『キザ』だから恥ずかしくなるし、からかわれたりする。それは、どこからくるのだろう。英語を話したいという願望の裏返しで『キザ』と思うのか、それとも何か他の理由があって『キザ』に感じてしまうから、いくら英語をしゃべりたくてもしゃべれないのか、いったいどちらなのだろう？」と鳥飼(1996)が指摘しています。これは授業以前の問題ですが、授業に臨むに当たっては心しておかなければ

ならない大切な問題です。
　より具体的な原因としては、コミュニケーション活動に対する生徒の「不慣れ」や「不得手」といった要素があるでしょう。もちろん英語が「苦手」な生徒もいるはずです。このような壁を乗り越えるにはどうしたらよいのでしょうか。

教室におけるコミュニケーション活動とは？
　そこで教室での授業におけるコミュニケーション活動を、(a)　2人以上の人間が、(b)　音声を使用し、(c)　口頭表現を用いて、(d)　相互に、(e)　意志の伝達を図る「会話」と便宜上定義して(田崎1990)、議論を進めていきましょう。この中で一番重要なのは(e)です。そしてそれを授業に円滑に取り入れるためには、ある事柄について「質問すること」と「質問に答えること」という2つの作業をさせてみるとよいと思います。「質問すること」によって生徒はある事柄についての情報を得ます。そして「質問に答えること」によって自分が得た情報を誰かに伝えるわけです。これが教室での授業におけるコミュニケーション活動の簡単な図式です。
　コミュニケーション志向の授業といっても、「すべてを英語で」と構えるのはやめましょう。授業の中でどの部分を英語によるコミュニケーション活動に充てるかということがポイントです。ここでは warm-up を例に考えてみましょう。
　教室に入って教卓の前に立ち、おもむろに、「えへん、Good morning, everyone.」などとやると、取ってつけたようでいかにも間が悪いですね。Good morning と言って教室に入って行き、そこにいる山口さんに How are you, Miss Yamaguchi?と話しかけるのです。Miss Yamaguchi、この部分が大事です。英語に break the ice という表現がありますが、to begin to be friendly to someone by talking to him / her (*Longman Dictionary of American English*) ということです。不特定な相手に問いかけるのではなく、特定の個人に話しかけてみて下さい。いつもと違うということで緊張感が生まれます。「えっ！」とくれば Fine?と微笑んでみましょう。照れくさそうにうなずけば、Good!これがまた大事です。ある事柄について「質問に答えている」わけです。その答えに対して Good!です。How about you, Mr. Tanaka?と続けましょう。そういうふうにして何人

かと会話し、Fine という答えが返ってくればしめたものですね。こういう問いかけには(ことばで)こう答えればよいということが、体験的に学べる場が提供できています。

　What day is it today? とさらに続けましょう。Sunday? Monday? Tuesday?…と follow-up します。Monday とくれば、そう、Good!ですね。Right, Monday. とボールを投げ返します。そして、It's Monday. と文の形でリピートしておくことも大切でしょう。答え方のモデルを示しているわけです。決して訂正ではありません。

　What did you do after dinner yesterday, Miss Sato? これが案外難しいのです。「えー…？」「別にー…」「なーんにも…」日本語であればそんな答えが返ってきそうですね。答えは具体的なもの何か一つでよいのです。Did you do your homework? Did you take a bath? Did you watch TV? などと follow-up します。反応があれば、Oh, you watched TV. Did you, Mr. Suzuki? と別の生徒にスピーディーに。あるいは What did YOU do, Mr. Suzuki?とたずねましょう。慣れてくればここぞとばかりに I watched TV. と答えが返ってきます。ワンパターンです。これも避けたいですね。ひと言 And?でいいでしょう。生徒は「えっ」という感じ。うまく follow-up していけば、ことばによる答え方の幅を広げるチャンスになります。やはりここでもこういう問いかけには(ことばで)こう答えればよいということを、体験的に学ばせるようなかたちでコミュニケーション活動が展開していることがおわかりだと思います。

　紙幅の関係で warm-up のごく一部分だけを取り上げて議論を進めてきましたが、大切なことは、いかに follow-up をして、コミュニケーションを持続させるかということです。生徒に英語で発言させることを最初から期待することは必ずしもないと思います。逆に言えば、生徒が英語で発言していないからといって、コミュニケーション活動が成り立っていないわけではありません。本稿では、教室におけるコミュニケーション活動を田崎(1990)の定義にしたがい「会話」と位置づけて議論を進めてきましたが、広い意味でのコミュニケーションを考えた場合、意志伝達の手段は音声による口頭表現でなくてもよいからです。

　生徒のレベルや学年によっては、当然、質問も形式・内容ともに難しくなることがあります。その場合、質問に対する答えがわからない、あるいは質問を繰り返して欲しいという意思表示ができることもれっきと

した応答になり得るということです。I don't know. や I can't answer your question. とくれば、他の生徒に Do you know? や Does anyone know? あるいは Can you answer my question? とたずねることができるわけですから、むしろ自然な形でコミュニケーションを持続させることができるわけです。

　さらにつけ加えれば、先生は英語を「スローモーション」で発音できる必要があるでしょう。声のピッチを下げずにスピードを落とすというのでしょうか、紙の上で説明するのは難しいのですが、母音はしっかりと子音はたっぷりと発音するということでしょうか。教育実習生の英語を聞いていると、少し速すぎるなと思うことがしばしばあります。速くてわからないのが英語ではありません。わからなければコミュニケーションは成立しませんから。

継続は力なり！
　Last but not least ですが、コミュニケーション活動に対する生徒の「不慣れ」や「不得手」といった要素を克服するには、何と言ってもそのような活動を習慣化することです。そのためには、生徒が乗ってこないからということで、1回や2回の授業であきらめるのではなく、また、1学期だけで見切りをつけるのではなく、1年間を通して、願わくは、中高それぞれ3年間を通して継続的に取り組むことが何よりも大切です。

より良い英語授業を目指して
教師の疑問と悩みにこたえる

文法指導

文法指導

英語のルールをわかりやすく、納得できるように生徒に教えるにはどうしたらよいか？

B先生：**英語のルールをわかりやすく、生徒に納得できるように教えることが大切だとよく言われますが、具体的にはどうすればよいのでしょうか？**

斎　藤：私たち教師は、授業でいろいろとコミュニケーション活動を生徒にさせます。その活動の土台としては、時には、前置詞の意味を説明することもあれば、文を構成していく上でのルールを説明することもあります。その説明の仕方なんですが、2通りの方向が考えられると思います。

B先生：それは何ですか。

斎　藤：それは、

　　　　① 形の上から説明する
　　　　② 内容から説明する

　　　　ということです。もちろん両方の説明が必要なんですが、ややもすれば①に偏ってしまう。

B先生：形の上からの説明だけではだめなんですか。私などは形の上の説明の方が多いかもしれません。

斎　藤：それが極端になると、生徒から質問が出た場合「そう決まっているんだから、覚えておけ」となってしまう。

B先生：それは心あたりがあります。

斎　藤：それで、私としても、②の方からの説明をもう少しする努力が必要ではないか、中身からわからせれば記憶にも残りやすいというものです。

B先生：それはそうですね。

斎　藤：そういうことを頭に置いて、次の山口均先生の論文を読んでみて下さい。

概念からアプローチする文法指導

山口　均

1 はじめに

　中学校では、英語指導のプロセスの中で、様々な手法が取られ、工夫がなされているものの、その指導の基礎にあるものは、体系化された学校文法に依るところが大きい。それに依れば、生徒たちは常に日本語との比較の中で、英語の語彙、統語を学んでいくことになる。しかしながら、英語の native speaker にしてみれば、その言語習得のプロセスは学校文法のような体系化された順番を経て獲得しないのはもちろんのこと、その文法的な捉え方においても、それとは異なったものであるのは、多くの ALT から知らされるところである。また、まず母語の獲得においては、比較する言語すら存在していないのである。

　では、私たちが言語を習得する際、その根元となっているのはいったい何であろうか。

　例えば、前置詞は様々な場面で出てくるが、動詞と結びつくことでさらに新しい意味を生み、英語学習の困難さを学習者に感じさせている。辞書には膨大な数の訳語と熟語の意味が載っていて、これを日本語との比較という方法で暗記するには途方もない努力と忍耐が必要となる。しかし、例えば、「on は接触という概念」「by は力の概念」を表わすというように見方を変えれば、様々な訳語は類推可能なものとなる。

　This story was written by Soseki Natsume.
　「この話は夏目漱石によって(夏目漱石の力で)書かれた」
　You stood by the car yesterday.
　「昨日あなたはその車のそばに立った」
　(この場合、You と the car には物理的に力が働いて接近している。力が及んでいないように感じさせる距離は near で表現される。)
　I have to finish this work by tomorrow.
　「私は明日までに(明日という制約の力で)この仕事を終

えなければならない」

I go to school by bus.
「私はバスで(という交通の力によって)学校へ行く」

少々こじつけのように思えるかもしれないが、これは日本語との対比ではなく、あくまで by という前置詞の持つ概念からアプローチした方法である。そもそも「語」は、その必要性があって生まれるものであり、今までの物や概念と区別する必要がある場合に、初めて違った語として存在する。したがって区別する必要のないものについては、同じ語で良いはずである。日本語の訳語としてはたくさんあるものの、by には特定の「概念」がある。つまり by の基本的な概念は「力」であり、日本語から見れば、by の持つ様々な訳語はこの単語の持つ多様性のように思えるが、概念的には一つであり、決して同音異義語的な扱いには該当しない。

日本語とのことばの上での比較の前に、まず、その語の持つ概念的な把握が必要であり、今までの文法学習ではその辺りを蔑ろにして、ことばのみの指導に留まっていたように思われる。

ここでは「原則として言語は、表現したい概念の具現化である」ということを中心的な視野として、「一つの単語に一つの訳語を」、「一つのスタイルに一つの概念を」与えることを中心課題として、新しい学校文法の捉え方を模索したいと思う。

2 単語レベルで

単語レベルで見ていくと、例えば、日本語の「見る」に当たる英単語はたくさんある。代表的なものとしては、look at, watch, see などであるが、これらは表現する際、すべて概念的には違いがある。したがって、「見る」ことを表現する際、単語としてもいくつかの語が存在しているのである。

まず、look の基本的な概念を「視覚的状況下にある」とする。これは「見る」か「見られる」かは別として、主体が「視覚的状況下にある」という概念である。at は「点」の概念であるから、訳語としては look at は「～を見る」となる。さらに look の展開例としては、for を「目的」として look for で「～をさがす」、after を「後ろ」として look after で

「後見(世話を)する」など、概念的な組み合わせによって、その意味は類推できる。また、You look happy. は「あなたは幸せな視覚的状況下にある」として、「自分が他を見るのではなく、自分がそのような視覚的状況下に置かれて見られている」というふうに考えられる。したがって、「あなたは幸せそうに見える」という日本語が与えられる。

一方、watch は「考えながらじっと見る」、see は「視野に入って来る」という概念でいくと、その違いがはっきりしてくる。これを中学レベルでわかりやすく区別をさせるのに、黒板に略画を描いて感覚的にとらえさせるのは、よく使われる手法である。

同様に listen と hear の違いや、say, speak, talk, tell などについても同様にその単語の違いをはっきりと説明する事ができる。

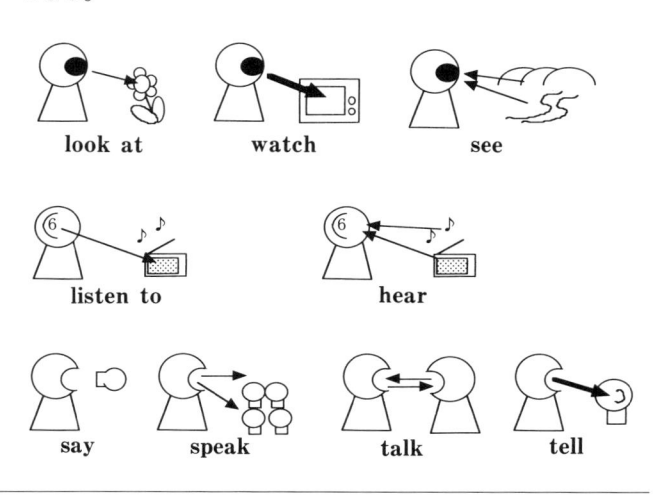

look at　　watch　　see

listen to　　hear

say　　speak　　talk　　tell

3　文レベルで

❶ be 動詞とその関連表現

これを文法レベルで考えるとどうなるであろうか。例えば、be 動詞が扱う領域は、「存在」「〜である（イコール）」などが代表的なものであるが、これと進行形や受動態で使われる be 動詞との関連性は、学校文法ではあまり論じてはいない。
I am a student.は SVC 構文であり、これを数式のイコール

にかえると、I＝a student.「私＝一人の生徒」ということであり、a student が、主語 I の補語としての役割を果たしている。

I am happy.「I＝happy. 私＝幸せ」ということで、補語が形容詞ではあるが、be 動詞が主語と形容詞をイコールで関連させるという役割を果たしている。

I am from Hokkaido.「I＝from Hokkaido. 私＝北海道出身」となり、from の「起点」という概念で「私は北海道を起点として存在している」となり、この構造は上の2つとまったく同じように考えることができるはずである。しかし、この段階で学校文法ではこの構文は SV であり、from Hokkaido という前置詞句は構文の生成要素からは除外されてしまっている。でもこの前置詞句は be 動詞を「イコール」とすることで納得がいく形になる。

次に進行形と受動態を見てみよう。

The girl is playing tennis there.「The girl＝playing tennis there. その少女＝そこでテニスをしている」で、意味は理解可能である。左辺＝右辺という式の意味からすると、この構文も SVC 構文のはずだが、学校文法では SVO 構文で、The girl(S)＋is playing(V 群)＋tennis(O) としている。

She is liked by many students.「She＝liked by many students. 彼女＝多くの生徒たちに好かれている」これも主語と過去分詞がイコールの関係にあり、SVC 構文の一つであると言える。また疑問文や否定文の作り方、その応答の仕方については、進行形であろうが受動態であろうが、be 動詞を中心に考えているので、すべて共通であり、納得もしやすい。

❷ 現在分詞と過去分詞の概念

現在分詞や過去分詞の概念は、上記の進行形と受動態で説明した通り、それぞれ「〜している」「〜される」という状況を表している。まさしく形容詞と同様の役割をすると考える事ができる。

The girl is playing tennis there.

「The girl＝playing tennis there. その少女＝そこでテニスをしている」

Look at the girl playing tennis there.
「そこでテニスをしている少女を見なさい」

この時、playing は現在分詞の形容詞的用法として the girl を修飾しているが、そもそも現在分詞の概念は「〜している」と形容詞であり、be動詞を用いて補語になるか、直接的に修飾するかの違いだけで、概念的にはまったく同じである。

過去分詞については、「〜される」という概念で説明できる。
She is liked by many students.
「She＝liked by many students. 彼女＝多くの生徒たちに好かれている」

She is a young teacher liked by many students.
「彼女は多くの生徒に好かれている若い先生です」と teacher を修飾して、まさしく形容詞であるのは言うまでもなく、これにより分詞の形容詞的用法と、進行形、受動態は別の用法のように取り扱われていたが、分詞を形容詞とみなすことで簡単に統一される。

❸ **不定詞の概念**

今までの学校文法での不定詞の用法は日本語と対比する時に、中学校レベルでは以下のように分類され、定義されている。

I want to go to Sapporo.［名詞的用法（〜すること）］
「私は札幌へ行きたい」

I want something to eat.［形容詞的用法（〜するための／〜すべき）］
「私は何か食べ物がほしい」

I went to the library to study English.［副詞的用法（〜するために）］
「私は英語を勉強するために図書館へ行った」

これでは「to＋動詞の原形」を日本語に照らし合わせると3つも用法ができてしまい、「同じ形なのに違う用法」というコンフリクトが生じることになる。同じ形で事が済んでいるということは、概念的には同じであり、したがって、同じ用法として扱う方が理屈に合う。さらに native speaker が、本当にこの3つの用法を区別して話しているのかと考える時、彼らもその違いを区別してはいないように思われる。同じ形なのだか

ら、彼らの不定詞に対するイメージ(概念)は一つであるはずだと仮定して、具体的に不定詞の持つ概念をさぐりたい。

　不定詞は動詞の前に to を置いた形であり、ここでは to の概念解釈が必要となる。to は「方向性」という概念であり、「to＋動詞の原形」で「その動詞の持つ概念へ向っている状況を表す」ということができる。

　例えば、to study は「勉強することへ向っている状況」、to eat は「食べることへ向っている状況」となる。つまりその直前にある語が、to をはさんだ次の動詞の方向へ向っていると統括して考えてみる。

　つまり、
　I want to go to Sapporo.
　「私は札幌へ行くという方向性を望む」
　I want something to eat.
　「私は何か食べるということに向って何かがほしい」
　I went to the library to study English.
　「私は英語を勉強するということに向って図書館へ行った」
　これにより、3つの用法の概念には何ら違いが感じられなくなる。ただ、日本語に訳す際に、3つの訳の方法が必要となるだけで、概念的に3つあるというのとは違う。

また、現在分詞も過去分詞も形容詞の役割をするという考え方に準じて、不定詞を動詞が変化した形と捉え、不定詞も形容詞であるという視点でいくと、次のように考えることも可能である。

　わかりやすくするために a situation(状況)という語を利用する。
　I want (a situation) to go to Sapporo.
　「私は札幌へ行くための状況がほしい」［形容詞的用法］
　I want something to eat.
　「私は何か食べ物がほしい」［言うまでもなく形容詞的用法］
　I went to the library to study English.
　「私は英語を勉強するための図書館へ行った」［訳し方を変えて形容詞的用法］
　特に、最後の副詞的用法を形容詞的用法に訳し直すところで

は、抵抗があるかもしれないが、この場合、主語はIであり、このIにとっての図書館へ行くという行動は、英語を勉強するため以外の何ものでもないことを考えると、同じような概念として捉える事ができる。

❹ **be going to**

また be going to に関しては、will の代用であったり、意味の持つニュアンスの違いを細かく説明したりしているが、形を見れば明らかに進行形であり、to の持つ概念で説明できる。

I am going to read the book.「I＝going (a situation) to read the book. 私＝その本を読むための状況を進めている（私はその本を読むことになっている）」

I am going to the station.

「私＝その駅へ進んでいる（私は駅へ行く途中だ）」

これらの be going to には共通した概念がある。

❺ **その他の表現**

次の例文についても同様の解釈が可能である。

To play tennis is fun for me.→ A situation to play tennis is fun for me.「テニスをするという状況は私には楽しい」

It is interesting to watch TV. → It is an interesting situation to watch TV.「テレビを見る楽しい状況である」

Why do you study English so hard ?

To pass the exam.→(For a situation) to pass the exam. または(Because I want a situation)to pass the exam.「試験に通る状況のために」

"a situation"はことばの持つ意味のごとく、目に見えない「状況」であるから、空気みたいなもので、いちいち言わずに省略しているという発想に立っている。これで名詞的用法も副詞的用法も、形容詞的用法に統一する事ができる。

「動詞が変化した形はすべて形容詞の役割になる」つまり「不定詞は形容詞である」という考え方ができる。

❻ **現在分詞と動名詞**

I am playing tennis now.

「今、テニスをしているところです」

Playing tennis is interesting.
　　「テニスをすることはおもしろい」
　前者の ing は現在分詞、後者は動名詞と学校文法では区分され、違うものと捉えられている。しかし、「同じ形なら同じ用法」ということにこだわると、これらも概念的に一つにまとまるものと考える。もちろん、現在分詞と動名詞の発生は別のルートをとって現在に至っているにしても、実際使っている上で、native speaker がこの違いをはっきりと意識しているかというと、一考の余地がある。

　日本語と対比すると、上記の2つの訳がぴったりするのであろうが、この ing の持つ役割あるいはイメージを学校文法ではあまり深く掘り下げずに、「こういう用法なんだから覚えなさい」という無茶を生徒に強いている。

　そこで、何とかこの2つの用法を一つにする方法はないかと考えたのが、不定詞の際に用いた "a situation" である。そもそも ing のイメージ(概念)は「何かをしているところ」である。つまり「動作の進行中」ということであるから、動名詞「〜すること」を現在分詞に統一させる方法を探ってみたい。

　Playing tennis is interesting.→ A situation playing tennis is interesting.「テニスをしている状況は面白い」

　I enjoy reading books.→ I enjoy a situation reading books.「私は本を読んでいる状況を楽しむ」

　つまり、動名詞を現在分詞の形容詞的用法に変化させ、「動詞が変化した形はすべて形容詞の役割になる」を適用したわけである。

　　a dining-car「食堂車」
「食事している車」とは訳さないのは当然である。この dining は学校文法でさえ動名詞の形容詞的用法としている。見方を変えると、この車の中では、「人が食事をしているところ」であり、主体が何であるのかというのは常識の範囲内である。

❼ have の概念

　have は一般動詞として用いられる他に、現在完了形でも使われ、使用頻度の高い語の一つである。その have の一般的な日本語訳は「持っている」である。

I have a new bike.「私は新しい自転車を持っている」

I have breakfast at seven every morning.「毎朝私は7時に朝食を持つ→食べる」

I have a headache.「私は頭痛を持っている→頭痛がする」

We have a test today.「私たちは今日テストを持つ→今日テストがある」

They have eight time zones in USA.「彼らはアメリカで8つの時間帯を持つ→アメリカには8つの時間帯がある」

　これらは日本語に訳した時、多少の言い回しの違いがあるものの、基本的に「持っている」という概念でまとめることができる。have には「何か自分以外のものを自分という環境の中に取り入れる」という概念があり、そのため have breakfast は「朝食を食べる」となる。ここまでは充分に類推がつくのであるが、現在完了形に及んでは have の立場は非常に曖昧になる。学校文法においても、この場合の have が何ものであるかについてはきちんと述べられていない。

I have lived in Osaka for 19 years.「私は大阪に19年間（ずっと）住んでいる」

　これは継続用法であるが、have は何ものなのであろうか。仮に助動詞とすると、助動詞のルールとして「その直後にくる動詞が原形になる」というのがあるから、can や will などとは一緒にできない。では、一般動詞としてみても、この例文を疑問文や否定文に直すと、もろくも一般動詞としてのルールからはみだしてしまうことになる。

Have you lived in Osaka for 19 years? No, I haven't. これは決して、Do you have lived in Osaka for 19 years? とはならない。とにかく助動詞のように働きながら、助動詞の仲間には入れられない、非常に中途半端な存在となる。

❽ 現在完了形の概念

　このような曖昧な存在としての have に関しては、特に中学校では追求することなく、「have＋過去分詞」を一つの動詞群としてそのまま覚えるように指導してきた。そして、現在完了形には、中学校では「継続」「完了」「経験」と3つの用法を与えて、それが別物であるというように、区別、判別できる能

力を養うようなアプローチを取ってきている。
　学校文法は分類的にこの3つの用法の違いを強調してきたように思う。逆に、現在完了形の持つ共通した概念を見つけだし、現在完了形を一つにまとめて考えてみたい。
　さきほどから述べているように、英語を母語としている人たちはこの3つの用法を実際きちんと区別しているのだろうか。区別するならもっと違った形に変化しているはずである。
　現在完了形を日本語に対応させた時、最も近い意味を表すために、まずは継続、完了、経験という3つの用法に分類せざるを得なかったというのが本来であろう。しかし、学校ではその元になる概念についてはほとんどふれずに、3つの用法の違いばかりを説明するのが現状である。では、いったい現在完了形とは何なのかを改めて考えていきたい。
　現在完了形で大切なのは have の役割である。have の意味は「持つ」であり「自分の中に取り入れる」である。何を取り入れるかと言うと、過去の状況を現在に取り入れるわけである。
　I have lived in Osaka for 19 years.→I have (a situation) lived in Osaka for 19 years.
「私は19年間、ずっと大阪に住んでいる。[継続用法] →私は19年間、大阪に住んだ(という状況)を現在持っている」
　I have just finished my homework.→I have (a situation) just finished my homework.
「ちょうど宿題を終えたところだ。[完了用法] →ちょうど宿題を終えた(という状況)を現在持っている」
　I have smoked three times.→I have (a situation) smoked three times.
「私はたばこを3回吸ったことがある。[経験用法] → 私は3回たばこを吸った(という状況)を現在自分の中に取り入れている」
　これは一般的な have の意味である「持つ」「自分の中に取り入れる」をそのまま使うことによって、文法の複雑化を避ける考え方である。
I have a new bike.「私は新しい自転車を持っている」
「新しい自転車」を持つかわりに「過去(の状況)」を現在持

つだけなのである。このようにして、過去と現在とが何らかの形でつながるというのが現在完了形の考え方である。

つまり、現在完了形とは「過去(から)の状況を現在の自分の中に取り入れること」という概念で括ることができる表現として見直すことが可能である。

4 まとめ

学校文法へのアプローチの視点を変えることを提案してきたが、このような文法の捉え方は学習者に逆に混乱を生じさせるのではないかという懸念を持たれる方が多いかもしれない。

しかし、私たち教師もまた、中学時代から現行の学校文法の洗礼を受け、学習していく中で多少の疑問を感じながらも、とにかく暗記という方法で、釈然としない部分を「とにかくこうなっているのだから…」と半ば無視して来た。そこにあるのは、日本語と英語のことばの対訳を基準にした、まさしく訳読中心の捉え方であったことは否めない。

「はじめに」で述べたように、その単語の持つ概念や文型の持つイメージを学習者に理解させようというアプローチはあまりなされてはいなかったように思う。

本論では、文法を細分化して顕微鏡的に分類し、日本語に適合させる現行の方法を見直し、逆に、同じ概念のものを統括的に大きく括り、英語感覚に近づきながら、日本語との対応を探るというアプローチをとっている。紙面の関係もあり、具体的にどのように教えるかという方法論は別の機会に譲るが、少なくともこのような視点に立って、今までの学校文法を見直すことにより、より感覚的に、かつ納得のいく形で英語という言語の体系を学習者に提示することは可能であるし、「類推」や「推測」という、これぞまさしく学習者の感覚的な部分を最大限に利用、育成しながら、未習の熟語等にも対応できる。

文法の見方やアプローチの仕方を少し変えることで、教え方にも様々なバリエーションが出てきて、授業が活性化されることを期待して本稿を締め括りたい。

[読後の話し合い]

B先生：山口先生の論文は、ずいぶん参考になりました。ああ、こんな考え方もできるのかと思わさせられました。

斎　藤：要するに、英和辞書に載っているような訳語としては生徒に覚えさせないということですね。それよりは本質は何かをわからせるという方向です。その本質がわかれば、訳語をいちいち覚えさせたり、説明しなくても、すべてがわかるということですね。

B先生：そういう点で大いに参考になると同時に、何でも英語と日本語を結びつけて公式化している自分の指導法にいかに問題があるかを痛感しました。私は今回の山口先生のお書きになっているものを読んで、これはいいと思いました。ただ、ちょっと恥ずかしいのですが、私自身が、例えば、それぞれの語の持っている本質をもうひとつよくわかっていないところがあるのです。何か基本的なものについてだけでもいいのですが、解説してあるようなものはありませんか。

斎　藤：わたし自身としては、高校生用の学習参考書『ローレル総合英語』(三省堂)の中に「なるほどコーナー」というコラムを設けてそこに書きました。しかし、ページ数の関係で割愛せざるをえないものも多くありましたし、系統的という視点からみると、まだまだ十分ではありません。そこで、このあたりのことについては、山口先生の継続的な努力を期待したいところです。

B先生：私たちの協力もあった方がよいでしょうね。

斎　藤：どういう協力をしていただけますか。

B先生：私たちは毎日授業をしています。すると生徒からいろいろの質問が出てきますよね。だいたいはなんとかなるんですが、こっちが答えられない質問も出てくるんです。そこで、そういう質問を集める。その土台の上に立って、わかりやすい本質的な説明を考えていく、そういうプロセスの中で、質問集めのところで私などが協力できるのではないでしょうか。

斎　藤：それはいい考えですね。答えられない質問というのは、結構あるものですから。

B先生：例えば、仮定法ですね。

　　　　　If I were rich, I could buy the car.

で現在のことを表しているのに、なぜ I were と過去形を使うのか、といった質問。これなど、私はうまい説明が見つからずただ「覚えろ、決まりだから」みたいになっちゃってるんです。
斎　　藤：これはまた急に具体的な問題を持ち出しましたね。その問題に限って言うと、私ならこう説明します。I was rich. とある人が言ったらこれは過去のある時に「私は金持ちだった」ということですね。そう言い切った場合、まず90％以上、現在は金持ちではないんです。現在も金持ちなら、今さら改めて I was rich. などと言う必要はないわけですから。つまり「過去形で表したら、現在の事実に反することを述べている」というわけです
B先生：ああそうか。なるほど、これならわかりやすい。でも先生、なぜ was を使わずに were するんですかね。
斎　　藤：本当は was でもいいんですよ。しかし were にしたら、単なる過去時制ではなく仮定法だということにすぐ気がつくではありませんか。
B先生：なるほどね。そういう説明をもっと学生時代に聞いておきたかったなぁ。
斎　　藤：感心していては困るんです。実は、そういう説明を英語の教師が生徒にする、ということがポイントなのですから。
B先生：いやあ、まったくその通りですね。
斎　　藤：山口先生も、ルールや訳語ではなく、本質的なところでわからせようというご提案をなさっているんですね。文法の時代ではないとはいえ、こういう努力は必要だと思います。私たちが教えているのは ESL (English as a Second Language) ではなく、EFL (English as a Foreign Language) です。ESL の場合は教室から出ても、英語に触れる時間は十分ありますが、私たちの場合は教室を出たらもう日本語の世界です。このように学習時間が非常に限られている場合は、文法学習が不可欠ですが、文法指導で生徒から質問が出たときに、「そう決まっているのだから、そのまま覚えなさい。」では、納得のいく解説になっていません。特に、高校生以上の学習者の場合は、納得のいく説明が必要です。みんなで力を合わせて、納得のいく説明を共有できるといいですね。

文法指導をどのように行なえばよいか？

C先生：私の勤務校では、週2回の「オーラル・コミュニケーション」の時間に文法の授業が行なわれていますが、最近、今のような文法指導は意味がないのではないかと思うことが多いのです。

鈴　木：どのような指導をなさっているのですか？

C先生：英文法の「準教科書」を用いて、教科書の左ページの文法事項を含んだ例文を生徒に和訳させて解説し、右側の練習問題の答え合わせをするというパターンです。教師は、ひと通り文法事項を教えたつもりになって自己満足し、生徒は例文を日本語に訳せて、練習問題に答えることができさえすればいいと思っています。でも、文法など何の役にも立たないと思っている生徒が多いのです。**私たち日本人が英語を聴き、話し、読み、書けるようになるためには文法は不可欠だと思うのですが、どのように指導すればいいのかわからない**のです。20年近くも教師をしていて、お恥ずかしいことですが…

鈴　木：そんなことないですよ。何の疑問も感じないで、自分が教えられた通りに教えている教員のほうがずっと多いのです。現状に疑問を持って、より良いものを求めて悩んでおられるのはすばらしいことです。

C先生：ありがとうございます。でも、**練習問題に正しく答えることが目的になっている授業を変えるにはどうすればよいでしょうか？**

鈴　木：文法力は、聴いたり、読んだりする時よりも、話したり、書いたりする時に必要になりますから、文法をスピーキングやライティングに結びつけるように指導してはどうでしょうか？　文法が役に立つことを生徒に実感させることもできますし、文法力はもちろん、話す力も書く力もつき、ディスカッションやディベートなども可能になります。先生には、次の竹中重雄先生の論文をお読みいただきたいと思います。スピーキングやライティングに結びつく文法指導を行なうための留意点や具体例が書かれていますので、先生の疑問や悩みを解決するためのヒントが得られると思います。

スピーキングやライティングに結びつく文法指導

竹中重雄

1 「文法」vs.「コミュニケーション」

　私が前任校(京都教育大附属高校)に在職していた当時から、入学して来る生徒の英語を書く力や文法力の低下が少しずつ目立ち始めていた。そうした傾向は今日ますます強まっているようである。原因はいくつか考えられるが、「コミュニケーション志向」の英語教育が進む中で、「学習活動」が不十分になりつつあるのではないかと心配である。しかし、もしそうだとすれば、それはおかしなことである。「コミュニケーション」と「文法」は車の両輪のように相補的なもの、というよりは、「文法」は〈コミュニケーションのための基本ルール〉としての役割を担っている筈だからである。本来なら、スピーキングやライティングに結びつかない文法など考えられないものである。しかし、現実問題として従来の英文法指導には、文法がスピーキングやライティングに役に立つどころか、かえってその障害となりかねない多くの問題が存在しているように思われる。本稿では、まずこれまでの英文法指導を振り返り問題点を明らかにした上で、どうすればせっかく学習した「文法」がスピーキングやライティングに結びつく本来の姿を取り戻せるようになるかを考え、併せて実際的な指導の方法を提言したいと思う。

2 従来の英文法指導の問題点

　我が国の英語教育における「文法指導」を振り返ると、文法がスピーキングやライティングの力を伸ばすことに繋がらない原因となる問題点が見えてくる。そうした問題点を、いくつか挙げてみよう。

❶ 文法指導が目的化し、過剰学習を強いている

　英文法の検定教科書が無くなって久しいが、多くの高校では相変わらず何らかの形で文法を「特設」して教えている。つまり、文法指導がそれ自体目的化してしまっている。このために、

文法が「一人歩き」し、「英語Ⅰ」や「英語Ⅱ」で扱われる文法項目と関連なく先回りするのが常である。また、英語学習上実際には無用なこと（「5文型」への分類；話法の転換；句・節の用法など）まで教えたり、難解な文法用語を多用したりする結果、生徒に消化不良を起こさせ、文法に対するアレルギー反応や恐怖心を抱かせてしまう。こうした心的状況がスピーキングとライティング面での萎縮に繋がり、大きなマイナスになるのは当然である。文法が、事実上、「コミュニケーションを妨げる道具」となってしまうのである。

❷ **日英両語の対照、特に語順の相違への視点が希薄である**

　生徒が英語を話したり書いたりする場合、日本語の干渉による誤りを犯す。その干渉は、日英両語の構造上の差異が原因となる。構造上の差異として最も大きいのが語順の相違である。両語の語順が同じならば、日本人が英語を話したり書いたりすることはどれほど容易なことであろうか。心理的抵抗はなくなり、語彙力さえ伴えば自己の意思を伝えるのにほとんど苦労しないであろう。16世紀に来日したキリスト教宣教師フランシスコ・ザビエルは、いち早く日本語をマスターして人々を驚かせたと伝えられるが、彼の出身地がイスパニアのナバラ王国（現バスク地方）であり、バスク語は日本語と同じSOV語順をとる言語である点に注目しなければならない。そうした語順の重要性にもかかわらず、英文法の中で語順は正当な扱いを受けていない[1]。重要な語順がなぜ軽視されて来たのであろうか？　それは、おそらく英文法が欧米語を念頭に置いて構築されて来たために、「語順」イコール'SVO'という等式が自明の事実として受け入れられてしまっており、取り立てて問題にする必要がなかったからであろう。英語を話したり書いたりする上で、何よりも大切な語順の指導が十分になされて来なかったことは、文法学習がスピーキングやライティングに結びつかないとの批判と無関係ではあり得ない。

❸ **文法知識を活用・運用する練習の場が欠落している**

　従来の英文法指導で最も致命的な欠陥がこれである。学習し

た文法事項を頭の中で理解しただけで、英語運用力がつく筈がない。数多くの練習を経て、やっとそれが可能になるのである。我が国の英文法指導には、もともと運用力をつけるという目標がなかったと言っても過言ではあるまい。このことを象徴しているのが、いわゆる「5文型」の指導である。「5文型」の指導は、英語の構文や語順を習得させることに寄与するものではない。すべての文の構造を分析し、5つの文型に分類すること自体に無理があるし、すでに意味も構造も理解できる文をわざわざ5つの型に分類し、おまけに、「補語」「目的語」「目的格補語」「修飾語」「完全自動詞」「不完全自動詞」「完全他動詞」「不完全他動詞」といった難解な文法概念の理解を強いるのは大きな矛盾である。「5文型」を教える目的があるとすれば、文の意味を理解する手掛かりを与えたり、正しい語順で文を作るのに役立てるためであるべきだからである。このような「5文型」の考え方が英語教育界に跋扈しているのは日本だけのようだが、これが構文・語順指導の大役を遂行しているとの印象を与えてしまうのは困ったことである。非生産的な「5文型」の指導に貴重な時間を空費することはやめたい。目標構文を語順的に正しく身につけ、運用できるように訓練するという本来の構文・語順指導を欠きながら、「生徒に運用力がない」とか、「スピーキングやライティングに文法を活かせない」と非難するのは不当である。

3 文法をスピーキング、ライティングに結びつける指導

「文法」をスピーキングやライティングに結びつけるためには、従来の文法指導からの発想転換が必要である。即ち、次のようなことが必要である。(1) 文法項目を総点検し、英語学習上不可欠なものだけを教える。(2) スピーキングやライティングのための「表現文法」と、理解のための文法を区別した柔軟な指導をする。(3)「説明」にはあまり時間をかけず、「ドリル」を主役にした指導に切り替える。(4)「輸入」英文法の考えに縛られず、日本人のための文法指導をする。(5) 真の「実用」とは何かを常に考えた指導をする。これらの前提条件を土台にして、以下の提言をする。

❶ 英語の運用力をつける練習を取り入れよう

　今までの一般的な文法指導法は、或る文法項目を導入し説明した後、テキストやプリント教材の「練習問題」をいくつかやらせて次に移る、といったものであった。これでは運用力はつきようがない。Oral work という形のドリルがどうしても必要である。この際も、目標文法項目だけをドリルするのではなく、その文法項目を含む文全体を語順的に正しく身につけさせる指導が求められる。日本人にとって一番大切なのは英語の語順の習得であり、その習得を抜きにしてスピーキングやライティングの力は絶対に養えない。例えば、現在完了形の「have＋過去分詞」の部分だけをいくらドリルしても、現在完了形が文全体の中で他の語とどう関わっているかを全体的に身につけなければ、現在完了形を使った文を話したり書いたりすることは不可能だからである。

　英語の語順を習得させるための方法として、Oral Approach の指導技法だった Pattern Practice が見直されるべきであろう。Pattern Practice は、外国語指導法としては例外的に「語順」に焦点を当てた指導技法であったからである。ただし、かつての Pattern Practice には実施上問題もあったので、そのやり方を少し工夫・改良する必要がある（具体案は pp.87-89の「新 Pattern Practice への期待」参照）。例えば、日本語(文)の cue を使用するだけでも大幅に改善されるであろう。一見、'Oral Composition' に似たものとなるが、Pattern Practice の狙いは構文・語順の徹底的習得という点にある。Pattern Practice で身につけた文は、一つひとつがスピーキングやライティングに活用できる。以前と違って、コミュニケーションを重視する現在の英語教育の下では、そうした文を活かせる場も多いはずである。

　さらに、コミュニカティブな活動と構文を身につけるための Pattern Practice を合体させた 'Communicative Pattern Practice' といったものも考えられるであろう。それは、どのようなものか？　2つの例を示そう。

【例1】中学2年で、比較級・最上級の構文を Pattern Practice で十分練習した後、そのうちの次の2文、すなわち、

- Mr. Ikeda is taller than Ken.
- Mr. Ikeda is the tallest in his family.

世界の長い河川	
長江（揚子江）	6,300 (km)
黄　　河	5,464
ナイル川	6,695
ミシシッピ川	6,019
アマゾン川	6,400

を暗唱してくるように指示し、次の授業で、左に示すような「世界の長い河川」を書いた模造紙を黒板に貼って、発展練習を行なう。

T : The Nile is longer than the Amazon.　Yes? S_1.
S_1: Yes.　The Nile is longer than the Amazon.
T : Is the Mississippi longer than the Amazon, S_2?
S_2: No. The Mississippi is not longer than the Amazon.
T : The Amazon is the longest river in the world. Yes? S_3.
S_3: No. The Nile is the longest river in the world.
　　（以下省略）

　同様の手法で、世界の著名な文学や絵画等の作品名と作家名の一覧表を用い、'〜 was written (painted) by 〜' の受動態構文の練習をすることもできる。

　【例2】中学3年で接触節構文の Pattern Practice をした後、そのうちの1文、This is the car my father bought. を暗唱するとともに、「自分にとって大切な物を次回に持って来て、英語で説明すること」という課題を出す。次の時間、大切な物を机上に出させ、次のやりとりをする（できれば生徒間でも相互に Q&A をさせる）。

T : Why is this important for you?
S_1: Because this is the watch my parents gave me on my birthday.
S_2: Because this is the book my American friend sent me.
S_3: Because this is the pendant I bought in Tokyo.
　　（以下省略）

❷ 「暗唱」を重視した指導をしよう

【例1】と【例2】において、Pattern Practice の後「モデル文」の暗唱を課している。「暗唱」は、外国語の構文・語順を習得する上で欠かすことのできない作業である。今日、「暗記」「暗唱」は欧米の外国語教授法で論外視され、我が国においても忌避される傾向がある。しかし、こうした現状とは対照的に、暗記・暗唱こそ古今東西を通じて「語学の達人」が用いた外国語修得の最高の秘訣であった(竹中、1998)。暗記・暗唱にもう一度光を当ててみよう。暗唱する文は短文でよい。その短い文の中に英語の文法が収まり、語(句)が正しい順序で配列されている。日本人が置かれている言語環境では、できるだけ多くの短文を暗唱することが、英語の構文力を養い、さらに、スピーキングやライティングの力を伸ばすのに大いに有効である。実際に暗唱を継続的に授業に取り入れて成果をあげた実践例として、藤森(1980)や鈴木(1985)がある。

「シチュエーションから遊離した文をいくら暗記・暗唱しても、そんなものは現実のコミュニケーションの際に役に立たない」という意見もあるだろう。しかし、「実用的」とは何かを今一度問い直してみる必要がある。よく、教科書などに、'At the airport' とか 'Shopping' といったシチュエーションを設定した対話教材を見かけるが、そこで扱われている型にはまった対話が実際のコミュニケーションの場で役立つかというと、決してそうとは言えない。現在では外国旅行に出ても、空港での通関や買い物の際ほとんど会話なしでも十分やっていける時代である。我々が真に「実用的」で「役に立つ」教育をするつもりなら、そうした「仮想体験」をさせることに心を奪われるより、「どんな問題についてでも自分の考えや意見を(なんとか)述べることができるように生徒を訓練する」ことをこそ、指導目標とすべきではなかろうか。必要が生じたときに役に立ちそうな短文を継続的に暗記・暗唱し、それを数多く蓄積していくことは、スピーキングにもライティングにも大いに応用が利くし、コミュニケーションを(モタつくことなく)円滑に行なう上でも非常に大切なことである。「日本の風土に合った英語指導」を進めるためには、教室作業のなかに、ぜひ暗記・暗

唱を加えたいものである。

❸「2本立て」構想で柔軟な指導をしよう

　これまで、学習した文法をどうすればスピーキングやライティングに結びつけることができるか、その方策を考えてきた。しかし、それと同時に我々が絶対に忘れてはならないことがもう一つある。それは、本稿の表題と矛盾するようだが、生徒が文法意識から全く解放され、文法的誤りを犯すことを恐れることなく、自由にスピーキングやライティングを行なえる（楽しむ）活動の場を授業の中に確保することである。そういった活動こそ、スピーキングとライティングの力を伸ばす上で何にもまして重要なことである。禅問答のように聞こえるが、「話せる」ようになるためには「話す」こと、「書ける」ようになるためには「書く」ことが不可欠である。

　実は、Oral Approach の Pattern Practice も、その究極の狙いは「自由なコミュニケーション」にあった。伊東(1994)は、米国の大学における Oral Approach の集中語学訓練(外国人留学生用)が「普通、午前中だけのコースで、参加者はこの間文型練習を中心とした語学練習を集中的に受けることになる。午後は、語学訓練から解放され、参加者は各自思い思いにアメリカ人学生や他の留学生との自由なコミュニケーションに勤しむことになる。つまり、午後の自由なコミュニケーション活動が最初から前提とされていたのである。ところが、オーラル・アプローチが日本に輸入された時は、午前中の集中的語学訓練に相当する部分のみが移植された。今冷静に考えてみるに、アメリカにおいてオーラル・アプローチが多大な成果を収めたのは、教室外での自由なコミュニケーションへの参加が保証され、学習者は教室で学んだことを即実戦に移すことが可能であったからであり、一方、日本においてオーラル・アプローチが期待通りの成果をあげることができなかったのは、自由なコミュニケーション活動が教室内においても教室外においても保証されていなかったからであると考えられる。」と述べている。

　時間的な制約を余儀なくされている我が国の中・高の英語教

室において、自由にスピーキングを楽しめる場を設けることは至難であるが、私は現在勤務している短大のゼミで、誤りを気にせず、思いっきり英語を「話す」活動をさせており、学生たちには好評である。その内容は、① 'Voice Diary'（自分の1週間の中から体験を語る）[2]、②インスタント・スピーチ（カードを引いて題を決める）、③ 'My Life Box'（自分が大切にしている物を披露）、④面白い話題について討論、⑤『まんが日本昔ばなし』のビデオを見て英語で共同復元、といったものである。

　一方のライティングに関しては、スピーキングと違って一斉作業が可能であるため実施は容易である。文法を意識せず自由に英語の文章を書かせるためには、従来から行なわれて来た「自由英作文」のようなものを考えればよいが、「何でもいいから自由に書きなさい」といった指示では不十分である。ライティングを楽しませるには、やはり、いろいろな工夫が求められる。例えば、私が実践しているものは、①愉快な4コマ漫画（日本のものがよい）を与え、外国の子どもに説明してあげるつもりで story を書かせる、②興味深い story の前半だけを与え、後半を自由に創作させる、③リーディング教材の中から感動的だったものを選び、筆者や作中人物に宛てて手紙を書かせる、等である。いずれの場合も、文法上の誤りは一切気にせず、そのかわりに、限られた時間内で、できるだけ速く、たくさん書くように奨励することが大切である。スピードをつけて書くことがスピーキングの力をつけることにも有効であるのは言うまでもない。文法的に正しく「話し」「書く」こと、文法を気にしないで「話し」「書く」こと、この2つはいずれ融合する。そして、この両者の融合が成就した段階こそ、スピーキングとライティングが「本物」となる時であり、学習者が、自分は「英語を話せる」「英語を書ける」という喜びを実感できる日であろう。

　　　　　　　＊　　　　　＊　　　　　＊

　本稿は、スピーキングとライティングを分離し、それぞれについて文法指導との関連を論ずべきであったかも知れない。が、敢えてそうしなかった理由は、「和文英訳」などと違い、本来

のライティングはスピーキングと同一線上にある言語活動で、スピーキングができれば当然ライティングにもつながると考えられるからであり、さらに現代では、電子メールなどに見られるように、スピーキングとライティングが実質的に同じコミュニケーション機能を果たしつつある事実にも注目したからである。

注

1．「語順は表現の立場から見るとき重要であるが、従来文法では扱われることが少ない。また、扱われても簡単で、実際書かれている英語の語順の一部に触れているに過ぎない。」といった指摘もある(金口, 1968)。
2．毎日「声」による日記をつけるよう指導している。その日のことを平易な英語で一人で話すのである(ただし録音はしない)。その中から選んでゼミで語らせている。

[読後の話し合い]

C先生：今後の文法指導を考える上で大変参考になりました。と同時に、私たちが行なっている「ルールを提示して、これを覚えておけ」というようなのは、「文法指導」とは言えないことがよくわかりました。でも、**文法の準教科書を使う限り、竹中先生が提案なさっているようなスピーキングやライティングに結びつく文法指導を行なうのは難しいのではないでしょうか？**

鈴　木：確かに難しいですね。でも、扱い方によっては可能です。

C先生：どうすればいいのですか？

鈴　木：その前に、私の考えを先に言わせていただくと、ちょっと過激な考えかもしれませんが、文法の準教科書を持たせるより、文法の参考書(以後、文法書)を持たせるほうがいいと思います。準教科書は先生方の解説がないとわかりにくいので、自習用には適さないからです。習っていない文法事項を含んだ例文の意味を調べさせたり、文法問題に解答することを予習として要求するのは無茶です。また、受験に備えて文法を勉強し直す場合や、わからないことが出てきた場合、ほとんどの生徒が参照するのは準教科書ではなく文法書だからです。それなら最初から文法書を持たせたほうがいい。また、すべての先生が適切な文法指導をなさっているわけではないからです。英語専攻の大学生に、現在完了を高校時代にどのように教わったかと尋ねると、例の4つの用法に分類して教わったとほとんどの学生が答えます。現在完了の基本を教わった学生は非常に少ないのです。また、**I have no more than one hundred yen.** の no more than の場合は、「〜しか」というように「公式」として覚えるように指導されたと答えています。他の文法項目も同様で、高校生用文法書に書いてあるのと同レベルのことしか教えられていません。最近は、「公式」の羅列ではなく、基本がきちんと書かれている高校生用文法書がありますから、先生方が適切なものを選定して、生徒に持たせればいいのです。私自身、高校1年の時に持たされた文法書を大学受験まで使いましたし、前任校で10年間、準教科書を使わずに、文法書を持たせて文法指導を行なった経験があり、効果もありました。

C先生：文法書を用いて、どのように指導するのですか？
鈴　木：文法書を読めばわかるようなことは、説明しません。しかし、先ほどの現在完了のような重要事項は、文法書ではスペースの関係で説明が不十分な場合が多いので、教師が基本をしっかり説明し、練習させます。すべての文法事項を同じウエイトで扱うのではなく、文法書に任せられるところは任せて、大切なところは、たくさん例文を挙げて解説したり、十分に練習させます。そうすれば、竹中先生が提案しておられるような文法指導が可能になります。ただし、生徒に持たせている文法書を教師自身がきちんと読んで、授業で取り上げる箇所、文法書に任せる箇所をはっきりさせておく必要があります。
C先生：現1年生には準教科書を持たせていますから、使わないわけにはいきません。
鈴　木：準教科書を持たせている場合も、考え方は同じです。文法書を読めばわかることは、文法書のページを指定して家で読ませればいいのです。授業では、説明が必要な文法事項を少し説明しては、練習させます。基本練習としては、竹中先生が pp.87-89で提案しておられる「新 Pattern Practice」がよいでしょう。次に、文の一部を入れ替えて、自分の言いたいことを書かせる(言わせる)と効果があります。右ページの練習問題は宿題にして、ノートに解答させます。このとき大切なことは、解答を配布することです。
C先生：生徒は配布された解答を写すのではありませんか？
鈴　木：そういう生徒には、「解答を写してもいい。その代わり、自分の弱点もわからず、全く力がつかないよ。」と私は言っていました。解答がないと、友だちのノートを授業の前に写している生徒や、授業中は正解を書き留めるのに精一杯で、説明を聴いていない生徒がたくさんいるはずです。また、同じ間違いを繰り返して、間違いが定着してしまう恐れもあります。それなら、解答を配って、自己添削させ、わからないところを次の時間に質問させるほうがずっといい。このようにする方が生徒は自主的に勉強するようになり、授業中もよく質問するようになります。今よりずっと授業に活気が出てきますよ。
C先生：わかりました。試してみます。

Question 3　Pattern Practice は時代遅れか?

コミュニケーション活動が最近は盛んに行なわれていますが、生徒が話したり、書いたりする英文は語順がでたらめです。それで、昔盛んに行なわれていた Pattern Practice を授業でしてみたらどうだろうと提案しましたが、「そんなものは時代遅れだ」と同僚たちに言われてしまいました。本当に Pattern Practice はもう時代遅れなのでしょうか?

回答者　竹　中　重　雄

　Pattern Practice は「時代遅れ」どころか、今こそその復活(ただし少し改良した上で)を考えるべき時ではないでしょうか。近年、コミュニケーション重視の英語教育が進むなかで、「正しい語順で英文を書く力が低下しているのでは?」という懸念を感じます。例えば、中学校の授業で次のような対話が行なわれるとします。

　教師：Which do you like better, summer or winter?
　生徒：I like better.... summer.

　コミュニケーションという点では、生徒の発話は十分その役目を果たしています。しかし、それがそのまま定着し、そういった文を書く生徒が増えているのが現実です。そうしたなかで、かつての Pattern Practice を見直す動きが出て来て当然です。

　Pattern Practice は、昭和30年代から40年代中頃まで、日本の英語教育界に旋風を巻き起こした Oral Approach の中心的な指導技法でした。それは、教師の与える cue をもとに、生徒に次から次へと英語の文を口頭発表させる作業として広く普及し、全盛を極めました。その Pattern Practice が急速に力を失ったのは、Oral Approach を支えていた構造言語学や行動主義心理学の衰退の犠牲になったからだと考えられますが、その他に、Pattern Practice が扱う文には文脈がなく、言語運用の面からも不自然でコミュニケーションに役立たない機械的な練習となり、口にする文の意味などそっちのけで、単調、退屈になりやすいといった批判も起こって来たからでしょう。

　当時の中学校で Pattern Practice がどのように行なわれていたか見てみましょう。

【例 1】[1]
　まず、教師が基本文 There is a book on the desk. を口頭導入し、それを土台に、教師が "pen" と言えば、"There is a pen on the desk." と、教師が "pencil" と言えば、"There is a pencil on the desk." と生徒が口頭で作文していく。教師は教室内のいろんな物を利用して、"There is a picture on the wall." や "There is a chair by the table." 等へと導いていく。
　生徒は、こうした「代入ドリル」を繰り返しているうちに、"There is 〜." 構文を知らず知らずのうちに習得してしまうというわけです。しかし【例 1】は代入だけの平易なドリルですが、学習が進むにつれて、次のように「転換」を含む高度な作業も課されました。
【例 2】[2]（左が教師の cue、右が生徒に要求される答）
　　1) 彼女は Helen に会った。　　(She met Helen.)
　　2) Whom（または **誰に**）　　(Whom did she meet?)
　　3) Mary ↗　　　　　　　　　(Did she meet Mary?)
　　4) Yes　　　　　　　　　　　(Yes, she did.)
　　5) Who（または **誰が**）　　 (Who met Mary?)
　　6) Betty ↘　　　　　　　　　(Betty met her.)
　　7) Where　　　　　　　　　　(Where did she meet her?)
　　8) on the street　　　　　　 (She met her on the street.)

　これを見ると、いくら能率重視のためとはいえ、教師の与える指示 (cue) が独善的で、指導上多くの無理があったという印象を受けます。他の実践例を見ても、一度に 2 つや 3 つもの cue を与えたり、「時の副詞」の cue だけで動詞の時制を変えさせたり、さらに、「態」を次々と転換させる作業などがあり、どう考えても性急で欲張りすぎていたようです。
　今日、もう一度 Pattern Practice を教室作業として復活させるなら少し改良が必要でしょう。まず、作業が機械的になって上滑りしないよう、cue には日本語を用いるのがよいでしょう。例えば、【例 2】も、次のように日本語で cue を与えれば、生徒の苦痛も大幅に軽減できたでしょう。
　　1) 彼女は Helen に会いました。　　(She met Helen.)
　　2) 彼女は誰に会いましたか？　　　(Whom did she meet?)
　　3) 彼女は Mary に会いましたか？　(Did she meet Mary?)

4)	はい、会いました。	(Yes, she did.)
5)	誰が Mary に会いましたか？	(Who met Mary?)
6)	Betty が彼女に会いました。	(Betty met her.)
7)	どこで彼女に会いましたか？	(Where did she meet her?)
8)	通りで会いました。	(She met her on the street.)

　また、学習ターゲットを絞り、欲張らず無理のないドリルにするべきです。「代入」と「転換」を混ぜるのも避けたいものです。

　「新」Pattern Practice は、単なる「文型練習」で終わるものであってはいけません。学習した構文を応用的・発展的にスピーキングやライティングに活用できてこそ、その真の目的が達成されたことになるからです。また、Pattern Practice で身につけた構文が、実際にコミュニケーションに役立つ喜びを味わえて初めて、生徒は Pattern Practice にも意欲的になれる筈です。

　さらに、発展的な Pattern Practice として、例えば、'Communicative Pattern Practice' といったものも考えられます。その具体例は、本書 pp.76-86 の拙論「スピーキングやライティングに結びつく文法指導」に示されています。これもご参考になるかと思います。

　私たちの毎日の授業の中で、コミュニケーション活動とタイアップして威力を発揮できる「新」Pattern Practice を、私たちの創意工夫で作り上げていきたいものです。

注

1．本田実浄『PATTERN PRACTICE』（大修館，1960，p.198）
2．山家保『Pattern Practice と Contrast』（開隆堂，1957，p.74）

Question 4　文法用語はどこまで教えたらよいか?

文法用語はどこまで教えたらよいのでしょうか。文法用語を教えておけば、生徒が一人で勉強する際にも役に立つと思うのですが、文法用語は使わない方がよいという人もいて、悩んでいます。

回答者　**簗　内　　　智**

　文法指導は、文法そのものを教えるのが目的ではなく、コミュニケーションの道具として教えていくべきものです。ですから、文法用語をどの程度使うかということにも無関心であってはなりません。ある先生が、He gave me a book.「彼は私に本をくれた」という文を提示して、文法用語を使う代わりに「～に～を」という日本語で徹底したため、「彼は息子を医者にした」という文まで、生徒は He made a doctor his son. と書きました。

　中高生は認知的にも成熟し、メタ言語的能力も発達する段階にありますが、英語の input や exposure の量が限られています。それで、文法指導にある程度の文法用語を使わざるを得ませんし、指導が手際よく進むことが多いようです。例えば、主語、動詞、目的語など、その用語を用いることによって時間と労力が節約されて指導がより効果的になる場合もあります。文法用語を使用するメリットとして次のような点が挙げられます。

教師側から
(1) 教えたという気持ちになる。
(2) ある言語現象を説明するときに、ある文法用語を使わないとかえって難しくなる場合がある。

生徒側から
(1) 学習したという気持ちになる。
(2) メタ言語的知識が身につき、学習を体系化でき、また、英語のおもしろさや豊かさに気づくきっかけになる。
(3) 文法用語を知っていると、個人レベルでの参考書や問題集を用いた学習に応用できる。

しかし、文法用語だらけの説明を受けると「英語は難しい」「文法は難しい」という印象を与えてしまうことになります。文法用語は、文法事項定着のためのあくまでも補助手段であることを忘れてはなりません。ですから、中学校においては、文法用語の使用は最低限に抑え、高校、大学へと進むにつれて、少しずつ増やしていくのが理想的です。ただ、教科書に出てくる文法用語でも指導者の方で取捨選択する必要があります。文法用語を教える際には、次の基準で考えたらどうでしょうか。

1．用途が広く、発展的に利用できる用語は積極的に使ってもよい
　主語(主部)、動詞、目的語など、用途が広い用語は積極的に使ってもよいでしょう。説明する時間と労力が節約できます。
2．使わなくても済ませられる用語は極力使わない
　間接疑問は「文中に入った疑問文」のように言えます。このように、使わなくても簡単に他の言い方で済ますことのできるものは、使う必要はありません。他に、帰結節、完全他動詞、等位接続詞と従位接続詞、祈願文、修辞疑問などが挙げられます。
3．テキストの文法用語でも無批判に使用しない
　以前、筆者が中学生を対象にどういう文法用語が難しいか調査したところ、現在完了、不定詞、受動態の「態」、直接目的語と間接目的語、受身形・未来形・現在進行形の「形」、分詞、関係代名詞、補語という回答が上位を占めました。これらを吟味してみると、日本語が与える印象と実際の内容に多少ずれがあることがわかります。例えば、現在完了では、完了と言いながら「継続」の用法があって違和感を覚えたり、現在完了進行形となると、矛盾を感じるようです。未来形の「形」にしても、過去形との類推からか、わかりにくいようですので、納得のいく説明が必要でしょう。
　なお、金谷(1992)とLightbown & Spada(1993)が文法指導を考える上で参考になります。

生徒に提示すべき望ましい例文とは どのようなものか?

C先生：今日は、生徒に提示する例文のことでお尋ねしたいと思います。私は文法指導の際には、十分な説明をすることに重点を置いています。ところが、今年転勤してきた同僚は、「提示する例文が大切だ」と言うのです。私は、説明を十分にすれば例文は教科書のものでよいと思っていたのですが、この辺はどうなんでしょうか？

斎　藤：私たちは、英語を教えることを仕事にしているわけですが、できたら生徒が「なるほど」と思うような教え方をしたい。私の調べたところでも、英語嫌いの大きな原因の一つは「よくわからないから」というのがあります。ですから、教師としては「わからせる」ということは基本的な仕事だと思うのです。そこで、わからせるためには適切な説明はもちろん必要ですが、それだけでは不十分です。適切な説明とともに、その核となる例文が良質のものである必要があるのです。

C先生：そうですか、今まで私は、例文の質についてはあまり考えたことがなかったですね。

斎　藤：実情としては、そういう先生は多いと思います。しかし、例文の良し悪しを問題にするのは、「生徒に理解させる」ということだけではないのです。

C先生：どういうことですか。

斎　藤：意識のない教師の与える例文は、人間に対する偏見を生徒に自然に植えつけてしまうということです。現実には、そのような問題のある例文がたくさん生徒に提示されています。

C先生：そうなると大きな問題ですね。しかし、どんな英文が問題があるのでしょうか？　どんな例文が良い例文なのでしょうか？　私にはまだわかりません？

斎　藤：次の橋本雅文先生の論文をお読み下さい。先生が今お持ちの疑問に対する答えが論文に書かれています。

文法指導

「例文」再考（内容編）

橋本雅文

1 はじめに

　　高校生用の英語学習参考書を1冊手に取ってみる。2.5cmほどの厚さをもつ、文法項目別に配列されたよく目にするタイプの本である。今「不定詞」の章を見てみると、そこには29ページが割かれている。さて、その「不定詞」について、章末の練習問題の箇所を除く24ページには、いわゆる「例文」がいくつ登場するのか数えてみることにする。

　　まず「基本例文」として30文、そして解説の部分には、筆者が数えたところ、122の例文が登場する。さらに、例文を用いた練習問題が9ヵ所に設けてあって、そこには計38の例文がある。これらを合計すると、不定詞の説明に合計190もの例文が用いられていることになる。不定詞1章に190の例文を用いるこの参考書には24の章があるが、1冊全体には果たしていくつの「例文」が載っているのだろうか。

　　このように、「例文」は学習参考書に多数掲載されているが、あまりの身近さのために改めて顧みられることがあまりないように思われる。また、「例文」は一般に文法や語法を説明するための手段として用いられるので、その伝達内容にはあまり注意が払われないことが多いようにも思われる。そこで、本稿では、「例文」を内容面から再考してみることにする。

2 情報のない例文

　　発話は、あいさつや気まずい沈黙を避けるためのものを除けば、何らかの情報を伝達するために行なわれるはずである。ところが、文の受け手に何らかの情報が伝わってこない意味のない例文が多く見られる。

❶ 強調構文

　(1) It was John who did it.

これは、強調構文の 'it is ～ who(that)' を説明するための

例文である。文法上の問題はないが、'did it' では具体性に乏しく、情報面であまりにも貧弱である。よくあるのが

　(2) It was John who broke the window.

の類いである。これは(1)よりは伝えるべき情報をもつが、それでもまだ十分だとはいえない。せめて

　(3) It is you who should apologize first.

あるいは

　(4) It is not money but love that your daughter needs.

とでもすれば、もっと「中身のある」文に変身する。さらには竹中(1992)が指摘するように

　(5) It was in 1863 that the first subway was opened in London.

とでもなれば、これは多くの学習者に「新情報」を与える例文となる。

❷ as soon as

　(6) As soon as she got home, it began to rain.

これは教科書や参考書などでよく見かける典型的な例文である。今これに少し手を加えて

　(7) As soon as I watered the garden, it began to rain.

とすると、もっと「うなずける」文になる。さらには

　(8) As soon as you water your garden, it begins to rain.

というように一般化すると、「マーフィーの法則」(こっけいな経験則)ができあがる。

3　誤った固定観念を与える例文

　もし、次のような文を見れば、

　(9) The sun goes around the earth.

内容に間違いのある文であることがただちにわかる。(9)は当然

　(10) The earth goes around the sun.

でなければならない。

　ところが、ある教科書に載っている次の一文はどうであろう。

　(11) Japan is a small country which lies in East Asia.

この文に何らかの疑問を感じる人はまずいないであろう。しかし、その記述内容にはまったく問題がないのだろうか。

　日本人には、どういうわけか「日本は小さな国だ」と思い込む傾向があるように思える。しかし、日本は本当に小さな国なのだろうか。『地理統計要覧』(二宮書店，1999)によると、世界には現在192の国があるが、筆者が数えてみたところ、国土の面積については、日本は192カ国中60番目であった。つまり面積では、上位3分の1に入る「大きな国」なのである。日本をヨーロッパにある39の国と比べてみると、日本はフランス、スペイン、スウェーデンについで、4番目に大きな国であることがわかる。つまりドイツ(旧東西ドイツを合わせたドイツ連邦)よりも大きな国なのである。(11)の例文にはそれほど違和感を覚えない人でも、例えば、

　(12) Germany is a small country which lies in Europe.

の文を見ると、「どうしてドイツが小さな国なのか」と腑に落ちないのではないだろうか。もちろん(11)に代わって

　(13)　Japan is a big country in Asia.

というような文を用いるべきだというのが筆者の主張ではない。ある意味で日本人の語る(11)は謙虚な文だと言える。ただその謙虚さも、日本より小さな132の国々に住む人々には時として不快に聞こえる場合もあるだろう。いずれにしても、(11)のような、学習者に対して誤った固定観念を与えかねない例文が好ましいものではないことは確かである。(なお、(11)の例文は、教科書の本文中にではなく、本文の後にあるEXERCISEにあって、which liesの部分をlyingに書き換えるためのもので、その課の内容とは関係がない一文である。)

ところで、比較表現を学習するときに、

　(14) America is about twenty-five times as large as Japan.

という例文をよく目にする。これは事実であって「誤った固定観念」を与えるものではないが、この種の例文を多用すると、結果的に学習者に「日本は小さな国」という「誤った固定観念」を植えつける恐れがある。

4 性別の問題をはらんだ例文

❶ man/person

ある大学入試用問題集には、和文英訳の問題が204題載っている。その中の1題に、

(15) 人間の価値は、その人が何を持っているかでなく、どんな人間であるかにある。

というのがあって、同書の「教授資料」には、その解答例として次の4つが書かれている。

(16) a. A man's value is not in what he has but in what he is.

b. The value of a person lies in his character, not in his possessions.

c. 《米人訳》 The value of a human being lies not in what he has, but in what kind of person he is.

d. 《米人訳》 A person is valued not for what he has but for what he is.

さて、この解答例から何が見えてくるのだろうか。まず、man/person の問題である。近年では、例えば

(17) 一般に chairman よりも chairperson が好まれる

ことはあまりにも有名である。この種の性別の問題にかかわる表現をあと数例拾ってみることにする。『ライトハウス英和辞典』で 'police officer' を見ると

(18) 性別を示す語を避けるために policeman, policewoman の代わりに、公式には police officer を使う傾向にある。

という記述がある。また『ジーニアス英和辞典』で 'manhole' を引くと、そこには、man を避けて

(19) utility [sewer] hole, maintenance hatch を使うこともある。

と書いてある。

やはり、男性優位を想起させる man (-man, man-) はあまり好まれないようである。とすると、(16)の4つの解答例のう

ち(a)はあまり好ましくないということになる。

❷ 代名詞 he/she

さて、次は代名詞 he/she の問題である。man の使用を見合わせたはずの(16b-d)においても、代名詞はすべて he と his を用いている。

この代名詞の選択について Greenbaum *et al*. (1990：110)は「性別が不明な場合には、伝統的に he が使えるが」と述べた後で "sensitivity to sexual bias makes many people prefer a cumbersome coordination" と続けて、次の例文を挙げている。

(20) *An ambitious player* must discipline *himself or herself.*

男性を中心に据えた表現をこのように排除しようという動きに配慮すると、(16 b,d)はそれぞれ (21 a,b)へと書き換えたほうがよいことになる。

(21) a. The value of a person lies in *his or her* character, not in *his or her* possessions.
   b. A person is valued not for what *he or she* has but for what *he or she* is.

ところが、Greenbaum et al.は(20)に続けて、"More generally, where an informal disregard for strict number concord is felt tolerable, the gender-natural plural is used" と述べて、

(22) *Someone* has parked *their* car right under the 'No Parking' sign.

を例示している。

この「単数の they」については Swan (1995：528-529)も、

(23) a. If *a person* doesn't want to go on living, *they* are often very difficult to help.
   b. Tell *each person* to help *themselves* to what *they* want.
   c. *Everybody* thinks *they*'re different from every-

body else.

などの例文を挙げて「このような they / them / their の使用は convenient である」と述べた後で、"*He or she, him or her* and *his or her* are clumsy, especially when repeated, and many people dislike the traditional use of *he/him/his* to refer to people who may be male or female." と続けて、さらには "This use of *they/them/their* has been normal in English for centuries, and is perfectly correct. It is most common in an informal style, but can be found in formal written English." とも述べている。

he or she などの使用について、ここでは上記の2冊の文献から引用したが、その用法を前者が 'cumbersome' と、また後者が 'clumsy' と形容するのであれば、そして「単数のthey」が正しい用法として認められているのであれば、(21 a, b) はさらに次のように改められることになる。

(24) a. The value of a person lies in *their* character, not in *their* possessions.
 b. A person is valued not for what *they* have but for what *they* are.

そして、性別が不明な場合に用いる he が女性軽視の表現として、その使用が避けられる傾向にあるのであれば、(16 b,d) は (24 a,b) へと書き換えるべきなのである。

なお、同問題集の「教授用資料」には、(16)の解答例に加えて、次の英文も [別訳] として載せられている。

(25) In judging a person, character is more important than possessions.

これは he/his の使用を避けた例だとみるのが妥当であろう。

もっとも、一般の授業では、以上のような man/person や he/they の選択について、それほど神経質になる必要はないのかもしれない。たとえ学習者が man や he を用いても、それは減点の対象にはならないだろう。ただ、教授者が man, he のみを模範解答だと考えて、そのように教えて平気でいるようでは、不勉強のそしりを免れえない。

そして、ついでながら、(24)の they はそれだけの意味を持つものなのだから、学習者がこれを「彼ら」と訳しているようでは元も子もない。それでは折角の苦心作「単数の they」がその存在意義を失ってしまうことになる。

5 例文のリフォーム

普段は何気なく使っているごく普通の例文も、少しの工夫でよりよい例文へと変身させることができる場合が少なくない。例文の改良については上の2と4でも少し述べたが、ここでは、以下の2つの視点から例文のリフォームについて考察する。

❶ 例文に発話状況を与える

ある発行部数の多い学習参考書に、群前置詞の 'instead of～' の例文として

(26) Give me that instead of this.

が挙げられている。もちろん 'instead of～' の用法を示すにはこれで不足はないのだが、これではあまりにも具体性に乏しく、発話の場面がイメージしにくい。そこで、これに少し手を加えて、

(27) Give me coffee instead of tea.

とすると、例文に発話状況が生まれてくる。英語の学習においてコミュニケーションの重視が盛んに唱えられる昨今であるが、本当にコミュニケーションを志向するのであれば、例文は、たとえそれが文法事項の説明に使われるものであれ、実際に使える例文であることが望ましい。そして、使える例文であるためには、その例文は学習者に発話の状況を伝えるものでなければならない。

受動態を学習する際に必ず登場する例文に、

(28) I was surprised at the news.

がある。これにもほんの少しだけ手を加えて、例えば、

(29) I was surprised at his sudden visit.

へと、また、同じ受動態の次の例文、

(30) She is disappointed at my failure.

も、例えば、

(31) Mom will be disappointed at my failure.

へと変えてはどうだろうか。いずれの例文も後者の方（29、31）が、発話者の気持ちが伝わってきて、その分、発話状況がイメージしやすくなり、例文が生きたものになるのではないだろうか。では、

　(32)　Tom asked her to help him.
はどうであろう。

　(33)　The EU asked Japan to open its market more.
とでもした方が、現代社会の様子を反映している文になって、やはりその分、発話状況が伝わってくる。

❷ 例文に1文加える

　発話状況が生まれる「よい例文」として(27)を例示したが、これにもう1文加えると、さらに「使える例文」になる。

　(34)　A : Would you like some more tea?
　　　　B : Well, could I have coffee instead of tea?

　このように、もう1文加えることによって、例文が輝いてくる場合がある。その顕著な例が「時制」を学習するときに用いられる例文である。

　(35)　I have been studying English for four years.
「現在完了進行形」を教える際には、この種の例文が必ず登場する。もちろん(35)の例文には何も誤りはないのだが、例えば、もう1文追加して次のような対話にしてみると、現在完了進行形の役割がもっと鮮明になってくる。

　(36)　A : He is a very good tennis player, isn't he?
　　　　B : He sure is. He has been playing it for more than five years.
次に「現在完了形」の例を挙げる。

　(37)　A : Where have you been?
　　　　B : I've been in my room all day today.
そして、「過去完了形」では、

　(38)　A : Were you in time for the train?
　　　　B : No. It had already left the station when I arrived.
という具合になる。

「時制」には、その時制が使われる必然性があり、その必然性は文脈から生まれるが、文脈は1文では表しづらい場合が多い。それなら、もう1文追加すればよい。ところが、このような単純なことが実際にはあまり行なわれていないようである。まるで「例文は1文でなければならない」という取り決めがあるかのように。

6 おわりに

「例文」は文法(grammar)や語法(usage)を教える際の「手段」として利用されることが多く、その場合、主眼はあくまでもその文法や語法の理解と習得にある。したがって、手段としての例文は、その分、軽視されることになる。さらには、学習すべき事項の焦点を明確にするためには、例文は簡潔であればあるほど望ましいとも言えるのである。このように考えると、無味乾燥な、あるいはその内容の真偽や表現の適切さが十分に検討されていない例文が登場するのも、ある程度はやむを得ないことなのかもしれない。

しかし、ちょうど料理において素材や味つけを無視することができないように、例文にも同様のことが言えるのではないだろうか。料理に使う素材を吟味することによって健康を増進させ、味つけを工夫することによって食欲を増進させることができるように、例文においても、やはり素材と味つけに工夫をこらすことによって、学力と学習意欲の増進が図れるのではないのだろうか。

今まで改めて顧みられることがあまりなかった「例文」に焦点をあてて、その伝達内容を再考する、それが本稿の趣旨である。私たち英語の教師は生徒に「例文の暗唱」を課すことが多いが、その例文は暗唱に値するものでなければならない。

[読後の話し合い]

斎　藤：いかがでしたか。どんな例文が問題のある例文か、どんな例文が良い例文か、おわかりになったでしょう。

C先生：はい。はっきり言って、橋本先生の論文は面白かった。

斎　藤：常日頃、生徒に与えるべき例文の意味ということを考えていないと、これだけ豊富な例を挙げながら解説することは無理でしょうね。そういう意味では、この論文は「完成している」という感じを受けました。

C先生：私などは、例文の意味について、あまり深く考えたことはないものですから、だからこそ、目を開かされたところが多くありました。

斎　藤：例えば、『英文法解説』という名著で有名な江川泰一郎先生は「良い参考書を書くための重要な要件は、良い例文を集めることである。」とおっしゃっています。そして、適切な例文探しをライフワークにしておられます。

C先生：先生、ちょっとポイントをまとめていただくと、どういうことになりますか。

斎　藤：今日は本質的な視点から回答しておきたいと思います。3つの点からまとめておきましょう。まず、最初の2つは、
　　　　① 常識を疑ってみること
　　　　② 性差別に対する感覚を養うこと
ということになるかと思います。日本は小さな国なのか？　という疑問は①の中に入りますし、人間を man で表すというのは②の分類です。そして、
　　　　③ 抽象性を避け、生活実感に根ざした例文を
というのが3番目です。

C先生：これで、頭の中が整理されたような気がします。しかし、こういう教師としての勉強というか研究は、教室の中で活きてくるでしょうか。

斎　藤：それは活きてきます。目立たない形かもしれませんが。自分の例で申しわけないのですが、かつて高校で教えていたときこんなことがありました。あの頃はまだ［英文法］という教科書と授業があった時代です。私は1年生の文法を担当していました。

　　　　その1年生が2年生になったときに、ある生徒が私のところにわざわざ「昨年と違って、今年は文法がわからなくなった。」と言いに来ました。多少イライラしていたみたいで、英語が嫌いになるのではないかと私は心配していたのですが、もはやその生徒の英語を担当していない私にとっては、どうすることもできませんでした。

C先生：そんなことがあったんですか。初めて聞きましたね。

斎　藤：何も私は「私の後の先生が悪い」などというつもりでこの話をしているのではありません。わからせるためには、わからせるための教師側の地道な努力が必要だと言いたいのです。それが生徒に信頼される道でもあります。

C先生：それはわかります。

斎　藤：私も一つくらい調子に乗って例文を挙げておこうかな。ご存じのように know of は「新聞、テレビなどを通して間接的に」知っているいうことです。know は「友だちなどとして直接知っている」ということです。そこで例えば、
　　　　　I know of Mr. Koizumi, but I don't know him.
　　　　などという例文を示すと、know of と know の違いがはっきりわかると思います。

C先生：なるほど。そういうことを前からたくさん知っていたら、もっとわかりやすい説明を生徒にすることもできましたのにね。

斎　藤：今は文法とか、詳しい語法の解説の時代ではないでしょう。しかし、教師としては、いつでも説明できる準備はしておきたいものです。

C先生：そのために、教師が読んでおくべき文法書があれば、ご紹介いただけますか？

斎　藤：比較的、入手しやすいものとして、先ほどの江川泰一郎先生がお集めになった、良質の例文を惜しみなく使ってお書きになった『英文法解説』(金子書房)をまずお勧めします。例文だけでなく、ネイティブ・スピーカーのための文法書には書かれていない解説もいいですよ。それから、江川先生が訳された『実例英文法』(オックスフォード大学出版局)も、外国語として英語を学習する人のために書かれた文法書で、優れた例文と解説が豊富です。

より良い英語授業を目指して
教師の疑問と悩みにこたえる

リスニング・スピーキングの指導

Question 5　スローラーナーのためのリスニング指導はどのようにして行なうか?

私の学校の生徒はほとんど全員が「スローラーナー」です。少しでも良い授業をと思い、「スローラーナー」でも興味を持つと言われるリスニングの指導を行なってみましたが、テープを聴いても全くわからないという生徒が多いのです。このような生徒に対してどのような指導を行なえばよいでしょうか。

回答者　**鈴　木　寿　一**

「スローラーナー」でもリスニングに興味を示すことは事実ですが、教材とその指導法でリスニング指導の成否が決まります。リスニング指導というと、短い会話やストーリーの概要や要点を聞き取らせる指導が多いようです。よくできる生徒には有効ですが、英語が苦手な生徒はこの指導だけでは、聞き取れた語句から全体を推測する域をなかなか出られません。聴いてもわからないため、聴く気がなくなります。

聴く気にさせるには、「わからせる」ことに全力をあげるべきです(斎藤, 1996)。そのためには、音声と意味を結びつけて瞬時に意味を理解する訓練を行なうことが必要で、そのための指導法として TPR (Total Physical Response) をお勧めしたいと思います。TPR は子どもだけでなく大人にも有効です。また、TPR で指導された学習者は、はるかに多くの時間をかけて他の指導法で指導された学習者より、優れたリスニング力を身につけています(Asher, 2000)。

約20年前、英語嫌いの生徒が非常に多い新設校で勤務していましたが、入学して来る生徒のレベルが年々落ちて、1期生に通用した授業が成立しなくなってきた頃、「藁をもつかむ」思いで TPR を授業に取り入れたところ、生徒たちに非常に好評で、授業が楽しくなり、音声テープを用いたリスニング・テストでも成績が向上し、英語嫌いの生徒も減少しました。

10〜15分で実施でき、最初は、walk, run などの1語文から始めます。1年生2学期には次のような英文が理解できるようになりました。

You're working in an office.　Sit at your desk.　Relax. Loosen your tie.　Unbutton your jacket. Take it off. Roll

> up your sleeves.　Untie your shoes.　Uh-oh! Here comes the boss! Tighten your tie.　Put on your jacket. Button it up.　Tie your shoes.　Get to work.　Say hello to the boss.

　これらはTPRで指導すると、英語が苦手な生徒でも簡単に理解でき、日本語を介さずに音声と意味を直接結びつけることができます。
　また、検定教科書にもTPRを用いて理解させることのできる英文はかなりあります。例えば、My brother came in with a large parcel under his arm. などは文法的に説明すると難しくなる文ですが、TPRの手法を用いると、生徒は理解できるようになります。
　次のような手順で行なうとよいでしょう。[①新出事項を含む一連の英文を口頭で提示（目標提示）→②教師の英語を聴いて教師の動作を生徒がまねる→③②を十分に行なった後、教師の英語を聴いて生徒が動作する→④数名の生徒を指名して同じことをさせる→⑤最初に聴いた英文を再び口頭で提示して、理解できるようになったことを確認させる→⑥音読練習→⑦生徒が英文を読み上げ、教師やクラスメートが動作する] さらに、生徒が英文を見ずに命令文を言い、教師やクラスメートがそれに反応するところまでもっていければ、もっと楽しくなります。
　なお、元の英文に慣れたら、英文の順序を変えて提示します。ただし、提示する順序には気をつける必要があります。例えば、Wash your hands. Dry them on the towel. の順序を変えることはできません。また、文の一部を既習の語彙に置き換えて提示することも必要です。
　定期考査では、一連の英文を読み上げて内容を絵で表わすという方法でテストを行なったところ、他の問題に比べて非常に高い正答率が出ました。TPRの詳細については、Asher (2000) をご参照下さい。これまでの研究のまとめとTPRについての質疑応答、150時間分の教材例が収録されていて非常に参考になります。
　TPRとともに、紀岡龍一先生が本書のpp.108-110でお書きになっているように、句や節単位に1〜2秒程度のポーズを入れて、その単位で反復する手法も効果があります。この手法を用いて、短い会話やストーリーの概要や要点を聞き取らせる指導をTPRと並行して行なうと、スローラーナーでもリスニング力が向上します。

Question 6 リスニングが苦手な生徒に対しどのような指導をすればよいか?

「オーラル・コミュニケーションB」を担当していますが、テープを聴かせても、生徒は「わからない」と言います。このような生徒にはどんな指導をすればよいのでしょうか?

回答者　**紀 岡 龍 一**

　結論から申しますと、音声教材をそのまま提示することは無理があります。音声教材を提示する場合、例えば、I lived in New York when I was a child. (以下、省略)をそのまま提示するのではなく、I lived in New York (ポーズ) when I was a child. (ポーズ) というように、句や節単位に1～2秒程度のポーズを入れて提示してはどうでしょうか。「そんなことをしたら、ポーズがないふつうの英語を聴いて理解できなくなるのではないか？」とお思いの先生方が多いと思いますが、これについては、鈴木寿一先生が20年近くにわたって、英語が得意な生徒が多い学校と、英語が苦手な生徒が多い学校で、この手法を用いてリスニング指導を実践され、ふつうに教材を提示するよりもリスニング力の養成に効果があることを実証しておられます。詳細は、Suzuki(1991, 1999)、鈴木(1986, 1998a)をご参照ください。

　さて、この手法でも、まだ難しいという生徒の場合、句や節単位にポーズを入れるだけでなく、その単位で反復する句節反復法を用いると効果があります。例えば、先の文では、I lived in New York (ポーズ) I lived in New York (ポーズ) when I was a child. (ポーズ) when I was a child. (ポーズ) というように教材を提示します。鈴木先生も実際に英語が苦手な生徒の多い学校で、句や節単位にポーズを入れるだけの方法と、句節反復法を用いて指導されましたが、前者は、成績が上位(と言っても、日本全国の高校生を成績群に分けた場合、中の中程度)の生徒にしか効果がなかったのに対して、後者は、成績中位(全国的には中の下程度)や成績下位(全国的には下の上程度)の生徒にも効果があったと報告しておられます(鈴木, 1987)。

　さて、2台のカセット・レコーダを用いて元のテープを編集すれば、句や節単位にポーズの入った教材や、その単位で反復したりする教材は作成できますが、ALTに読んでもらうと、もっと簡単に作成できます。

ALTも慣れてくると自分でポーズの長さを考えながら音読でき、ALT自身で作れるようになります。学習が進むにつれて、ポーズの長さを短くしていけばいいのです。ALTがいなければ、日本人教師が、自分でポーズを入れて、あるいは反復して朗読すればいいのです。この場合、テープに録音する必要はありません。授業で同じように朗読すればいいのです。

最後に、地域でも「困難校」の一つに数えられており、生徒の学力が非常に低い勤務校で、私が行なっている指導の手順を紹介させていただきます。

《指導手順》

1. プリント1を配布し、(A)の単語を意味と一緒に提示する。数回教師の後について発音させてから、テープを聴かせて単語の出現回数を数えさせる。もう一度、テープを聴かせて、答え合わせをする（聴かせる英文は次ページのプリント2を参照）。

プリント1

(A) 英語を聞いて下の単語が何回流れてくるか数えなさい。
1. Smith　スミス（人名）　　（　）回
2. children　子どもたち　　（　）回
3. laugh　笑う　　　　　　（　）回
4. mustache　口ひげ　　　（　）回
（5.以下、省略）

(B) 英語を聞いて次の問に答えなさい。
1. メアリーは生徒だった時、何になりたかったのですか。
　　　ア　先生　　イ　医者　　ウ　モデル
2. なぜ、その仕事に就きたかったのですか。
　　（　　　　）が好きだったから。
3. 女の子はスミスさんにどんな質問をしましたか。
　「なぜ、男の人の（　）は（　）や（　）より早く白くなるの？」
　（以下、省略）

---

2. プリント1の(B)の質問に1～2問ずつ目を通させて、そのたびに句節単位にポーズを入れ、反復したテープ（以下、テープ）を聴か

せる。通常3回程度聴くことになる。教材が難しくて手が出そうにない場合には、テープを聴かせるとき、それぞれの問題の答えの直前でテープを止めて、注意を促す。その後、答えを発表させるが、ここでは、生徒の理解できないところを見つけるのが目的で、正解は与えない。あまりできていない場合は、ヒントを与えて、もう一度聴かせる。
3．プリント2を配布して、テープを流し、穴埋めさせる。極端に低学力の生徒相手の場合は、（　）ごとにポーズを置いてほとんどが書き終えるまでポーズを置く。まだ答え合わせはしない（クラスの雰囲気によって答え合わせをした方がよい場合もある）。

プリント2
(C)　テープを聴いて、（　）内に入る語を次の語の中から選んで書きなさい。
　　gray / teacher / teaching / girls / class / good / children

When Mary Smith was a student, / she always wanted to become a (*teacher*), / because she liked (*children*). // When she was twenty-one years old, / she began (*teaching*) / in a small school. // She was a (*good*) teacher, / and she laughed a lot / with the children in her (*class*). // They enjoyed her teaching.

One day / one of the (*girls*) in her class / said to her, / "Miss Smith, / why does a man's hair become (*gray*) / before his mustache and beard do?" // （以下、省略）

4．テープをかけながら(C)の答え合わせをする。
5．英文について文法や語法、発音等について説明し、練習する。
6．スクリプトを見ながら、句節単位に反復のないテープまたは教師の朗読をペースメーカーに黙読させた後、もう一度(B)の問いに解答させてから、答え合わせを行なう。
7．音読練習及び暗唱

なお、ここで紹介しました手法は「英語Ⅰ」や「英語Ⅱ」でも用いることができます。もちろん、中学生にも非常に有効です。

リスニング・スピーキングの指導

LLをどのように活用すればよいか？

B先生：この春、転勤してきた現在の勤務校にはLLがあるのですが、設置後8年経過したもので、最新のLLと比べるとかなり見劣りします。

鈴　木：具体的には、どんな機器構成になっていますか？

B先生：フルラボで、各ブースにはアナライザの子機の機能を持つカセット・テープレコーダ、14インチモニターテレビが2人に1台です。マスター側は、VTR、アナライザ親機、それにカメラで印刷物をモニターに映し出す教材提示装置があります。

鈴　木：それだけあれば恵まれていますよ。私など、公立校に勤務していた20年間に何度もLL設置を要求しましたが、ついにLLを使う機会には恵まれませんでした。ところで、LLで何をなさりたいのですか。

B先生：コミュニケーション能力を育成することを第一に考えています。英語科の一致した意見は、やはり、最新のCD-ROM教材を使えるコンピュータを装備したLLが必要だということです。

鈴　木：コンピュータがあれば最新の教材が使えますが、コミュニケーション能力の育成にコンピュータは必須のものかどうかは疑問ですね。現在はどのように活用しておられますか？

B先生：放課後のクラブで使う程度で、授業ではだれも使っていません。

鈴　木：現在のLLを活用できていない状態で、コンピュータが組み込まれたLLが設置されても、失礼ながら、多分活用できませんよ。それと、LLが設置されて次に更新されるのは、公立校の場合、15～20年後と聞いていますから、少なくとも10年近くは更新されないでしょう。となると、現在のLLを十分活用することを考えた方がいいですね。

B先生：そうですか。では、**コミュニケーション能力を育成するために、現在のLLを用いてどんな授業ができるでしょうか？**

鈴　木：コミュニケーション能力の育成を目指した授業をするためのLLの活用法について、白井雅裕先生がお書きになっていますので、お読みいただければ、答えが得られると思います。

111

LL:何ができるか？　どこまでやるか？

白井雅裕

1 はじめに

　　中学校、高等学校ともに学習指導要領が改訂され、「実践的コミュニケーション能力」を養うことが目標として掲げられるようになった。「言語の使用場面」と「言語の働き」が具体的に示され、Widdowson(1991)が言う「言語使用」の重要性がより前面に押し出されている。今回の指導要領に用いられている「実践的」ということばにそれが顕著に表れていると言えよう。「実践的コミュニケーション能力」の育成は、わが国の英語教育に課せられた宿命的な課題である。その英語教育の中で、LLをいかに活用すべきかということについて、主として教材、指導法の観点から考察する。抽象的な議論を避けるために、筆者の勤務校でのLLの導入およびその運用の実際を見ることにより、「実践的コミュニケーション能力」の育成のためにLLに何ができるのか、また、英語教師がどこまでやるのかを具体的に示してみたい。

2 LLをめぐる諸問題

　　LLを議論する場合、次の3つの点から問題を整理しておく必要がある。

❶ ハードウェアの問題

1. LL教室内のコンソール、ブース等の配置

　　これから設置を考える場合は、この点について他の学校の事例をよく研究し、自分の学校の教育目標に合うように配置するべきである。その際の留意点は、アイデアのつまみ食いにならないようにすることである。配置に関しては、筆者の経験から、コンソールとブースは同室がよい。

2. コンピュータの導入

　　これも時代の要請であり、避けては通れない問題であるが、本稿では紙幅の関係で論じないことにする。

3. 視覚機器の導入

生徒の動機づけのみならず、言語使用の実際を示すためには、ビデオはたいへん有効である。ブースのモニターテレビには文字を映すこともでき、教材の組み合わせに幅ができるので、是非備えておきたい。

❷ ソフトウェアの問題

1. 市販教材の利用

市販の教材にはいろいろな工夫を凝らしたものがある。映像がきれいなもの、ストーリーが面白いものなど、飛びつきたくなるものも少なくない。映画などもその一つだろう。しかし、それを見せること自体が目的にならないようにしなければならない。また、特に市販の教材を利用する場合、その著作権には細心の注意を払わなければならない。

2. 自主教材の利用

これは簡単なようで意外に難しい。LLで使う必然性のある教材を作りたいものである。実際に作成して、LL教室で授業をしてみると、LLでなくてもいいような使い方をしていたり、逆に、普通教室で用いるほうが効果的なのに、わざわざLLで使っているというようなことがよくある。

3. 衛星放送、テレビ、ラジオ等の利用

様々なメディアの発達にともない、教材に利用できるものは多い。特にリアルタイムで入ってくる海外のニュースなどは上級の学習者のみならず、その内容によっては学習者の興味を引きつけるものだ。授業の合間の休憩時間に流しておくだけでもインパクトは強い。思わず見入っている生徒、クローズドキャプションを読もうとしている生徒が必ずいるはずである。

❸ ヒューマン・ファクターの問題

1. ALT と LL の問題

筆者の勤務校ではLLの授業はすべて日本人教師が担当している。教材作成にはネイティブスピーカーは欠かせない存在だが、授業ということになるとネイティブスピーカーでなくてもよいという結論に達した。これは中学校のクラス数が増えたためにそうせざるをえなかったのであるが、LLの授業を日本人が担当することにはまったく問題はない。

2. 日本人教師と LL の問題

　複数のLL教室で授業をする場合には、日本人教師のあいだで教材の使い方や授業の進め方にコンセンサスが得られていなければならない。

3. 学習者と LL の問題

　学習者がLLを有効に利用できる環境を作ることと、利用のルールを確立して機器の管理をすることもわれわれ教師の大切な役目である。

3　LL授業のケーススタディ

❶旧 LL から新 LL へ

　筆者の勤務校では1965年以来LL教室を利用した英語教育を行なっている。また、常時3名のアメリカ人講師が必修、選択の両科目を担当しており、オーラル面での指導には特に力を入れて生徒のコミュニケーション能力の育成に努めている。この間の指導要領の改訂、本校での指導法、指導内容、カリキュラムの見直しなどに対応するために、1991年度に新LLが導入され現在に到っている。

　新しいLLを導入するにあたっての最大の課題は、ビデオ教材を取り入れるかどうか、もし取り入れるとすればどんな教材をいかに利用するか、ということであった。ビデオ設備のない旧LL時代の教材の蓄積があっただけに、結果的にはそれが幸いしているのだが、新しいLLを使って意味のある教材の開発や利用、教材の配列、教材の展開のしかたに教員全員のコンセンサスが得られるようになるまでには相当の時間を費やして議論を重ね、相当の実践を積み重ねなければならなかった。

❷新しい LL でのビデオ教材

　筆者の勤務校の現行カリキュラムでは、中学2年生と中学3年生の英語(それぞれ週5時間)のうち2時間をLL教室での授業にあてている。内容的には検定教科書を使用する3時間の授業の後を追いかける形になるので、教材の配列などはその枠の中でということになる。

　ビデオ教材の選定にあたっては、既習の言語材料ができる限り自然なインターラクションの中で提示されているものを選ぶ

よう心がけている。また、英語そのものが多少難しくても、視覚的な情報の助けを借りながら、2年生は2年生なりに3年生は3年生なりに理解できたと生徒が実感できるようなタスクと授業展開を工夫している。

❸ ソフトウェアとハードウェアの基本コンセプト

1. 旧 LL 時代の授業

LLは2教室で、それぞれにコンソール（別室）と30のブースがあった。モニターテレビやビデオデッキが備わっていなかったので、それが必要な場合には視聴覚教室あるいはホームルームを利用した。週2回の英会話のうち1時間をLLにあて、クラスを二分割し、中学2年生はそれぞれを日本人教師が別室で同じ教材を使用して授業を行なった。中学3年生は、二分割したクラスを日本人とアメリカ人が別室で同じ教材を使用して授業を行なうという形態をとった。教材は検定教科書の学習事項をもとにした自主教材で、その録音にはアメリカ人講師が当たった。

2.「動的な文字教材」化

文字教材の音声教材化が従来の教材作成の基本であった。しかし、「音声教材と視覚教材を組み合わせることによって従来の教材をより多面的に利用できないか」、「そのためにはコンソール側とブース側にどんな設備が必要なのか」などが新LLの導入にあたっての大きな課題であった。

❹ 基本コンセプトの実現にむけて

1. 新 LL のハードウェア

基本コンセプトを実現するためには、新LLのコンソールにはビデオデッキ、モニターテレビ（9インチ）、データビューア（教材提示装置）、4倍速対応マスターテープレコーダ、アナライザが少なくとも必要だと判断した。また、それに対応してブースにはモニターテレビ（文字も映すために14インチのものを2ブースに1つ）、4倍速対応ブーステープレコーダ（アナライザの回答機能つき）が必要であった。

2. 新 LL のカリキュラム

LLの授業を週2時間にし、すべて日本人が担当することにした。

3. 新LLの授業形態
アウトプットの前提としてのインプット重視
　これは英検などの検定試験対策と校内外の暗誦大会に目を向けさせることによって学習の動機づけをねらったものである。
生徒に対するフィードバック
　授業の最後、あるいは次の授業の最初に何らかの形で学習したことが評価される機会を毎回与えることによって、生徒の授業参加を積極的かつ活発にすることをねらったものである。
教材録音のタイミング
　従来は最初の授業時にレッスン全体の教材を録音していたが、これを最後の授業時にする、あるいは各パートごとの録音を学習時に録音するということである。これは、あらかじめレッスン全体が生徒にわかってしまうのをさけるため（答えが事前にわかってしまうと意味がない）と、その時間に学習すべきことに集中して生徒に取り組ませることをねらったものである。また、カセットテープをプリント感覚で持たせてはというねらいもあった。教材はあくまでも音声なのだというこだわりである。

4. 各レッスンの構成
　新しいLLで行なう授業の各レッスンの構成を最大限次の11項目とした。以下は中学3年生のものである。
　① Word list → ② Pronunciation → ③ Drills → ④ Dialog → ⑤ Comprehension A → ⑥ Comprehension B → ⑦ Comprehension C → ⑧ Comprehension D → ⑨ Let's say it in English! → ⑩ Let's give it a try! → ⑪ Open Sesame!
Comprehensionは4種類あるが、AとBは英検の過去問を利用したストーリーの内容に関してのもので、CとDはビデオの内容に関してのものである。授業時間数の関係で全部できない場合でも、それぞれから一つずつ取り上げる配慮をしている。

(1) **Word list**
　これはそのレッスンを学習する上であらかじめ知っておくべき単語と、その意味を対訳式に示したリストである。訳語はそのレッスンで使われている文脈に即した意味を一つ与えることを原則としている。

(2) Pronunciation

　各レッスンで子音(母音は中学2年生で扱う)を2つずつ取り上げる。発音のビデオを最初に見せ、音の特徴や音の出し方を理解させる。ビデオでは子音の特徴のみならず、それを含む単語やその単語が実際に使われているオーラル・コミュニケーションの場面が提示されている。その後でプリントを配布し、それに即して練習をする。プリントの構成は次の Practice 1 から Practice 4 の4項目である。子音からパッセージへと少しずつ単位を大きくして練習できるように配慮している。

Practice 1
　これは学習する子音とビデオで提示された単語の発音練習である。

Practice 2
　これは学習する子音を含む単語の発音練習である。英検3級程度のものを選んでいる。特に子音の練習をする場合にはその子音が語頭、語中、語尾に現れるものをそれぞれ3つずつ提示している。

Practice 3
　これは Practice 2 の単語を含む単文の発音練習である。

Practice 4
　これは英検3級2次試験の面接カード（リニューアル以前のもの）を利用し、特にこのレッスンで取り上げた子音に注意しながら発音練習をするものである。また学年としての音読の一つの到達目標も示している。次の時間にこのパッセージを各ブースで一斉に読ませて録音し、そのテープを提出させる。

(3) Drills

　これはそのレッスンで学習する文法事項を含んだ言い換え練習である。文法事項は普通教室での授業で学習済みなので、説明は最小限にし、口頭練習をさせる。生徒はコンソールからデータビューアを通して送られた指示をモニターテレビの画面上で見ながら、テープの指示に従って練習する。

(4) Dialog

　これは既習の言語材料を場面の中で練習するもので、テープの音声とモニターテレビの画面の指示に従って行なう個別練習

である。ダイアローグの暗記を目的にするのではなく、繰り返して対話の練習をすることにより、そこに含まれる言語材料の定着を図る。従って、練習やチェックの録音時には、覚えたことを思い出すのではなく、与えられた一定のポーズの中で、相手が言ったこと（テープで流れている）に画面上のヒントを参考にしながら適切に応答できることを目指す。指導手順は後で具体的に見ることにする。

(5) **Comprehension A**

これは英検3級2次試験の面接カードを利用し、すべて音声のみで練習する。パッセージをテープで聞き、その内容についての5つの質問に答えるもの。質問に対する答えをノートに書かせることもできる。

(6) **Comprehension B**

ショートストーリーの内容に関しての空所補充方式の練習問題である。空所のある10個の文を1分間黙読させ、テープを聞きながら空所に適当な単語や数字を書き入れていく。内容に関しての空所のある10個の文をあらかじめ読ませることにより、聞き取りのポイントを理解させる。

(7) **Comprehension C**

*SUMMER IN SEATTLE*というビデオのエピソードを利用する。スクリプトに下線で空所を作っておき、その部分に英語を書き取らせる。手順としては、何回かビデオを見た後プリントを配布し、各自がブーステープレコーダで音声テープを繰り返し聞きながらディクテーションをする。

(8) **Comprehension D**

前項と同様、*SUMMER IN SEATTLE*のエピソードを利用する。既習の言語材料ができる限り自然なインタラクションの中で提示されているビデオを視聴し、視覚的な情報の助けを借りながら、内容の理解を目指す。英語が話されるスピードは中学3年生レベルの生徒にはやや速いが、多少背伸びをさせながらも英語のスピードに対する生徒の心理的な壁を少しでも低くし、英語のスピードに対する限界を少しでも高める工夫をしている。

授業では内容に関しての空所補充問題と True or False

Quiz を用意する。次の時間には空所補充問題の英文が答えとなるような質問を用意して内容に関しての復習をする。指導手順は後で具体的に見ることにする。

(9) **Let's say it in English!**

学習した文法事項を含んだ口頭和文英訳練習である。日本語を聞いてすぐに英語に直し、その後聞こえてくるモデル文をリピートする。

(10) **Let's give it a try!**

前項で練習した表現が使える簡単な英語による Q&A である。

(11) **Open Sesame!**

NHKで放送中の*Sesame Street*を利用した内容に関しての True or False Quiz とスクリプト (現在ではテキストは発行されていない) の下線部のディクテーションである。

5. 毎時間の授業の流れ

授業は必ず英語で始めるようにする。また、テープを用いての個別練習の時間を取れるようにすることが望ましい。具体的には生徒がその時間の復習をしたり、宿題をし始めたりできる配慮をしている。そこで毎時間の授業の流れはおおむね次のようになる。

①ウォーミングアップ（簡単な Q&A）→②前回の復習と宿題のチェック→③その時間の練習→④プリントの配布と宿題の録音→⑤各自でテープを聞きながらの個別練習

6. 生徒の活動

4.の各レッスンの構成で見たようにいろいろな形の練習を取り入れているが、基本的には生徒の活動が Listening → Speaking → Reading → Writing というように進んでいくように配慮している。言い換えれば、まず英語を音声で聞き、聞いたものを自分で言い、聞いて言ったものを文字で見て確認し、聞いて言って文字で見たものを書くという展開である。英語の音声に対する生徒の意識を高めるように配慮している。

7. その他の留意点

LL教室内の機器や備品についてはいろいろと工夫しているが、ここでは4つの点について述べておきたい。

⑴ **教材のプリント**

　1枚1項目主義を原則とする。生徒に渡すプリントは年間を通して約100枚ほどになる。スパイラルノートを見開きで使わせ、左側にプリントを貼って右側に答えなどを整理する。また、教師用のプリントは生徒と同じものに加えて教材提示装置用のものも合わせると、300枚近くになる。

⑵ **生徒個人用のカセットテープ**

　2種類あって、一つは1レッスン全体の録音(20～25分)に使用するもので、定期考査などに備えて消去せずに保管させる。もう一つは、毎回の教材を録音して持ち帰らせるもので何分のものでもよい。

⑶ **貸し出し用カセットテープ**

　前項のカセットテープを忘れた生徒に授業中貸し出すためにLL教室に備えつけてある。カセットテープがなければ授業にならない。

⑷ **録音提出用カセットテープ**

　LL教室に備えつけの録音提出用カセットテープを一人1本ずつ割り当てて、各レッスンごとに2～3回生徒の声を録音して提出させている。クラスごとにテープで色分けしてブース番号が示されている。

8．ダイアローグの指導手順

　ここでは紙幅の都合上、スクリプトは省略する。内容としてはサンタとユカリの会話で、ポイントになる文法事項は so ～ that と too ～ to である (Lesson 7 の場合)。

　第1時間目

　　1．Listen.
　　2．Listen and repeat.
　　3．Take Yukari's part.　①
　　4．Take Santa's part.　②
　　5．Take Yukari's part.　①
　　6．Take Santa's part.　②
　　7．Take Yukari's part.　③
　　8．Take Santa's part.　④
　　9．プリント配布(生徒個人用のカセットテープに一斉録

音)
　　10．個別練習
第2時間目
　　1．Listen.　⑤
　　2．Listen and repeat.
　　3．Take Santa's part.　⑥
　　4．Take Yukari's part.　⑥
　　5．どちらかのパートで一斉録音(録音提出用カセットテープを集める)

①では、ブースのモニターテレビの画面は次のようになっている。

> **Take Yukari's part.**
> *Santa:* Hello.　This is Santa Claus' House.　May I help you?
> *Yukari:* サンタさん、こんにちは。サンタさんが去年くれたウォークマン、とっても気に入ったわ。
> *Santa:* Oh, I remember this voice.　You're YU-KARI!
> *Yukari:* こんにちは。サンタさん、いま何しているの。
> (エアロビクスの音楽が聞こえている)
> *Santa:* I'm doing aerobics to shape up.　I am so heavy that the reindeers cannot draw the sleigh with me on it.
> *Yukari:* それによい子たちにたくさんプレゼントがあるものね。今年の靴下は去年のより大きいのよ、ね！
> *Santa:* I know, I know!　But I've had too many phone calls to remember what to give to whom.
> *Yukari:* じゃあ、お手紙書くから。住所教えて、サンタさん。
> *Santa:* Well, listen, Yukari.　I live in the hearts of good boys and girls.

②ではYukariとSantaの英語と日本語が逆転する。生徒は日本語を参考にしてその内容を英語で表現する。③では①の英語を消したものがブースのモニターテレビの画面に提示されている。④ではYukariとSantaの日本語が逆転する。生徒は日本語を参考にして、その内容を英語で表現する。ただし今度は相手の英語は文字では示されていない。⑤ではダイアローグ全体が英語で、⑥ではダイアローグ全体が日本語でモニターテレビ上に提示されており、生徒はそれを見ながらテープの指示に従って練習する。

9．**Comprehension D の指導手順**

　ここでは紙幅の都合上、スクリプトは省略する。使用するエピソードの長さは1分半〜2分であるが、ナチュラルスピードで話されているので、英語の分量はかなり多い。内容としては日本人の学生とアメリカ人の学生の会話で、ポイントになる文法事項は現在時制である。何の授業をとっているのか、クラスは何時に始まるのかなど、普段の学校生活のことを話している（Lesson 1 の場合）。

　第1時間目
  1．Let's watch the video.（全体の流れをつかむ）
  2．Fill in the blanks.（問題を画面上で見て、聞き取りのヒントにする）
  3．Let's watch the video.
  4．Fill in the blanks.（問題を画面上で見て、答えをノートに書く）
  5．Let's watch the video.
  6．答えのチェック
  7．True or False Quiz（問題を画面上で見て、答えをノートに書く）
  8．Let's watch the video.
  9．答えのチェック
  10．ビデオの音声を個人用テープに一斉録音
  11．使用した練習問題とスクリプトの配布
  12．Let's watch the video.（スクリプトを見て、聞き取りの確認をする）

13. テープを用いてシャドーイングの練習

第2時間目
1. Let's watch the video.
2. 内容についてのQ&A
3. Let's watch the video.（確認のためにもう一度見る）

ここまでで、生徒は7回ビデオを見ることになる。手順13の個別練習で何回かビデオの音声を聴くとして、授業中に少なくとも10回はビデオの英語を聴くことになる。単に何回も同じビデオを見せるのではなく、その都度違ったタスクを課しながら4.各レッスンの構成の Comprehension D のところで述べた目標の達成を目指す。

4 まとめとして

　新LLを導入するにあたり、ビデオ等の視覚教材を取り入れながら今まで蓄積してきた教材やその指導法をいかに活かしていくのか、ハードルは予想外に高かった。アイデアを実践に移すことには困難が多々あった。ここに到るまでの近道はいくらでもあったはずだ。LLの性質上、授業が mechanical になりがちだという点は否めない。しかし monotonous になることを避けることは工夫次第でいくらでもできるだろう。

　メディアの進歩は文字通り日進月歩である。しかし、人間である教師と生徒が教育の核であるべきことは言うまでもない。その核を中心にいろいろな授業形態を展開する。LLのみならず、ティーム・ティーチング、リーディング、ライティング、オーラル・コミュニケーションなど、様々な形のピースを組み合わせていくたゆまぬ努力が必要だ。「実践的コミュニケーション能力の育成」というジグソーパズルの完成は容易ではない。「リコーダで『メヌエット』がどの程度吹奏できるかということを調べるためには、生徒一人ひとりにリコーダを吹かせてみなければならない。音楽教師はこれを実行しているのである。」(小笠原，1990)ということばで本稿を結びたい。

[読後の話し合い]

鈴　木：いかがでしたか？　白井先生の学校の LL も先生の学校の LL もほとんど同じ時期に設置されたのではないでしょうか。

B先生：機器構成もほぼ同じですね。それでこれだけ活用されているのを拝見して、LL は決して機能の新しさではなく、教師の意欲だということがよくわかりました。

鈴　木：白井先生の学校の LL 授業の良いところは、LL を独立した科目として扱うのではなく、普通教室での授業と密接な連携を取りながら、課外学習、それも家庭学習だけにとどまらず、校内外の英語暗唱大会や英検などの検定試験対策まで視野に入れた LL 授業を考えておられることです。

B先生：私の学校でもできそうなことなので、ほっとしています。

鈴　木：どんなにすばらしい LL 授業でも、一人の教師の個人的、超人的な働きに支えられている LL 授業は、長続きしませんし、その先生が転勤されたら、ほこりをかぶってしまいます。それよりも、LL の基本的な機能を使ってできる授業を考える方が長続きします。そして、その前提として、普通教室での授業の充実が必要ですね。普通教室での授業がいいかげんだと、LL 授業はうまくいきません。

　　　　それから、やや逆説的に聞こえるかもしれませんが、LL にあまり過大な期待をかけないことです。これは、コンピュータを組み込んだ最新の LL でもそうですが、生徒の発話に対して、人間のように臨機応変に返答することはまだできません。やはり、人間教師にはかなわない。そういう事情もあって、LL はどんなに工夫しても、機械的な練習から完全に抜け出すことはできませんが、白井先生もおっしゃっていますが、monotonous にならないように工夫することはできます。その一例が、白井先生の実践なのです。

B先生：ところで、私もビデオ教材の利用を考えています。白井先生は教材用に作られたいわゆる ELT ビデオを用いておられますが、ELT ビデオの代わりに、**劇場用映画ビデオ(以下、映画)を用いるのはどうでしょうか。**リスニングの力を伸ばすために映画の利用を考えているのですが。

鈴　木：動機づけという点では、非常に効果があると思います。しかし、リスニング力を伸ばすことを第一の目的として映画を用いることについては疑問がありますね。例えば、英語専攻の短大生を対象に、映画とELTビデオと音声教材を用いてリスニングの指導実験を行ない、それぞれの効果を分析したTakeuchi et al.(1990)では、映画の動機づけの効果は実証されました。ところが、学生のリスニングの向上に映画が役立ったというデータは得られなかったそうです。一方、外国語学習者向けに作られたELTビデオと音声教材の利用はリスニング力の向上に効果があったことが報告されています。映画が効果を発揮しなかったのは、学生には難し過ぎて理解可能な入力として働かなかったためであろうと論文には書かれています。

B先生：**最近、安くなってきたクローズド・キャプション（以下、CC）・デコーダを用いて英語字幕を映し出して見せれば、難しすぎるという問題は解決されるのではありませんか？**

鈴　木：ところが、必ずしもそうではないのです。まず、CCは画面に表示できる文字数が限られているため、せりふが長い場合は、要約されたり、短い別の表現が用いられ、せりふと一致しないことが多いのです。パイオニアから発売されているレーザーディスク「シナリオ・ディスク」シリーズの英語字幕はせりふと一致していますから、これを利用すれば、せりふと字幕の不一致という問題は解決できます。さて、もっと大切な問題ですが、映像と音声と文字が同時に提示されると、この3つの情報源が競合してしまい、特に中級以下の学習者の場合は、文字だけに頼ったり、映像のみに頼ったりする傾向が見られ、リスニング力は伸びないという報告もあります。詳細は、亀井・広瀬(1994)、Yoshida et al.(1998)などを参照してください。

B先生：いろいろ難しい問題があるのですね。

鈴　木：でも、問題を解決してから使うのではなく、まず、使い始めることが大切ですね。そして、教材のレベルや指導法の適否を、生徒からアンケートを取るなり、テストをするなりして調べて、少しずつ修正していけばいいと思います。なお、授業での映画の利用法については、pp.222-224に中井弘一先生が書いて下さいましたので、ご参照下さい。

Question 7　声が出ない生徒に対する音読指導と音読の効果

しっかり声を出して音読するように言っても、生徒は蚊の泣くような声しか出さないため、つい音読指導を省略しがちになります。大きな声で音読させるにはどうしたらよいのでしょうか。また、音読指導をすると、どんな効果があるのでしょうか。

回答者　吉　見　德　寿

1．声が出ない生徒に対する音読指導の方法

　生徒の声が小さいために、教師が指導意欲をなくしてしまったら、生徒にとっても教師にとっても不幸なことです。生徒にしっかりと音読させたいのであれば、「大きな声で音読ができないのはなぜか」を考えてみる必要があります。高校でも大きな声で音読できるクラスがあるのですから、生徒が大きな声で音読できないのは、年齢から来る「恥ずかしさ」だけが原因ではなさそうです。もっと大きな原因があるのではないでしょうか。

　十分な練習が授業で行なわれていないことが最も大きな原因ではないでしょうか。特に高校では、生徒にとって適当なレベルと思って教師が採用した教科書も、生徒にはかなり難しいと感じられることが多いので（鈴木，1997）、学習が進むにつれて理解できない文や読めない語が増えてきて、スラスラ音読することは困難になり、大きな声で音読する自信が持てなくなります。時間の関係で、新出単語などもテープまたは教師の後について2、3回リピートさせるだけで済ませている場合が多いのではないでしょうか。その程度の練習では読めるようにはなりません。

　また、音読をばからしいと思ったり、面倒くさがる生徒もいます。そういう生徒たちには、音読の大切さを教えなければなりません。そして、授業が終わった時には、すべての生徒が自分なりの進歩を実感できるようにしてやりたいものです。

　授業では音読指導に多くの時間をあてる余裕がないのが正直なところでしょう。しかし、仮に5分間の短い音読練習であっても、重要な活動であると位置づけて指導にあたることが大切です。時間が余れば音読をさせようというのではなく、時間は短くても、必ず毎時間何らかの形で音読指導を行なうようにすることです。少量でもしっかりと料理の味を

引き立ててくれるスパイスのように音読指導を考えてはどうでしょうか。
　さて、それでは実際に「音読で生徒に大きな声を出させるにはどうしたらよいか」ということを考えてみましょう。
　生徒が音読する際の姿勢として、教科書を机の上に置いたままで、教科書を見下ろすような姿勢で読むのはやめさせましょう。これでは声がはっきりと出ないのは当然ですし、生徒が読んでいる時の顔が見えません。背筋を伸ばし顔を上げて、両手で教科書を持って読ませましょう。
　自信を持って読めない部分があると、当然声が小さくなったり、つまったりするわけですが、コーラス・リーディングをやっただけで終わってしまっては、個人がどれくらい読めるようになっているのか、どの部分でつまずいているのかわかりません。そこで、コーラス・リーディングの後には必ず何人かを指名して読ませる必要があります。後で自分が読まされるかも知れないという思いで練習する場合と、周囲に適当に合わせてその場限りの練習をするのとでは、声の大きさも違ってきます。そして、個人読みをさせた後では必ずコメントまたはアドバイスを与えます。"very good"のひと言でも構いませんから、何かひと言ほめてやることを忘れないで下さい。アドバイスする際には何か一つに絞るのがいいでしょう。読みの区切り方や、イントネーションのまずい場合は、その点についてアドバイスします。
　教師が大きな声でモデル・リーディングをするのは大切なことですが、生徒にも大きな声を出させようと意気込むあまり、教師が終始大きな声を出し続けたのでは逆に生徒の声は大きくならないものです。最初は大きな声で生徒をリードしてやる必要がありますが、途中から教師の声量を絞ってみるといいと思います。生徒にコーラス・リーディングさせる時に教師が一緒になって大きな声で読んでいたのでは生徒は声を出しませんし、教師が生徒の声を聞くこともできません。
　音読指導の延長線上で、音読させた後には内容に関するQA活動をぜひ取り入れたいものです。これは内容理解の確認だけでなく、その後のコミュニケーション活動へとつなげていくことができます。このQAでは、内容理解の確認のための質問とともに、その内容から発展する質問や内容と関連した個人レベルの質問を組み合わせるとおもしろいと思います。
　授業だけで生徒が音読できるわけではありませんから、授業中だけでなく、家庭学習にも音読練習を組み入れる必要があります。生徒には、

教科書の本文を録音したテープをぜひ持たせたいところです。
　さらに、個人の音読練習の記録をつけさせると効果があります。家で1セクション分音読したら1回分として、日付と音読後の感想を書いた音読カードを提出させます。このカードに生徒が書いた感想を一部紹介します。

音読カードに書かれた生徒の感想（1年生5月）
- 間違った発音のままで覚えてしまわないか不安になる
- 何回も読んですらすら読めるようになったら楽しくなってきた
- 新出単語の意味や発音・アクセントが覚えやすくなる

　音読指導を行なう場合に注意すべきことは、生徒にモデルとなる朗読を聞かせる際に、教科書付属テープを使うだけでなく、教師がその題材に合わせて表情豊かにモデル・リーディングを行なうということです。生徒を動機づけるのにこれは大事なことです。英語の授業のスパイスとして、音読指導を工夫することで授業を香り豊かな魅力あるものにしたいものです。

2. 音読指導の効果

　最近は、コミュニケーション活動が重視されている一方で、音読指導そのものは軽視される傾向にありますが、音読指導の良さを見直す必要があります。以下、音読指導の効果をいくつか挙げてみます。
- 基本的な発音やイントネーションが身につく
- 英語を声に出すことに対する自信がつく
- 内容的にまとまりのある英文を繰り返し音読することで、暗唱へとつながり、その結果、単語、構文等の使い方が身につく
- コミュニケーション活動としてのスピーキングへとつながっていく
- その英文の内容、アイデアそのものが英文と同時に身につく

なお、音読指導の効果を実証したものに鈴木（1998b）がありますが、その概要は、本書 pp.23-24に書かれていますので、併わせてご参照ください。

より良い英語授業を目指して
教師の疑問と悩みにこたえる

リーディングの指導

パラグラフ・リーディングの指導はどのようにすればよいのか?

D先生：パラグラフ・リーディングの指導というのは、お題目としてはよく聞きます。しかし実際の教室では、どのくらい行なわれているんでしょうか。

斎　藤：ほとんど行なわれていないと言ってよいでしょう。その証拠を一つだけ挙げておきましょう。私は大学で教えているのですが、入学してきたばかりの1年生に「このパラグラフの内容を要約して言ってください」と言うと、だいたいそのパラグラフの中にある文の最初から、1文ずつ訳し始めます。要約ということができないんです。「内容を読み取る」となると学生は訳すことしか頭に浮かばないんですね。私には高校時代にパラグラフ・リーディングの指導がきちっと行なわれていたとは、とても思えません。

D先生：「一文、一文訳していく」というところから脱却するためにも、パラグラフ・リーディングはやらなければならないとは思います。そして、パラグラフ・リーディングがどういうものであるかということも、大体はわかっているんです。しかし、正直のところ、それでは**「パラグラフ・リーディングを身につけさせるには、どういうを指導したらよいのか」**ということがよくわからないんです。

斎　藤：おそらくそういう人たちのために、後洋一先生は次の論文をお書きになったんだと思います。「どういう指導の仕方をしたら、生徒がパラグラフ・リーディングを身につけることができるのか？」という疑問に、まさに答える論文になっています。なお、これから読んでいただく後先生の論文は、実践の伴わない単なる提案ではなく、後先生が実際に高等学校に勤務しておられた時の実践をまとめてくださったものです。具体的な教材例も挙げておられますので、パラグラフ・リーディングの指導法だけでなく、そのための教材作成のヒントにもなるでしょう。もちろん、教材例をそのまま使用することもできます。

パラグラフ・リーディングの段階的指導

後　洋一

1 パラグラフ・リーディングの指導の重要性と指導のあり方

　英語の指導・学習の改善のために、多くの工夫や実践が行なわれているが、今もなお最も重要な課題の一つは Reading の指導・学習の改善であろう。そのためには、Paragraph Reading、Contextual Reading、Rapid Reading、Predictive Reading 等の実践が重要であると考える。秋山・市村(1980)は、高校でのリーディング指導を次のように順序立て、かつ組織化した。

①通読によって、パラグラフのトピック・センテンスを仮想する
② Key words、文意の流れを変える transitional words、指示語などを確認して、パラグラフの内容を精査する
③トピック・センテンスを確定する
④要約文を作成する、タイトルをつける、理解を伴った音読をするなどの活動によって、要旨を把握し、また、言語表現活動をする

その結果、パラグラフの要旨を把握する力が向上したと報告している。

　中学校指導書外国語編(1989)第2章第2節の第3学年の言語活動「エ. 読むことの言語活動」の項には、「(ア)まとまりのある文章の概要や要点を読み取ること」が示され、「概要や要点を読み取ることは、教材によって、文章全体のあらましを読みとり、また話の中心になる事柄を読み取ることを意味している。」と解説されている。高等学校学習指導要領解説 (1989) 第1部第2章外国語科の各科目第6節では、読むことの言語活動について4つの指導事項が示されているが、次の2つは特に重要である。

ア. まとまりのある文章の概要や要点を読み取ること[1]
イ. 目的に応じて文章の内容を整理して読み取ること[2]

1999年3月には高等学校新学習指導要領案が発表された。現行学習指導要領の基本的な柱であるコミュニケーション能力の育成と国際理解は、新学習指導要領の全科目においても引き継がれることになる。中学校、高等学校では、現行の学習指導要領に基づいて約10年間指導されてきたが、上述した指導事項は徹底されているのであろうか。筆者には所期の目標が達成されていないように思われる。次に、学校の現状を探ってみたい。

❶ **中学校・高等学校における英語指導の実態**
　コミュニケーション能力の育成を目指す指導が学校においてどのように行なわれているかを調べ、今後の課題と指導のあり方を探るために、筆者は、1997年2月、近畿地区の中学及び高校英語教員各50名の協力を得て、「中学校・高等学校における英語の指導に関するアンケート」を実施した。
　アンケート結果によると(数字は回答率)、「よく行なわれている指導」は、中学校では、Q&A(70%)、文型練習(62%)、市販のワークブックの使用(44%)など、高等学校では、Q&A(70%)、自作の予習・復習プリント使用(40%)、本文のほとんどを和訳(36%)などである。一方、「あまり行なわれていない指導」は、中学校では、Debate(92%)、Discussion(78%)、Summary Writing(58%)、Speech(46%)など、高等学校では、Debate(74%)、Summary Writing(70%)、Discussion(66%)、Speech(44%)などである。Debate、Discussion、Summary Writing、Speechが行なわれない理由として、「生徒には無理である」、「時間的余裕がない」という回答が多い点が気がかりである。Q&Aなどが重視されているとはいえ、「内容について考え、判断し、自分の意見などを表現する」学習・言語活動をもう少し充実させなければ、コミュニケーション能力の育成まで道遠しと言わなければならない。現状を改善するためにどうすべきか。そのためのどんな手だてがあるか、以下に検討したい。

❷ **望ましい指導計画、指導方法とパラグラフ・リーディングの指導**
　英語の指導を改善するためには、長期的な指導計画(例えば、

学校や学年の年間指導計画)と指導方法が不可欠である。特に、コミュニケーション能力の育成を図るために、バランスの取れた四技能の指導を一層推進することが求められている。例えば、Reading も他の三技能の指導と関連づけて行なう必要がある。コミュニケーション能力の育成というと、Oral Practice だけと思いがちであるが、例えば、Paragraph Reading を Summary Writing と、Summary Writing を Speech と、Listening を Outlining に関連づけて指導すべきである。筆者は Reading 指導をこのように位置づけ、いくつかの実践を行ない、その実践から次のような視点から工夫・改善に取り組むことが重要であることを学んだ。

① コミュニケーション能力の育成を目指す英語の指導を改善する場合、指導者の指導・学習のビジョン、長期的全体計画が必要であること。
② 教科書による指導では、語や語句のみの指導から、文、パラグラフ、文章全体などの指導へ一歩でも踏み出すことが求められること。
③ 特に、「内容について考え、判断し、自分の意見などを表現する」学習・言語活動を推進するためには、Paragraph Reading、Summary Writing などの具体的指導方法による適切な指導が欠かせないこと。

Paragraph Reading は、Reading の指導・学習において基本的かつ重要なものである。もちろん、Contextual Reading、Rapid Reading、Predictive Reading とも深く関わっている。また、Rapid Reading の効果を上げるためには、Contextual Reading や Predictive Reading のストラテジーやテクニックが必要である。これら4つの Reading は互いに緊密に関連し合っている。筆者は、Reading の指導において、次の点を心がけるべきであると考える。

① Paragraph Reading を中心に、Contextual Reading、Rapid Reading、Predictive Reading の工夫を続けること。
② 常に Writing、Listening、Speaking と互いに関連づけて指導・学習を行なうこと。

③「精読」指導・学習については、和訳だけで終わりとしないこと。「和訳だけ」を越えることから指導・学習が始まること。
④和訳ができていながら、内容を理解できていない生徒のために、要点の理解を確かめることができる Comprehension Check の方法を工夫すること。
⑤「部分」にとらわれないで「全体」を読む指導・学習を一層効果的に行なうためには、指導者が先ず Paragraph Analysis や Summary Writing の指導・学習の方法に慣れること。
⑥ Comprehension Check を生徒同士で行なうなど、生徒が主体的、創造的に読む学習のあり方を工夫し、実践すること。

次に、筆者の実践で成果を上げた Paragraph Reading の段階的指導の実際について、教材例とともに紹介する。

2 パラグラフ・リーディング指導の実際

① ねらい

語、語句、一文のみにとらわれないで、パラグラフ単位で読み進み、パラグラフの話題 (Topic) や話題文 (Topic Sentence)、具体的事項 (Specific Details) などを把握し、内容の理解を深める。

② 指導・学習の形態

原則として、クラス全体で行なうが、グループで行なうのもよい。

③ 指導段階

中学校中級〜高等学校上級（大学へ継続発展させる）

④ 実施上の留意点

(1) 易しい例を用いて、初歩のレベルから計画的、段階的に進める。

(2) 語よりは文に、文よりはパラグラフに、さらにパラグラフから the whole lesson or passage へと注意を向けさせるよう留意する。

(3) 文法的説明はできるだけ避けて、意味・内容を理解するこ

とに主眼をおき、読解力を高めることができるよう配慮する。
⑤ パラグラフ・リーディング指導の具体例
1. 練習1　**Paragraph Analysis**（1）
　英文を読んで理解するためには、筆者が取り挙げた Topic を的確におさえ、それに対する筆者の主張や、主張の根拠として述べられた主要な具体例を先ず把握することが必要である。そのためには、初級レベルから Paragraph Analysis の練習を計画的、段階的に行なう必要がある。
　以下、実例を挙げる。コピーして、イタリック体で印刷されている解答例を修正液で消せば、そのまま授業で使用していただけるであろう。

Example 1：次の各文の話題（Topic）は何ですか。また、その Topic について、筆者はどのように述べていますか（Assertion）。
1. Jiro is the kindest boy in his class.
　　The Topic is : *Jiro*
　　The Assertion is : *He is the kindest boy in his class.*
2. Cows give us milk, meat and some other good things.
　　The Topic is : *Cows*
　　The Assertion is : *They give us milk, meat and some other good things.*

　この練習で、The Topic や The Assertion を指摘させることは、それほど難しくないはずだが、筆者の経験では、このような練習に慣れていない生徒は、Topic が boy や class であると答えることが多い。

Example 2：パラグラフには、話題（The Topic）と筆者の主張（The Writer's Assertion）を含む文（The Topic Sentence）があります。次の例で確かめましょう。
1. Kanako is popular in our school.　She is kind to her classmates.　She can sing well and enjoys

many sports. She also works hard for her school events.
The Topic is : *Kanako*
The Assertion is : *She is popular in our school.*
The Topic Sentence : *Kanako is popular in our school.*

2. Mr White loves cats and her wife loves rabbits. Mrs Brown keeps about 30 sheep. Her biggest son likes to keep goats. I take my dog Lucy for a walk every day. Many people in our town like animals.
The Topic is : *Many people in our town*
The Assertion is : *They like animals.*
The Topic Sentence : *Many people in our town like animals.*

Example 3：各パラグラフには、一つずつ Topic Sentence があります。さらに、パラグラフには Topic Sentence を補い説明する文（The Specific Details）があります。次の例で確かめましょう。

Our spring school festival was a great success. It was fine that day. A lot of people came to see our programs. Almost all of them enjoyed the concert, the drama and many other programs. Our schoolmaster said, "This year's festival was wonderful!"
The Topic Sentence : *Our spring school festival was a great success.*
The Specific Details : *It was fine that day.* 以下の4文。

2. 練習2　**Paragraph Analysis (2)**
　同じ文でも、Topic Sentence になったり、Specific Details になったりすることを理解させる。

Example 4

> 1. Mike always works hard. He does his homework on time. He is never untidy in his work.
> 2. Mary is very untidy. John only does what he wants to do. Harry never does his homework. Betty is always late for class. Mike always works hard. There are many kinds of students in my class.

　先ず、2つのパラグラフを読み、それぞれの要点をおさえて理解できているか確かめる。内容の理解が誤っていなければ、Topic Sentence や Specific Details を正しく把握できているか確認する。次に、1.では、最初の文が、このパラグラフの Topic Sentence として使われている。ところが、2.では、最後の文が Topic Sentence で、最初の文は Topic Sentence に対する Specific Details の一つとなっていることに気づかせる。

3. 練習3　Paragraph Analysis (3)

(1) 最初に、次の点をわかり易く説明する。
「正確に、速く読解する力、論旨の整った文を読んだり書いたりする力は、英文を和訳したり、丸暗記するだけでは身につきません。パラグラフ練習で自信をつけましょう。」
(2) パラグラフの構成要素に関する基本を次のA.～D.の順に説明する。
　A. Topic：トピック（話題）
　B. The Writer's Assertion：筆者の主張
　C. Topic Sentence：トピックと主張を含む文
　D. Specific Details：具体的事項、トピック・センテンスを補う具体例
(3) **Example 5** を指示にしたがって読ませる。

> **Example 5**：1.～3.のパラグラフの要点をおさえながら読んで、Topic、Topic Sentence、Specific Details を指摘しなさい。
> 1. I was disappointed yesterday. I wanted to play tennis but it rained all day. I decided to listen to

some records but my record player broke. Then I decided to listen to a language tape on my tape recorder, but I found that I had left it at school. There wasn't anything worth listening to on the radio.

2. Spring is the time of flowers and sports. Some of the flowers that bloom in spring are crocuses, daffodils, violets and roses. However, chrysanthemums are late summer flowers. The seasons for such sports as baseball, tennis, and swimming are the summer and early autumn. In spring, football and hockey are played. During the spring, school children think about nothing but the summer holidays that will soon begin.

3. There are three reasons why Jiro is not going to university. In the first place, his father is dead and if Jiro went to university, his mother would be left all alone. She has a few friends, but they do not live very near, and she would probably have to spend most evenings alone. Consequently, although Jiro wants to go to university very much, he is going to get a job near home instead.

[出典：1.は Williams (1973) ³、2．3.は Klammer (1978)]

(4) 第1例では、Topic は tennis だとか records だと言って、Topic が I であることに気づかない生徒が多いであろう。パラグラフ理解の大切さをわからせたい。第1文が Topic Sentence、第2文以下が Specific Details。第2例では、Topic Sentence は第1文だが、第3、第4、第6文がそれとは無関係で、パラグラフが十分に展開されていないことに気づかせる。第3例では、第1文が Topic Sentence だが、「理由」が一つしか述べられていない不完全なパラグラフであることに気づかせたい。

4. 練習4　Paragraph Analysis (4)

(1) 次の2つのパラグラフの Topic Sentence をそれぞれ考えて書かせる。

(2) Topic Sentence を書く練習は Paragraph Reading だけでなく、論理的にまとまった英文を書く Paragraph Writing にも応用できることをわからせる。

> **Example 6**：次の2つのパラグラフには Topic Sentence が書かれていない。よく読んで、下線部に Topic Sentence を書きなさい。
>
> 1. _____
>
> There are no clouds in the sky. The breeze is cool. The sun is shining. There are no signs of rain.
>
> 2. _____
>
> She is happy. Kanako tried many times but always did something wrong during the driving test. The first time, she stopped too quickly and the tester almost hit his head. The second time, she didn't stop quickly enough and crashed into another car. The third time, she reversed the car when she should have gone forward, but on her fourth try she was lucky.
>
> 〔出典：1. 2.とも Williams (1973)〕

(3) 第1、2例のように、パラグラフの構成に少し慣れた段階から、生徒達自身に Topic Sentence を考えさせ、書く練習をさせる方がよい。解答例はそれぞれ、The weather is fine today. At last Kanako has passed her driving test. などであろうが、正答が出ない場合でも、各自の考えた案のどこが不十分なのかを検討し合うことが大切である。

5. 練習5　Paragraph Analysis (5)

(1) 最初に、A.～C.のパラグラフの意味、要素、展開を確かめさせる。

(2) 次に、〈研究〉を①～④の順に確認させる。

〈研究〉①各パラグラフとも Topic Sentence を補う(1)～(3)の文が、Major Supporting Sentences である。②また、(　) 内の例文は、Major Supporting Sentences を補う Minor Supporting Sentences と言う。③Topic Sentence のすぐ後に Minor Supporting Sentences が続いていないことを確かめる。④各パラグラフについて、意味の流れ、接続語句などに注意して、「文接続」がどのように行なわれているか確かめる。最初のパラグラフは、文接続という点では未完成であり、下書きのような感じを与えていることも確かめる。

Example 7

A.　I dislike winter.
　(1)　I dislike the winter cold.(It makes me shiver.)
　(2)　I dislike having to wear the heavy winter clothing that cold weather requires.　(I have to wear a heavy coat and long underwear.)
　(3)　I dislike the colds, despite heavy clothing, I always get in the winter.
　　　(They give me a cough.　They make me miss school.)

B.　A university cafeteria should be able to provide meals at a lower cost than private restaurants.
(1) The students serve themselves and, when they have finished, take their dirty dishes back to a special table.　(In this way, the cost of employing staff is reduced because there is no need for waiters.)　(2) The same number of students eat in the cafeteria each day.　(As a result, the manager can calculate the exact amount of food to buy and very little is wasted.) (3) Finally, a university cafeteria makes no profit.　(This reduces the cost of the meals by at least ten per cent.)

C.　During my summer holidays, I love camping by the river in the woods near my grandmother's

> home. (1) There are so many things to do that I am never bored. (I swim and fish in the river. I climb trees when I feel energetic and lie in the sun when I feel lazy. I watch the birds and animals as they busily care for their young.) (2) I also love the food that I cook over my open wood fire. (The slightly smoky meat, black on the outside and red in the middle, is delicious. The fish that I catch in the nearby stream just a few minutes before I cook them, would be good enough for a king.) (3) Then, after two weeks of relaxation, good food, and good exercise, I return to town refreshed, healthy and ready to begin work again.
> [出典：B. C.は Klammer (1978)]

6. 練習6　Paragraph Coherence (1)

　次の説明を行なう。「パラグラフの要素、構成、展開について学んだ後の段階で、ぜひ学びたいのは "coherence" です。これは、"the sticking together of sentences and paragraphs" を意味します。文と文、パラグラフとパラグラフの間には、"a clear transition (or link)" がなければなりません。それによって、文と文が、パラグラフとパラグラフが互いに緊密に連結されているとき、文やパラグラフが "coherent" であると言えます。"coherence" があって初めていいパラグラフになり、読者は完全に筆者の意図を読み取ることができるのです。文やパラグラフは、① Transitional Words & Phrases、② Repetition of Key Words、③ Pronoun Reference などによっても "coherent" になります。これらに注目することによって、筆者の思考の流れを把握して、スムーズに読み進むことができます。」

　なお、"connectives（接続詞、関係代名詞等の連結詞）" の練習は、比較的よく実践されているので紙面の都合で割愛する。

7. 練習7　Paragraph Coherence (2)

> **Example 8**：各英文の空所に、指示された文字で始まる適語を記入しなさい。」
> 1. Mr. and Mrs Brown go to the old market on Sunday mornings. Mr. Brown never enjoys these (v　　　).
> 2. Young people today can't do without a TV. They have become slaves to this (i　　　　).
> 3. A boy jumped into the rapid stream and saved a drowning girl. He was highly praised for his (b　　　).
> 4. Lucy played a sonata most beautifully. The audience were fascinated by her (p　　　　).
> 5. The poor child hadn't eaten anything for a whole week. (H　　　　) was the motive for stealing a roll of bread at the store.
>
> （解答例）　1．visits　2．invention　3．bravery
> 4．performance　5．Hunger

　この種の練習はParagraph Readingの指導・学習において重要で効果的であるが、これまであまり行なわれていない。一層実践していく必要があろう。

8. 練習8　Contextual Reading

　Paragraph coherenceを達成するためには、6.で述べた①、②、③の他に、筆者の「思考の流れ」に沿って、"a clear movement of ideas" を行なう Contextual Reading と呼ばれる方法がある。次は、Contextual Reading の練習として筆者が実際に用いた教材例である。

> **Example 9**：英文を読む際、文脈を追って読むことが大切です。話の筋を追いながら、指示された文字で始まる語を空所に入れなさい。
> 　By midday, the small party of boys, led by their

schoolmaster, had reached a height of 2511 feet. At this point, the party had to stop (c   ) because one of the boys became ill. The only thing the master could do was to return to the mountain hut where they had spent the night. From (t   ), he telephoned the police. As no rescue party could reach the boy quickly enough, the Royal Air Force Rescue Centre sent a helicopter with a policeman and a (d   ) on board. The helicopter soon arrived on the scene, but the sides of the mountain were so (s   ) that it could not land. A helicopter usually lands on four wheels, but it can land on two. However, the slope was too steep even for (t   ). The (p   ), therefore, kept the helicopter in the (a   ) with only one (w   ) touching the mountainside while the party carried the boy on board. [出典: Alexander, 1977]

(解答例: climbing, there, doctor, steep, that, pilot, air, wheel)

比較的長いpassageを与え、話の筋をおさえているか確かめる練習である。難解な語句は避け、文章の要点や話のあらすじを把握し、パラグラフ読みや文脈読みを習得する一つの方法として利用できる。

9. 練習9　Outlining

授業で次のようなアウトラインを板書していく。板書を進めながら、生徒に空所に入れるべき語を発表させる。聞き取り練習に役立つだけでなく、アウトラインをノートに書かせれば、ライティングの練習にも役立つ。

Example 10[4]　(解答はイタリック体で示す)
Ⅰ. Martin L. King, Jr. made a (*speech*) in 1963.
  A. "One day my little (*children*) will not (*be*) (*judged*) by the (*color*) of their (*skin*)..."

> B. a (*leader*) who (*worked*) for the (*rights*) of blacks
>
> II. In those days whites (*discriminated*) (*against*) blacks.
>
> A. 'Whites Only' (*signs*)／(*common*) in the South
> B. (*seats*) in buses which (*blacks*) could not sit in
> 1. Black woman took a (*seat*) and the (*white*) section (*filled*) (*up*)
> 2. Driver shouted, "(*Move*) to the (*back*), or I'll (*call*) the (*police*)!"
> 3. Police (*arrested*) her

　Paragraph Readingの指導法を具体例を挙げながら解説したが、先生方が、より良い授業を実践される上で何らかのお役に立てば幸いである。

注

1. 「まとまりのある文章」とは、パラグラフまたはそれ以上のまとまりのあるものとされている。
2. 「全体の概要を把握するために読むこともあれば、特定の事柄や情報を知るために読むこともあるように、様々な目的に応じた読み方を指導することが大切である。」と解説し、さらに、「内容の取り扱い」の項で、「(2)文章や段落の構成、文脈の展開などを踏まえて読み取るよう指導するものとする。」を掲げ、「文と文、パラグラフ構成、パラグラフ間の構成を分析し、主題文とそれを説明する文の関係を推論しながら読むよう指導することが大切である。」としている。
3. パラグラフの基本練習にふさわしい例が多い。
4. *NEW CROWN ENGLISH SERIES New Edition*, Book 3（三省堂）の文章を基にアウトライン例の一部を掲げた。

［読後の話し合い］

D先生：いろいろのやり方を見せていただきました。先生、ポイントはどの辺りにあるんでしょうか。

斎　藤：「今、高校で行なわれている英語教育を改善するためには、何がなされなければならないか」と問うてみましょう。いろいろあるでしょうけれど、「一文、一文訳すことから脱却する」ということは、最大の課題の一つであることは間違いないでしょう。そこで多くの先生方が考えるのが、パラグラフ・リーディングなのです。そして、その方向は間違ってはいません。つまり「木を見て、森全体を見ない」という従来からの批判に応えるためには、パラグラフ・リーディングは必要なんです。

D先生：その辺りは、わかっているんです。

斎　藤：具体論をまとめる前に、一つだけ指摘しておきたいのです。先日、私の英語科教育法を受講している学生に、「一文、一文訳させることから抜け出すにはどうしたらよいか？」ということを問いかけたら、ある学生が、「要約させます」と答えました。しかし、問題はそんなに単純ではありません。一文、一文訳させるということより、要約させる方がずっと難しいことに気がつくべきです。一文、一文の意味がわからなくて、それらが集まってできあがっているパラグラフの要約がどうしてできるんですか。つまりここで指摘しておきたいのは、

　① 一文、一文訳すよりは、要約の方が難しい
　② したがって、それなりの練習をさせなければならない

ということの２つです。

D先生：確かにその通りですね。

斎　藤：その上に立って、後先生の論文から、要約を中心とするパラグラフ・リーディングのさせ方について具体的にまとめていきましょう。少なくとも、次のことはやる必要があります。

　① Topic Sentence とは何かの説明。これは具体的には「そのパラグラフの中で言いたいことを最も簡潔に説明している文」という程度の説明でいいでしょう。だが、説明だけではだめです。後先生の挙げておられる example の2.の１に、例をとれば、Kanako is popular in our school. が Topic

Sentence だときちっと示すことです。

　② 続いて、The Specific Details とか Supporting sentences と言われる部分です。それは「Topic Sentence の内容を具体的に説明している文」という説明をした後で、具体的には、Kanako is popular in our school. に続く3つの文が The Specific Details だと示してあげることです。

　③ 以上はいわばモデルを示したことになります。それだけで生徒がパラグラフ・リーディングのやり方を身につけるなどと考えたら甘すぎますよね。①と②では教師の方が「やってみせた」のです。続いて生徒に実際に「やらせる」ことがなくては、身につきません。教科書の教材の内容を見て、パラグラフ・リーディングに適しているとみたら、Topic Sentence と The Specific Details を指摘させる練習をさせてください。

D先生：なるほど。私など、「英文を読むときには、一文、一文和訳しないで、パラグラフ単位にまとめて読んでいけばいい」と生徒に言うばかりで、実際に③どころか、①や②も指導していませんでした。どうもありがとうございました。

斎　藤：ちょっと待ってください。まだ終わっていません。最後の段階があります。

　④ ①、②、③の学習活動の上に「要約を言わせてみる」、あるいは「書かせてみる」ということを要求してください。その時に Topic Sentence と The Specific Details に分けて、述べたり書いたりできるように指示します。

　先ほど、先生は、「英文を読むときには、一文、一文和訳しないで、パラグラフ単位にまとめて読んでいけばいいと生徒に言うばかりです」とおっしゃいましたが、英語の教師は、例えば、多読にしろ、音読にしろ、「効果があるから多読しなさい」とか、「英語をマスターする最も効果的な方法だから、音読しなさい」というように生徒に言うだけで、実際、教室では何も指導していないことが多いですね。このような姿勢を改めない限り、授業は良くなりません。その点、本書に収められている論文を執筆された先生方は、それぞれの教室で、生徒に言うだけでなく、実際に授業でその指導を行なっておられることがすばらしいですね。

リーディングの指導

Question 8　トピック・センテンスはどう使う？

パラグラフ・リーディングを実践していますが、トピック・センテンスを指摘させると何も考えずに、最初の文と答える生徒が多くて困っています。

回答者　**磯　部　達　彦**

1．なぜパラグラフ・リーディングか？

　もうすぐ授業終了のチャイムが鳴ろうとしています。少し時間が余ったので、A君にリーディングの教科書で今日読んだ部分についての感想を求めてみました。A君は授業をよく聴き、ノートもきちんと取る熱心な生徒です。テストの点も悪くないし、正確に和訳することもできます。どちらかと言えば、英語は得意なほうです。ところが、彼は何の感想もないと言うのです。さらに詳しく聞いてみると、作者が何を言わんとしているのかわからない、だから感想など持てないと言います。A君は一文、一文の英文和訳はできるのに、英文全体の内容把握ができていないのです。

　A君のような悲劇(？)が起こらないようにするにはどうすればいいでしょうか？　一つの方法として、パラグラフ毎に要点をまとめ、パラグラフ間の関係に着目して読み進めるパラグラフ・リーディングがあります。

　ふつう、英文のパラグラフには、中心となるTopic(話題)があります。そして、このTopicをとらえることがパラグラフ・リーディングには有効です。では、あるパラグラフのTopicを知るにはどうすればいいでしょうか？　実は、パラグラフには、Topicを明確に述べているTopic Sentenceが含まれていることが多いのです。そこで、Topic Sentenceを見つけることがパラグラフ・リーディングにとって重要な活動となります。

2．トピック・センテンスの落とし穴!?

　この重要な活動にも落とし穴があります。ご質問にもあるように、生徒たちにTopic Sentenceを指摘させると、何も考えずに「最初の文です」と答えることがあります。確かに、Topic Sentenceはパラグラフの冒頭にあることが多いのですが、パラグラフ・リーディングを試みても、これでは効果がありません。

3．対策

　いったい、どこに問題があるのでしょうか？　まず考えられることは、「生徒に対して性急に多くを求めすぎてはいないか？」ということです。生徒が「何も考えずに」答えるというのは、考えていないのではなく、実は本文の理解ができていないからではないでしょうか。そこで、本文を読む時間を十分に与え、内容理解が進んだ後、Topic Sentenceを指摘させてみてはどうでしょう。パラグラフ内の文と文の関係をじっくり見て、各文の持つ役割を理解することからパラグラフ・リーディングは始まります。

　また、「このパラグラフのTopic Sentenceはどれですか？」と尋ねるより、「このパラグラフは、何について書かれていますか？」、「話題は何でしょう？」などと尋ねる方が、生徒は内容を考えて答えます。また、「単語一語で答えてごらん」、「日本語で答えてもいいですよ」、「自分のことばで説明してごらん」等、難易度に応じた答え方を求めてみるとよいでしょう。大切なのは、生徒が英文の内容を把握する手助けをすることなのです。Topic Sentenceの指摘は、そのための手段に過ぎません。

4．「文どうしの関係」から「パラグラフどうしの関係」へ

　具体的な方法を考えてみましょう。まず、以下のようにして、パラグラフ内での文のつながりを理解させます。

(1) 一文ずつ、改行したプリントを与える

　教科書の中で、一つのパラグラフに含まれている文の数がさほど多くないレッスンを取り上げて、パラグラフ内の英文を一文ずつ改行したプリントを作成します。生徒は文と文との関係が見やすくなり、理解も容易になります。最近では、教科書本文がフロッピー・ディスクに入っている場合が多いので、作業も簡単です。

(2) 上の(1)で使ったプリントを、並べ換え問題に改作する

　文どうしの関係が理解できたら、文の並べ換え問題にして、更に理解を深めます。

(3) トピックを選ばせる選択問題を作る

　トピックを自分で探させるのが困難な場合は、選択肢を与えるとよいでしょう。生徒にTopic Sentenceを指摘させるのは、この後でもよいでしょう。

パラグラフ内の文どうしの関係が理解できたら、次に、パラグラフどうしの関係に注目させます。
⑷ **各パラグラフにタイトルをつけさせる**
　タイトルを見ていくだけでも、パラグラフの流れがわかります。また、Topic を並べてみるだけでもかまいません。
⑸ **各段落のトピック・センテンスだけを抜き出して、並べてみる**
　これだけで、ある程度の内容がわかり、トピック・センテンスの重要性に気づかせるよい経験になります。

5．最後に
　パラグラフ・リーディングを行なうということは、英文全体を鳥瞰し、大筋をつかませるということだと思います。そのためには、全体をある程度のスピードで、一気に読ませる工夫も必要です。例えば、新しいレッスンに入る最初の授業で、教科書付属のテープを聞かせながら、そのレッスンをまるごと読ませてしまいます。それが難しければ、各 paragraph ごとにテープを止め、あらかじめ用意しておいた簡単な質問で topic を確認する時間を少しだけ与える。長い文章でも、ある程度早く読む方が理解しやすく、面白くなることを経験させるのが目的です。是非、お試しください。

タスク中心のリーディング指導はどのように行なうか?

D先生：先生は、高校の英語指導においては「一文、一文の和訳からどう抜け出すか」ということが、ポイントの一つだと常日頃おっしゃってますね。**最近、リーディングの指導を、和訳中心ではなく、タスク中心に授業を組み立てるというようなことを耳にしたことがあるのですが、具体的にどうすればよいのでしょうか？ また、教材となる文章の種類に応じて指導の方法を定型化できるのでしょうか？**

斎　藤：本書では、後先生の「パラグラフ・リーディングの指導はどのようにすればよいか」という論文もこの問題を扱ったものですし、溝畑先生のお書きになった論文は、メイン・テーマは四技能の統合ですが、これもよく読んでいただけばおわかりいただけるように、英文和訳からの脱出の方向をしっかりと示しています。先生の疑問に対しては、次の西本有逸先生の論文が答えてくれると思います。

D先生：これだけ、それぞれの先生方の経験を踏まえた実践を示されると、ただ読んでいるだけではダメですね。

斎　藤：え？　それはどういうことですか。

D先生：私としては、いろいろ読んで「なるほど、なるほど」と思っているだけではまだ自分の教室への実践につながらないのではないかと漠然と感じています。

斎　藤：ああ、そういうことですか。わかります。私たちは、鑑賞者じゃないんですから「読むためにだけ読む」という態度ではいけませんよ。実践者としては「行なうために読む」のです。もちろん読んだものがすぐ使えるとは限りません。むしろ使えない場合の方が多いかもしれない。しかし、読んだところから、自分のクラスでやれそうなものを見つけて、先生方なりのやり方で試みてみる。そこからが、教師としての本当の勝負が始まると思います。

タスク中心のリーディング指導についての基礎的考察

西本有逸

1 はじめに

　本稿では、リーディング指導を和訳中心ではなくタスク中心に組み立てようとするときの基礎的かつ重要な問題を検討する。具体的にはリーディング・タスクの作り方について、①リーディング・スキルとの関係、②コミュニケーション能力としてのリーディング力との関係、③テクスト内の変数との関係、④タスクの難易度の調節、以上の4点から考察する。タスク中心のリーディング指導を進めるにあたって、思いつきだけでタスクを作成するのではなく、①から④の基礎的な考察を土台にしてこそ意味のあるタスクを学習者に提供することができると考えられる。

2 リーディング・スキルとタスク

　英語で書かれた文章を日本語に翻訳するという認知作業は、確かにリーディング・スキルの一つであるが、リーディングの授業がこのスキルの育成に終始することは決して望ましいことではない。他にも様々なリーディング・スキルがあり、それらを学習者に体験させることで授業に幅ができ、また習得させることによって、将来において目的に応じた読み方ができることに繋がると期待できる。

　西本（1999a）は代表的なリーディング・スキルとして、① scanning、② skimming、③ previewing and predicting、④ looking for topics、⑤ understanding main ideas、⑥ making inferences、⑦ understanding the patterns of organization を挙げている。

　①と②はそれぞれ、「飛ばし読み」、「すくい読み」と呼ばれ、必要な情報をできるだけ速く、正確に得るためのスキルである。検定教科書の情報量の多い解説文にざっと目を通させたり、投

げ込み教材として英字新聞や英文雑誌を読ませるときに伸ばしたいスキルである。③は、テクストを実際に読み進める前に、見出しやタイトルあるいは挿し絵・写真などに予め目を通すことにより、およその内容を予測するもので、日常生活においてもよく行なわれる活動で、pre-reading 活動の代表的なスキルとなり得る。④は、そのテクストが何について書かれたものであるかを把握するものであり、これと関連して、⑤は、トピックについての書き手の主張や意見を理解するという極めて大切なスキルである。⑤のスキルを育成するためには、パラグラフ単位での主題文（topic sentence）、及びそれを支持したり、論拠となる支持箇所（supporting details）をしっかり学習者におさえさせるタスクが必要不可欠である（本書、pp.131-144を参照）。⑥の推論活動は、英語を母語とする成人が熟練した読み手になるための必要条件の一つで（Oakhill & Garnham, 1988）、外国語としての英文読解においても身につけさせたいスキルである。推論活動の活発さが、読み手の心的表象（mental representations）、すなわち、あるテクストを読んだ後の読み手の頭の中に残ったものを、豊かにすると考えられる。最後の⑦は、英語の文章特有の論理展開を、読み手が知識（formal schema）として獲得することを指す。代表的なパラグラフの展開として、列挙（listing）・順序立て（sequence）・比較対照（comparison-contrast）・因果関係（cause-effect）などがあり、これらのパラグラフ構成を知っていることでトップダウン的な理解がより進むと考えられる。

①から⑦のスキルを念頭において、教師自らがタスクを開発し、実際に授業で生徒に課すことによって、和訳中心のリーディング指導から脱却することが期待できる。

なお、①から⑦のスキルを育成するための具体的なタスク例については、Mikulecky & Jeffries（1986, 1996, 1997）が大変参考になる。数多くのリーディング教材のなかでも、その理論・構成・守備範囲において群を抜いている。日本での対象レベルは、それぞれ高校生初級・中級、高校生上級、中学生向きとなっている。

3 コミュニケーション能力としてのリーディング力とタスク

　　コミュニケーション能力を文法的能力（grammatical competence）・談話能力（discourse competence）・社会言語学的能力（sociolinguistic competence）・方略的能力（strategic competence）の4つの下位構成部門に最初に分類したのはCanale & Swain（1980）である。それ以来20年が経過したが、それぞれの下位構成能力が具体的にどのような能力を指すのかは知られていても、実際の教室場面における指導細目について提案を行なっているのは、筆者の知る限り、Celce-Murcia *et al.*（1995）だけである。彼女たちは、Canale & Swain（1980）及びCanale（1983）を深化・発展させ、先の4つの下位構成能力に、行為的能力（actional competence）を加えた5つのcompetenceとし、それぞれの能力の指導細目を挙げている。本稿では、リーディング力と特に関連が強い談話能力についての指導細目を紹介し、タスクのあり方を検討する。次の表1は、彼女たちが提案する談話能力についての指導細目である。

表1　談話能力の細目（Celce-Murcia *et al.*, 1995:14）

COHESION
　Reference (anaphora, cataphora)
　Substitution / Ellipsis
　Conjunction
　Lexical chains (related to content schemata), parallel structure
DEIXIS
　Personal (pronouns)
　Spatial (here, there; this, that)
　Temporal (now, then; before, after)
　Textual (the following chart; the example above)
COHERENCE
　Organized expression and interpretation of content and purpose
　Thematization and staging (theme-rheme development)
　Management of old and new information
　Propositional structures and their organizational sequences
　　(temporal, spatial, cause-effect, condition-result, etc.)

> Temporal continuity / shift (sequence of tenses)
> **GENRE / GENERIC STRUCTURE (formal schemata)**
> narrative, interview, service encounter, research report, sermon, etc.

　まず、cohesion（テクストの結束性）は、テクストがテクストたり得るための表層上の言語的手段を指す（Halliday & Hasan, 1976）。この結束性を生み出す手立て（cohesive devices）には、指示（reference）・代用／省略（substitution／ellipsis）・接続関係（conjunction）・語彙的な繋がり（lexical chains）の4つがある。

　次の deixis（直示）は、ある文脈の中で指示機能をはっきりと持つ重要な談話の一概念である。人称代名詞を始めとして、場所や時に関する指示機能を持つ語句、さらにはテクスト性（textuality）を発揮する指示語もある。

　coherence（テクストの首尾一貫性あるいは意味的一貫性）は、'the degree to which sentences or utterances in a discourse sequence are felt to be interrelated rather than unrelated'（Celce-Murcia et al., 1995:15）と定義されるだけに、やや無定形な（amorphous）概念ではあるが、テクストが首尾一貫していることは極めて大切である。首尾一貫性はテクストの巨視的構造（macrostructure）に関係しており、最上部に書き手の主張や意向が位置し、そこからトップダウン的に展開・構成される論旨や命題の理解が読み手に要求される。具体的には、書き手のメッセージの始発点となる主題（theme）と主題について展開される箇所である説述（rheme）の理解、情報の展開や流れと密接に関連する旧情報・新情報の理解などが挙げられる。また、命題の構造やその配列及び展開のパターンとして、temporal / chronological ordering・spatial organization・cause—effect・condition—result などの理解もテクスト構造の理解に通じるものとして重要である。

　最後の genre / generic structure (formal schemata) は、いわゆるジャンル分析に基づく考え方で、様々なジャンルの談話やテクストに慣れておくことが形式スキーマの増殖に繋

がるとされる。

以上の談話能力を正しく反映するタスクの守備範囲をまとめると、表2のようになる。

表2　談話能力に関するタスク

結束性
- 指示機能を担う語の理解
  （人称代名詞、代名詞の前方照応・後方照応などの理解）
- 代用／省略表現の理解
- 接続関係の理解
  (additive, adversative, causal, temporal, etc.)
- 語彙的結束性の理解
  （語彙のテクスト中での同意語・反意語など変異の理解）

直示
- 文脈（context）の中での指示内容の理解
  (personal pronouns, spatial reference, temporal reference, textual reference, etc.)

首尾一貫性
- テクスト全体のマクロ構造の理解からミクロ構造への理解
  （テクスト全体の主張・書き手の主張・意向などの理解→各パラグラフ中の主旨（main idea）・主題（theme）・評言（rheme）の理解）
- テクストの論理構成の配列や型の理解
  (listing, sequence, comparison-contrast, cause-effect, etc.)

表2の結束性と直示に関するタスクはボトムアップ的な読解を、首尾一貫性に関するタスクはトップダウン的な読解を促すものである。次に、実際に検定教科書を使用したタスク例を紹介する。

タスク例1

次の文章を読んで、後の問いに答えなさい。

　The culture of a country affects its people in various ways. [1] However, people always tend to take their own culture for granted. Most of them go through their lives without realizing that there can be patterns of cultural behavior, which one can see in the way we communicate or perform tasks, ² different from their own.

Of course, the Japanese today are exposed to a lot of information from around the world, more and more Japanese travel abroad, and ³ it is no longer unusual to see foreigners in our cities. (①) most people know that customs, manners, and behavioral patterns are different from country to country. ⁴ However, they usually only know about obvious and concrete differences in culture, that is, (②).

As an example of these cultural differences, we can talk about eating habits. Japanese have traditionally eaten with chopsticks while people in the West eat with silverware. In Japan, people like to eat raw sea urchin, but ⁵ the same individuals could not imagine eating sheep's brains. ⁶ Therefore, in Europe, many people like to eat sheep's brains. ⁷ By contrast, many Europeans would hate to eat raw sea urchin. When we learn about the eating habits of other countries, we often say to ourselves, "⁸ How can they eat things like that?" ⁹ This is a typical response to differences in (③) culture.

(quoted from *Genius ENGLISH READINGS* pp. 120-121、一部改)

問1. 下線部1、4、6、7の接続詞のうち、不適切なものの番号を書きなさい。

問2. 下線部2の後に省略されている語句を書きなさい。

問3. 下線部3 it の指す意味内容を日本語で書きなさい。

問4. 空欄①に適切な接続詞を次から選びなさい。

By the way, Nevertheless, As a result, At last,

問5. 空欄②に適切な語句を次から番号で選びなさい。

1. that part of culture which is called "covert culture."

2．that part of culture which is called "overt culture."
　　　3．that part of culture which is called "mixed culture."
問6．下線部5を具体的に日本語で説明しなさい。
問7．下線部8を、they、that の具体例を入れて日本語にしなさい。
問8．下線部9は何を指すか、英語で書きなさい。
問9．空欄③に最も適切な形容詞1語を入れなさい。
問10．この文章の次に展開される文化についての話を予測しなさい。

【解答例】　1．6　2．cultural behavior　3．日本の町で外国人を見かけること　4．As a result,　5．2　6．生ウニを喜んで食べる日本人　7．どうしてフランス人はカタツムリみたいなものを食べられるのか
8．"How can they eat things like that?"
9．overt　10．異文化の見えにくい部分

　問1と問4は、直接的には接続詞の理解に関するもので、前後の論理関係、すなわち連接関係(coherence relations)が付加・逆接・因果関係・順序立てなどのいずれになっているかを問うものである。問2、問3、問6、問8は、それぞれ省略表現、後方照応、語彙的結束性、直示に関わる。問5、問9は、文章全体の主題(theme)を尋ねており、このテクストの根本的理解に関わるものである。問7は、単なる下線部訳ではなく、学習者自らが自分たちの既有知識や経験に基づいて、they と that の具体例を考えなければならず、豊かな心的表象が求められる。問10は、overt culture から covert culture へと主題が転換していくことを予測させるタスクである。
　次に、列挙・順序立て・比較対照・因果関係などテクストの論理構成の配列や型の理解を深めるために、学習者がばらばらの文をひと通り読んだ上で、テクスト全体の論理構成をトップダウン的に把握し、次にテクストシグナルを意識しながら今度はボトムアップ的に連接関係を一貫したものに構築し直さなけ

ればならないタスクを西本(1999b)は提案している。

　本節では、談話能力の指導細目という観点からリーディングタスクのあり方を検討してきた。コミュニケーション能力の中核とも言える談話能力の内実を具体的かつ明示的に記述する研究の進歩によって、それを反映したリーディング・タスクもより洗練された質の高いものになるであろう。

4　テクスト内の変数とタスク

　学習者が読むテクストは、その教育的性質から首尾一貫性を備えていることが前提とされる。西本 (1999c) は首尾一貫性について、LOCAL — GLOBAL という変数と EXPLICIT—IMPLICIT という2つの変数を提案している (図1を参照)。LOCAL—GLOBAL という変数は、首尾一貫性が局所的なものからテクスト全体的なものへと漸次、推移する言語的連綿体 (cline) に関わり、EXPLICIT — IMPLICIT という変数はテクストの明示性(明示的であればあるほど読み手の推論の負荷は少なく、非明示的であればあるほど負荷は大きくなる)に関わる変数である。首尾一貫性は、節と節の関係、文と文の関係、またはパラグラフやテクスト全体における位相をめぐって、図1の4つの象限のどこかに落ち着くものと考えられる。

図1　テクストの首尾一貫性についての2つの変数

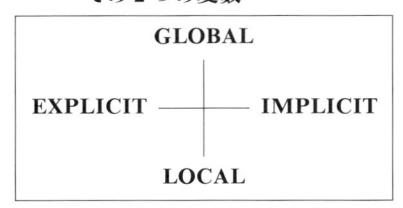

```
              GLOBAL
                │
EXPLICIT ───────┼─────── IMPLICIT
                │
              LOCAL
```

　リーディングタスク、とりわけ内容理解を問う T or F や Q and A ・多肢選択形式のタスク作成にあたっては、図1の4つの象限を意識したタスク群が求められる。

　まず、各象限のタスクの説明し、そのあとに具体的なタスク例を示す。

第1象限 (Global—Implicit) のタスク群

　パラグラフやテクスト全体の内容に関わり、推論を必要とする。

第2象限（Global—Explicit）のタスク群
パラグラフやテクスト全体にわたる明示的な情報について問う。

第3象限（Local—Explicit）のタスク群
文と文の明示的な繋がりや、パラグラフ内の局所的かつ明示的な情報について問う。

第4象限（Local—Implicit）のタスク群
文と文の非明示的な繋がりや、パラグラフ内で局所的ではあるが推論による理解を問う。

物語文を用いたタスク例

> 次の文章を読んで、後の問いに答えなさい。
>
> "Shiro! Shiro!" Mr. and Mrs. Nakamura were worried. Their dog Shiro was missing. "Shiro!" They called again and again. Mr. and Mrs. Nakamura lived on a small island in Japan. They looked everywhere on the island, but they didn't find Shiro.
>
> The next day Mr. Nakamura heard a noise at the front door. He opened the door, and there was Shiro. Shiro was very wet, and he was shivering.
>
> A few days later Shiro disappeared again. He disappeared in the morning, and he came back late at night. When he came back, he was wet and shivering.
>
> Shiro began to disappear often. He always disappeared in the morning and came back late at night. He was always wet when he came back.
>
> Mr. Nakamura was curious. "Where does Shiro go?" he wondered. "Why is he wet when he comes back?"
>
> One morning Mr. Nakamura followed Shiro. Shiro walked to the beach. He ran into the water and began to swim. Mr. Nakamura jumped into his

boat and followed his dog. Shiro swam for about two miles. Then he was tired, so he climbed onto a rock and rested. A few minutes later he jumped back into the water and continued swimming.

Shiro swam for three hours. Then he arrived at an island. He walked onto the beach, shook the water off, and walked toward town. Mr. Nakamura followed him. Shiro walked to a house. A dog was waiting in front of the house. Shiro ran to the dog, and the two dogs began to play. The dog's name was Marilyn. Marilyn was Shiro's girlfriend.

Marilyn lived on Zamami, another Japanese island. Shiro and the Nakamuras used to live on Zamami. Then, in the summer of 1986, they moved to Aka, a smaller island. Shiro missed Marilyn very much and wanted to be with her. But Shiro wanted to be with the Nakamuras, too. So, Shiro lived with the Nakamuras on the island of Aka and swam to Zamami to visit Marilyn.

People were amazed when they heard about Shiro. The distance from Aka to Zamami is two and a half miles. The ocean between the islands is very rough. "Nobody can swim from Aka to Zamami!" the people said.

Shiro became famous. Many people went to Zamami because they wanted to see Shiro. During one Japanese holiday, 3,000 people visited Zamami. They waited on the beach for Shiro. "Maybe Shiro will swim to Zamami today," they said. They all wanted to see Shiro, the dog who was in love.

(Heyer, 1990)

問1 次のそれぞれの質問に英語で答えなさい。
1. Why was Shiro wet and shivering when he came back?

> 2. Why were people amazed when they heard about Shiro?
> 3. Many people went to Zamami to see Shiro. Why did Shiro become so famous?
>
> 問2 この文章に最もふさわしいタイトルを下から選びなさい。
> a. Puppy Missing　b. Puppy Love　c. Puppy Swim　d. Puppy Islands
>
> 【解答例】問1　1. Because he swam for five miles to see Marilyn and come back.
> 2. Because people thought, "We can't swim from Aka to Zamami. But, Shiro can!"
> 3. Because people wanted to see lovely Shiro who was in love and swam for a long distance to visit his girlfriend.　問2　b

この例では、問1の1、2、3が、それぞれ第4象限、第3象限、第2象限に、そして問2が第1象限に相当するタスクとなっている。

5　タスクの難易度の調節

リーディング指導の年間指導計画を立てる場合など、長期的展望を持たねばならないとき、タスクの難易度の調節は避けて通ることのできない問題である。タスクの難易度に関しては、Nunan (1989: 200-201)が Level 1 から Level 7 にかけてリーディング技能を細分化しているので、これを参考に難易度を調節することが可能である。例として、重要だと考えられる内容理解と首尾一貫性についての基準を挙げてみる。

❶ 内容理解についての難易度

Level 2—read short (two to three sentence) passages on familiar topics and answer yes/no and true/false questions relating to factual details

Level 3—read short (three to five sentence) passages and answer yes/no and wh-questions relating to factual details

　　　　—read short (three to five sentence) passages and identify correct inferential statements relating to the passage

Level 4— read two to three paragraph story on familiar topic and select main idea from a list of alternatives

Level 5— read three to five paragraph text and state the main idea

Level 6— read a five to ten paragraph text on a familiar topic and state the main ideas

Level 7— read a five to ten paragraph text on an unfamiliar topic and state the main ideas and supporting details

❷首尾一貫性についての難易度

Level 5—identify logical relationships marked by conjunctions in three to five paragraph texts on familiar topics

Level 6—identify logical relationships marked by conjunctions in five to ten paragraph texts on unfamiliar topics

Level 7—identify unmarked logical relationships in five to ten paragraph texts on unfamiliar topics

6　まとめ

　タスク中心のリーディング指導を進めるにあたって、4つの基礎的かつ重要な問題について考察を試みてきた。これらの考察に配慮したタスクを学習者が見事に完遂した場合、和訳に頼らなくてもその学習者が当該テクストを理解していると認める姿勢が何よりも教授者に求められるであろう。

[読後の話し合い]

D先生：今まで読ませていただいた論文に比べると、理論的で、その分、難解になっているような気がしました

斎　藤：そうかもしれません。しかし、よく読んでいただくと、理論と同時に実践の方向も示されています。

D先生：西本先生の書かれたものを読んで、どんなふうに役立てればよいのか、ポイントになるようなことはありますか。

斎　藤：西本先生は、リーディングに関して学者の書かれた論文を中心に、多彩に紹介しておられます。しかし当然のことなのですが、西本先生の論文は先生方を対象として、先生方に読んでいただくために書かれたものです。

D先生：それ、どういうことですか？

斎　藤：例えば、CohesionとかCoherenceとか、そういうものが出てきます。そういうものはお読みになって、「なるほど」と思うところもあるでしょう。教師というのは、なるほどと思うと、すぐそれを生徒に説明しようと思うものです。説明すること自体を悪いことだとは思いません。しかしそれが教師のメインな仕事ではないということです。

D先生：説明してはいけないのですか？

斎　藤：私が言いたいのは、次のような形でこの論文をお読みになった方がいいということです。つまり、教師としては、ある文章を読ませた後、何らかのexerciseなり、タスクを与えなければならない。その時に私たちは普通、見よう見まねでexerciseやタスクを作る。見よう見まねというのは、自分が生徒であったときに受けたテストとか授業の内容、それから教師になって以来、同僚の作ったテストとか、タスクなどが参考になっているということです。

D先生：考えてみれば、私などそのやり方で今日まで英語教師をやってきた一人ですね。しかしそういう英語教師は多いと思いますよ。

斎　藤：そういう経験主義は大切です。しかし欠点もあります。

D先生：どういう欠点ですか。

斎　藤：つまり、一つひとつのexerciseなりタスクがどういう理由で生徒に与えられるのか、それを理論と言ってもいいのですが、

その理由づけがないということです。

D先生：なんとなくわかるような気もするんですが、もう少し具体的に説明していただけますか。

斎　藤：もう少し具体的に言いますと「それぞれのタスクが生徒のどういう力を伸ばすために作られたか」ということです。

D先生：そういうことならわかります。そういうことに立って西本論文はどういう位置づけにあるというのですか。

斎　藤：羅針盤です。*Genius ENGLISH READINGS* の文について、問1）から問10）に至るまでの例が示されています。西本先生の論文を読む前でしたら、それぞれの問いが「生徒のどういうを力を伸ばすのか」などということをあまり考えずに、漠然と見ていたのではないでしょうか。しかし、読んだ後では、それぞれの問いが、具体的には生徒のどういう力を伸ばすために作られているのか、ということが、はっきりしてくるわけです。そしてそれらが、読むことの力を育てるうえで、どの部分を受け持っているのかという、総合的な見方ができるようになってくると私は考えています。それぞれの先生方が西本論文を読んで、自分の実践に生かすためには、それなりの工夫が必要でしょう。しかし、その途上で頭の中を整理するための羅針盤として考えたらどうでしょうか。それが私のアドバイスです。

D先生：わかりました。ところで、この本には、後先生、磯部先生、溝畑先生、西本先生、安木先生が、それぞれ少しずつ異なる観点から、一文、一文を和訳することから抜け出す方法をお書きになっていますので、これから私の授業も改善できると思います。

斎　藤：そう言っていただけるとうれしいですね。本書は、現場の先生方が実際にお持ちになっている悩みや疑問から生まれたものですが、本書で、いろいろな角度からこの問題が論じられているということは、一文、一文和訳することから抜け出そうと悩んでおられる先生方がいかに多いかを示すものです。そして、悩んでおられる先生方が多いということは、英語教育が改善される可能性があるということです。先生は本書をいち早くお読みになったのですから、英語教育改善のリーダーの一人になっていただきたいですね。

D先生：がんばりたいと思います。

リーディングの指導

Question 9　内容把握のための「和訳」利用

和訳をできるだけ避けて、内容把握重視の授業を心掛けていますが、和訳がないと不安がる生徒がいるため、複雑な文についてはついつい和訳を言ってしまいます。

回答者　**磯　部　達　彦**

1. 生徒の実情

　B君が職員室にやって来ました。持参したノートを得意気に差し出して、試験範囲の英文を自分で和訳したので見て欲しいと言います。そこで、B君が書いた和訳に目を通していくと、次のような訳文に出くわしました。

> 「人間の完全性についてのある著述者たちの議論に対抗するために、マルサスは意図的に『人口論』を書いたということに注目する以外、彼と彼の同時代人との間のすべての議論を、ここでたどることは必要ではない。」

　B君は、確かに頑張って「和訳」をしているのですが、はたして、英文の内容は理解できているのでしょうか。そこで、本人に内容について質問してみました。すると、「訳すのに精一杯で、内容を考える余裕はありませんでした。それに、英語の勉強なんだから、訳せればそれで十分でしょう」という返答です。日本語であれ、英語であれ、内容が理解できていなければ読めたとは言えません。授業では和訳をできるだけ避けて、内容重視を心掛けてきたつもりです。そこで、「和訳に頼らずに、英語の勉強はできないかな？」と言うと、「和訳がなければ、わかった気がしないので不安です。和訳に頼らないというのは、和訳してはいけないということですか。英語だけで理解できるのなら、はじめから苦労しませんよ。」という答えが返ってきました。確かに、すべての生徒が直読直解ができるわけではありません。複雑な英文になると、和訳なしでは不安になる生徒がいます。

　ところで、B君はなぜテスト前に和訳をしようと思ったのでしょう。また、和訳がなければわかった気がしなくて不安になるのはなぜでしょう。それはB君にとって、「英語の勉強」＝「正確な和訳を作ること」

165

だからです。そのため、たとえ英文が十分理解できていたとしても、和訳がなければ安心できないのです。普段、内容把握中心の授業をしていても、複雑な文になると和訳を言ってしまうのは、「直読直解ができるのは簡単な文だけで、いざという時は和訳が頼りだ」と言っているのと同じことになります。

　確かに、いきなり、英語だけですべて理解させようとするのは無理な話です。複雑な文でも、和訳に頼らず、和訳を最小限に押さえて、内容理解を促す方法はないでしょうか。

2. 部分和訳の活用法

「和訳に頼らない」ということは、「和訳をしてはいけない」ということと同じではありません。発想を変えて、内容理解を促すために和訳を利用してみてはどうでしょう。先ほどB君が和訳した英文を例にとって考えてみましょう。なお、ここでは英文は sense group ごとにスラッシュで区切ってあります。

> It is not necessary here / to follow all the arguments / between Malthus and his contemporaries, / except to note / that he had deliberately written his "Essay on Population" / to contest the arguments of certain writers / about the perfectibility of man.
>
> (*The CROWN English Reading*, p.181, 三省堂)

　この英文を sense group ごとの「部分和訳」を利用しながら、以下のように解釈します。

　ここでは必要がない、[何をすることが？→] すべての議論を見ておくことが、[どんな議論？→] マルサスとその時代の人々との間の議論、[except to note とは？→] 注目する以外は、[つまり、何に注目する必要がある？→] マルサスがある意図を持って「人口論」を書いたということ [どんな意図をもって、何のために書いた？→] ある作家たちの議論に対抗しようとして、[何についての議論？→] 人間の完全性についての議論

　具体的な授業展開としては、[　] 内の質問を教師が行ない、生徒に

は部分訳を求めます。テープを用いてテンポよく進めていくことが大切です。

先　生：(It is not necessary here. とテープを聞かせてから) C君、どういう意味？
生徒C：ここでは必要がない。
先　生：何が「必要ない」のだろう？（ここで to follow all the arguments までテープを聞かせて）D君。
生徒D：議論をすべてたどっておくこと。
先　生：どんな議論を？（ここで between Malthus and his contemporaries までテープを聞かせて）E君。（以下省略）

　最初は、sense group に分ける作業と phrase 間の関係を考える作業は教師が行ないますが、最終目標は、生徒が自分で英文を sense group に分け、[　] 内を補えるようになることです。また、部分和訳を利用して意味理解をさせた後は、各 sense group の意味を意識させながら、音読させると効果的です。

3．定期テストに何を出すか？

　このような指導をしても、定期テストで全文和訳の問題を出すと、生徒は「やはり和訳をしなくては」と思ってしまいます。そこで、和訳だけでは答えられない問題を考えます。先ほどの英文を例にとれば、「この段階でおさえておく必要のあることは何だと筆者は言っていますか。」、「この段階で必要なことと必要でないことを、一つずつ簡単に述べなさい。」など、文章全体を読まなければ答えられない問題を出題するのです。
　和訳自体が悪いのではなく、和訳が目標になってしまうことが危険なのです。英文が表現している範囲と、和訳で表現できる範囲は同じではないのです。和訳で英文の「理解」ができるとは限らないのですから、「和訳」は目的ではなく、手段であることを生徒に理解させることが大切です。

いかにして英文和訳から脱却するか？

C先生：「英語Ⅰ」や「英語Ⅱ」では四技能をバランスよく伸ばすことが大切だと思っているのですが、和訳をしない授業を一度試みた時、「先生、今日の授業、全然わからんかった。」と生徒に言われて、**全文和訳の授業に戻ってしまいました。全文和訳から抜け出すにはどうしたらいいのでしょうか？**

鈴　木：まず、はっきりさせておきたいことがあります。和訳はそんなに悪いことではありません。英語は起きてから寝るまでずっと使っている言語ではありませんから、上級者を除いて、全く和訳することなしに理解できる英文は、平易な英文で、すでに読み手にその内容についての相当な予備知識がある場合に限られるのではないでしょうか。「和訳しないで読めるようになる」のは目標であり、また結果です。第二言語としてなら、接触時間も桁違いに多く、和訳なしでも読めるようになるでしょうが、限られた時間で行なわれる外国語学習では、和訳も学習の過程では必要でしょう。

C先生：じゃあ、全文和訳は必要なのですね。

鈴　木：そうではありません。授業時間の大半が和訳に費やされ、それが目的になっている現状は問題です。「読むこと＝和訳すること」と生徒は思うようになります。高校で勤めていた頃、そういう指導を受けた学年を担当したところ、新学年が始まってまもなく、「先生はなぜ、英文の内容のことなど質問するのですか？　和訳できれば十分でしょ？」と数名の生徒が抗議に来ましたが、これはその具体例でしょう。また、和訳しなくてもよい文まで和訳させている現状もあります。こういう指導が続くと、生徒は和訳しないと気が済まなくなります。

C先生：なるほど…。それと、もう一つ、**フレーズ・リーディングは効果があるのでしょうか？**

鈴　木：次の安木先生の実践報告をお読みください。先生がお持ちの悩みや疑問の答えが書かれています。

リーディングの指導

高校3年間でいかにして英文和訳から脱するか？

安木真一

1 実践の背景と目的

リーディング指導において、英文和訳（以後、訳読）からの脱却を目指すパラグラフ・リーディング等の実践がなされているが、高校3年間を通して、いかにして段階的に直読直解能力を身につけさせるかについては、あまり実践されていないようである。安木（1997）では、高校2年生の4月〜翌年1月までの実践について言及したが、本稿では、1年生、3年生での実践、さらに2年次での多読プログラム、アンケート結果や読解スピードの向上について報告し、高校3年間で徐々に訳読から脱し、直読直解を目指すためのプログラムをいかにして作っていくかを考えてみたい。

2 対象生徒と教材

筆者の前任校である東海大学附属仰星高等学校で筆者が3年間担当したクラスの生徒31名で、全員が大学進学希望であった。

筆者が担当したのは1年次「英語Ⅰ」（週4時間）、2年次「英語R」（週2時間）、3年次「英語R」（週3時間）で、使用教材は以下の通りである。

1年次：*CROWN English Series Ⅰ・Ⅱ*
2年次：*MAINSTREAM READING COURSE*（増進堂）
3年次：『長文読解オリジナルシュミレーション』（数研出版）
『英語入試問題集　1998』（数研出版）

3 理論的背景

Grabe(1991)は、①内容理解力と統合化されたリーディングの技術を身につけさせるカリキュラム、②生徒の好みに応じた読み物を読む活動、③黙読の時間、④本文を読む前の活動、

本文を読む活動、本文を読んだ後の活動の3段階からなる授業、⑤リーディングの技術、⑥グループ・ワーク、⑦多読、というリーディング指導において必要な7つの側面を指摘している。3年間の実践の中で、その7つが含まれるように授業を組み立てた。また、リーディング技術の向上のみに焦点がおかれるのを避けるため、斎藤(1996)を参考にして、1年次では Input、2年次では Practice、3年次では Output を目標にし、生徒が徐々に自己表現をしていくことを目標にした。

4 3年間のカリキュラム

❶ 1年次

1. 目標

訳読から脱却するための第一歩として、教科書を用いて訳読と速読を併用する。簡単なスピーチやスキットを実施し、自己表現活動の基礎を築く。

2. 教科書

偶数課に関しては訳読、奇数課に関してはタスク(本文に関する Question)を解くことで内容理解を進めた。タスクについては事実として書いてあることを探す質問(Fact-finding Question)や、事実から導き出されることに答える質問(Inferential Question)に、日本語で答えることを中心に実施した。2学期からは英語で答える量を増やしていった。

3. プラスワン・ダイアローグ

週1回土曜日に実施した。NHK 英会話入門のダイアローグを使用して変形スキット(モデル・スキットに1文加えたりして変形したもの)を作り、グループ毎に実施した[1]。

4. 1分間スピーチ

毎時間、授業の最初に実施した。出席番号順に各自が定められたタイトルでスピーチする。スピーチ終了後、英語で質疑応答を行なう。質問を自主的に行なった生徒には平常点を与え、定期テストの成績に加える。

5. 単語の指導について

市販の単語集を使って定期的に小テストを実施していたが、同時に単語の語源について数時間かけて学習し、単語力の増強

に努めた。また、新出単語の導入の際にも常に語源に気を配って指導した。

❷2年次
1．目標
　直読直解の力を更に向上させるため、リーディング技術を体系的に教えると同時に多読の機会を与える。また定期的に「理解を伴ったリーディング・スピード（Reading Efficiency、［1分間に読んだ語数×理解度］で算出される。以下、RE）」を測定することで生徒にリーディング力の向上を自覚させる。

2．各時期の目標
1学期中間テストまで
　主に教科書を使用し、3課進んだ。「フレーズ・リーディング（構造や意味の単位毎に区切りながら読む方法、以後、PR）」を最初に教える技術として選んだ。訳読から脱却する上で、日本語を使用しながら、なお且つ英語の語順に慣れるのに必要な技術だと考えたからである。

　池上(1996)を参考にして、次のような指導を行なった。すなわち、①各レッスンの初めに、本文に関する内容スキーマを与えたり、ペアでタイトルや写真から内容について推測させた後、本文全体を黙読させ、プリントの質問に答える[2]。②モデル・リーディングの際、Suzuki(1991)を参考にして、7±2音節を目安に句や節単位に1秒程度のポーズを置いて教師が朗読し、生徒はポーズが置かれた箇所にスラッシュを入れる[3]。学習が進むにつれて、提示単位を徐々に長くする。③コーラス・リーディングでは、生徒は教師の後についてフレーズごとに音読する。④教師が本文を音読し、指名された生徒は日本語で意味を言う。⑤授業の最後では、教師の口頭による質問に、生徒は英語で答える。

1学期中間テストから1学期末テストまで
　パラグラフの構造、特にトピック・センテンスの見つけ方をプリントで指導した後、教科書の各課のそれぞれの段落のトピック・センテンスを見つけながら読み進んだ。また、文脈の中で単語の意味を類推する練習もさせた。練習方法としては、同

じ意味を表す名詞が形を換えて出てくるものを本文中から探して線で結んだり、文相互のつながりを学習した後、入試問題の中から主にキーワードの意味を類推する練習を課した。

1学期末テストから2学期中間テストまで

スキミング(文章の中心概念を読み取る読み)の練習とともに、斎藤他(1986)にあるGrid(Questionを体系的に作るための表で、表1に示した。)を用いて作った質問に答えさせた。

表1

	Finding Facts	Making Inferences	Personal Involvement
Yes／No			
Either／or			
Wh-			

特に、Evaluative Question(書かれてあることに対して、読者の考えを求めるQuestion)は、3年次でのアウトプットをメインにした活動に備えて多用した[4]。また、授業は次のように進めた。①本文についての背景知識を与える。②数パラグラフの内容についての質問をプリントして与え、答え終わった生徒は教師から解答を受け取る。③答え合わせを終了した生徒は、次のプリントを受け取って質問に答える。④その課すべてを終わった生徒は、後述の多読プログラムで使用している自分の好きな英語の本を読む。

2学期中間テストから2学期末テストまで

スキャニング(情報を取りながら読む検索読み)の練習を英字新聞で行なった後、教科書でも練習させた。また今までに学習した表現、入試に頻出する会話表現のプリント等を参考にして、1年次のスキットをさらに発展させるスキットを作らせた。方法は樋口(1995)、小菅他(1995)を参考にした。詳細については、安木(1997)を参照。

3学期

パラグラフ・リーディングを再び指導した。今回はパラグラフの構造だけでなく、文章全体の中で論理がどう進んでいくかについても指導した。

3．多読プログラムについて

1996年9月から1997年2月まで実施した。まず、授業で、多読によって得られる読書の喜びの大切さに言及すると同時に、300ページを超えた頃から読解力や聴解力が向上し始めたという鈴木(1996)の大阪府立三国丘高校での実践における学力の伸びについても説明した。300ページを目標に頑張るようにと生徒を激励し、300ページを超えた者は学年末に表彰した。

多読プログラムで使用する本については、新たに購入した本や筆者の蔵書、学校に送られてくる採用見本を利用した。最初の時点で約150冊の本を揃えた。レベルは初級(語彙レベル1000語以下)、中級(同2000語以下)、上級(同2000語以上)の3段階に分けた。タイトル、出版社、ページ数などから成るブック・リストを配布し、職員室の筆者の書棚にある本を自由に読み、読破ページ数を競う形式で行なった。読後にはレポートの提出を義務づけたが、生徒に負担をかけないため、本の難易度と内容評価を5段階で評価することのみ義務づけた。また、適宜、各自の読破ページ数と全体の中での順位を生徒に知らせた。参加をためらう生徒もいたが、常に多読の大切さを説いた結果、全員が最低1冊は読破した。

4．リスニングの指導について

2週間に1回、*Elementary Steps to Understanding* (OUP)を用いて、すべて英語で行なった。Suzuki(1991)を参考にして7±2音節を目安として句や節単位に1〜2秒程度のポーズを入れて提示した後、自然なスピードで本文全体をもう一度聴かせ、毎回6問のTF形式の内容把握問題に答えさせた。

5．定期的なRE測定について

1カ月に1度、*Introductory Steps to Understanding* (OUP)を用いて、REを測定した。

❸ 3年次

1．目標

PRを中心にしながら、1、2年で指導したリーディングの技術を再確認していく。教材には英字新聞等、原文を教材用に

書き換えられていないものも使用する。またディベートやパラグラフ・ライティング等の自己表現活動にもつなげていく。最終的にはセンター試験レベルの問題に関しては直読直解で理解できるようにする。

2．フレーズ・リーディング

2年次のPRをさらにすすめ、生徒は各自、文をフレーズに分け、指名された生徒が発表し、各自のフレーズ分けと比較させた。発表者のフレーズ分けと異なっている生徒はそれを告げるとともに、全体でそのフレーズ分けの適否を考えた。フレーズ毎の意味についても難しいところのみ、簡単な英語にパラフレーズして与え、和訳はできるだけ避けた。生徒による区切りは2年生の初期に比べるとかなり長くなった。

3．リーディング技術の再確認

1、2年生で学習したリーディングの技術を再確認していった。教材には受験問題集の他に、過去のセンター試験や国公私立大学の入試問題を使用し、フレーズ・リーディング、スキミング、スキャニング、Evaluative Question の使用、文のつながりや単語の言い換えの練習などを行なった。

4．英字新聞、英語雑誌の使用と自己表現活動

英字新聞、英語雑誌の記事、ALTの手記などを用いて、多様なタスクを用意した。例えば、援助交際についての英文記事を読み、要旨を英文でまとめ、数名が発表する。その後、クラスの半分は「援助交際は高校生に責任がある」、残りは「大人に責任がある」という題で各自の意見を英文でまとめる。次に、「高校生に責任がある」とする3グループと「大人に責任がある」とする3グループに分かれて、各々のグループの意見を英文でまとめる。各グループは代表者を決め、順番に英語で自分たちの意見を発表し、どちらの意見が説得力があるかを ALT に判断してもらう。以上の活動には計4時間を費した。詳細は、安木(1996)を参照。

5．直読直解による入試問題への挑戦

2学期にはセンター試験や国公立大学2次試験問題を直読直解で解かせた。生徒はPRを行ないながら、和訳することなく解答していった。解説の際には、和訳を避け、パラグラフ構

リーディングの指導

5 実践の効果

❶ RE の向上

P.171で述べたように、2年次には月1回、年間合計11回にわたり、RE 測定をした。*Introductory Steps to Understanding* はほぼ同じ語彙レベルと難易度 (Readability) の27個の小話で構成されていて、生徒の RE の伸びを調べるのに適した教材である。紙面の関係で、最初と最後の測定値のみ表2に示すが、初回から最終回の測定まで確実に上昇し続けたことから、RE が着実に向上したことがうかがえる。

表2　RE の伸び

2年次第1回（4月11日実施）	74.2語／分
2年次第11回（2月27日実施）	156.8語／分

❷ 多読プログラムの読破ページ数

PP.172-173の多読プログラムについては、表3が示すように、読破ページ数が300ページに達した生徒は31名中10名（32％）であったが、31名中18名（58％）が101ページ以上読んでおり、一応は成功と考えてよいであろう。表4と次のページの表5も、多読プログラムの成功を示している。

表3　読破ページ数

読破ページ	人数	％	読破ページ	人数	％
0	0	0	201〜300	3	10
1〜 50	7	23	301〜400	7	23
51〜100	6	19	401〜500	0	0
101〜200	5	16	501〜	3	10

表4　多読プログラムは読解力の向上に役に立ったか？

	人数	％
大変役に立った	9	29
少し役に立った	15	48
役に立たなかった	1	3
わからない	6	19

❸ 生徒によるアンケート結果に見る効果

3年次での実践の参考に、2年次学年末にアンケートを実施した。結果は表4〜表9の通りである。多読プログラムが読解力の向上に役立ったかどうかについて、約80％の生徒が「大

表5　多読プログラムに参加した感想

英語の本を読む習慣がついた	6名	単語力のなさが痛かった	1名
長文を読むのが楽になった	6名	大意をつかめるようになった	1名
英語が前よりも好きになった	4名	単語力が足りないと思って、がんばる気になった	1名
英語で読めて嬉しかった	1名		
英文を読むのが速くなった	1名	面白かった	1名

表6　REの測定についての感想：REの測定は読解力向上に役に立ったか？

大変役に立った	8名	26%
少し役に立った	17名	55%
役に立たなかった	2名	6%
わからない	4名	13%

表7　リスニングの練習はリスニング力向上に役に立ったか？

大変役に立った	10名	32%
少し役に立った	12名	39%
役に立たなかった	3名	10%
わからない	6名	19%

表8　リスニングの練習は読解力向上に役に立ったか？

大変役に立った	3名	10%
少し役に立った	12名	39%
役に立たなかった	3名	10%
わからない	13名	42%

表9　PRなどのリーディング技術は読解力向上に役に立ったか？

大変役に立った	4名	13%
少し役に立った	16名	52%
役に立たなかった	1名	3%
わからない	10名	32%

変役に立った」、「少し役に立った」と答えている(表4参照)。また、多読プログラムに対する感想については、31名中22名(71%)が回答し、すべて肯定的な答えであった(表5参照)。

　表6から、REの測定自体がリーディング力向上に役立つことがわかる。71%の生徒がリスニング力向上を自覚しているが(表7参照)、リスニングの練習によってリーディング力が向上するかという問いに対しては、50%の生徒が肯定的に答えているが、40%もの生徒が「わからない」と答えており(表8参照)、リーディング力の伸びを自覚するのは困難なようである。フレーズ・リーディングやトピック・センテンスを見つけるリーディング技術の練習については、65%の生徒が何らかの形で「役に立っている」と回答したが、「わからない」と回答した生徒も多い(表9参照)。

6 まとめと今後の課題

　　訳読の量を減らしながら様々な形でリーディング指導を行なうことで RE が向上したことから、ある程度、直読直解で読むことができるようになったと言えよう。また、アンケート結果から見る限り、リーディングの技術に関しては、「役に立ったかどうかわからない」と答えている生徒が32%もいることから、この面の指導法の改善が必要である。また、多読指導に関しては、自分の担当するクラスのみの実践でも容易にできることがわかった。目標の300ページに届かない生徒が約70%に達したが、本実践のように全員に多読を課す場合、いかに生徒を動機づけていくかという点についても研究を進めていきたい。また入試とリーディング指導に関しては、本実践を3年間続けたクラスのセンター試験の英語の平均点は、前任校の歴史においてクラス単位では最高であったことからも、効果があったと言えよう。訳読のみに頼る授業をしなくても大学入試には対応できると言える。この3年間は、私が月に一度、斎藤栄二先生主宰の「英語の教え方研究会」に参加し、様々なご指導をいただいた時期と重なる。この機会を借りてお礼申し上げたい。最後に、生徒にもこの場を借りて感謝したい。

注

1．『NHK 英会話入門』は全員に毎月購入させて授業に利用した。
2．本文の大まかな流れが把握できていれば答えられる、比較的簡単なものである。
3．フレーズはどういう観点から分けるかということは生徒に説明した。各自フレーズに分ける時間はほとんど取らなかった。テストにはフレーズ分けの問題を出題したがほとんど間違いはなかったので、教員主導でフレーズ分けするこの形式をしばらく続けた。
4．Ellis(1985)は、アウトプットすることで逆にインプットを助ける Comprehensible Output について言及しているが、リーディング指導においても生徒のアウトプットを促す必要がある。

音読とフレーズ・リーディングを中心にした授業と英文和訳を中心にした授業はどちらが有効か

安木真一

1 はじめに

　前稿では前任校での3年間の実践について考えたが、アンケートによるとフレーズ・リーディング(以後、PR)等のリーディングの技術に対する評価の中で「わからない」と答えた生徒が32パーセントいた。やはりこれは多様な技術を扱ったために、生徒の中に個々の技術を習得したと感じられなかったことが一因と考えられる。筆者はリーディングの技術の中でも特にPRと音読が大切だと考えており、1998年度の鳥取県立八頭高校[1]での実践では、前任校以上にPRと音読に力を入れて授業を行なった。最後にアンケートを実施し、生徒がPRと音読を中心にした授業と英文和訳による授業を比較した場合、どのように考えるかを調べた。「生徒は全訳しないと不安がる」とか、「フレーズ訳だと本文の理解度が落ちる」という一般的に考えられるPRの弱点は本当であろうか。3年次より筆者はこの学年を担当したが、事前アンケートによると2年次までは生徒全員が訳読を中心にした授業を受けており、音読もほとんど行なわれていなかった。

2 フレーズ・リーディングの種類

　金谷(1995)によるとPRには、①コラムナー・リーディング(1行に1フレーズずつ中心を縦にそろえて提示された英文を読む練習)、②アイ・スイング(フレーズとフレーズの間を広く離して提示された英文を読む練習)、③意味・構造の切れ目ごとに文字を消していくコンピュータ・ソフト、④フレーズ単位翻訳(通常、表記の英文をフレーズ単位に区切りながら読む)がある。

3 実践の概要

　筆者の3年生の担当クラス2クラス78名(比較的英語が好きな生徒が多い文系クラス39名と、比較的英語が不得手な生徒が多い理系クラス39名)を対象に、PRと音読を年間を通じて実施した。ディスコース(文のつながり)は常に意識し、最後の3カ月はパラグラフ構造の理解を意識的に行なった。

　PRについては4月から7月まではコラムナー・リーディング、9月から1月まではフレーズ単位翻訳を使用した。復習については前々時の部分をテープとともにシャドウイングさせ、前時の部分をフレーズに分けた教師の朗読とともに読ませ、前時の部分をテープとともに朗読させた。次に新出単語の導入、フレーズ分け作業、フレーズ訳(フレーズ毎に教師が音読し指名された生徒は意味を答える)、内容確認(本文についての英問英答等)等を行なった後、本時の部分の音読を実施した。方法は、まずフレーズに分けた教師の朗読の後について音読させる活動を2度行なった後(2度目は1度目より速めのスピードで実施)、教師に合わせてほぼ同時に読ませ、次に各自起立して読み終わった者から着席し、再び教師に合わせてほぼ同時に読ませるか、全員で Read & Look Up を実施した。最後にテープとともに朗読させた。音読以外の部分については教授法は変えたが、音読についてはこの方法でセンター試験の直前まで入試問題を使って実施した。

4 アンケートの結果

表1　PRによる音読はリーディング・スピード向上に役に立ったか？

大変役に立った	16名	21%
少し役に立った	51名	67%
役に立たなかった	9名	12%

表2　PRによる内容理解で本文の内容は理解できたか？

ほとんど理解できた	13名	17%
だいたい理解できた	61名	80%
理解できなかった	2名	3%

表3　PRによる授業と訳読による授業とでは、どちらが好きか？

PRのほうが好き	55名	72%
訳読のほうが好き	6名	8%
どちらとも言えない	15名	20%

表4　自分で英文を読むとき、PRを使って読んでいるか？

使っている	58名	76%
使っていない	18名	24%

5 まとめ

　PRによる音読に関しては90%の生徒がリーディング・スピードの向上に役に立ったと自覚しており、本文の内容についても完全ではないまでもほぼ理解できるようである。また2年生まで訳読による授業を受けた生徒でも、70%以上が訳読よりもPRによる授業を好んでおり、76%が自分が英文を読むときにも使っている。PRによる授業は大部分の生徒にとって訳読による授業よりも有効であり、内容理解についても問題ないと言える。

　本実践を行なった生徒の学力は、注1で述べたように、校外模試の全国偏差値40〜55前後であり、それより高い学力を持つ生徒を対象とした場合にどのような結果がでるかは推測の域を出ないが、トップクラスの進学校の生徒を対象に音読やPRを指導した鈴木(1998b)は、充分に音読やPRを行なえばリーディング力は向上し、大学入試に対応できる力もつくことを実証していることから、筆者の実践と合わせて考えると、少なくとも、学力レベルが中の上以上の生徒には効果のある指導法であると言えよう。訳読だけに頼った、音声抜きになりがちな従来の指導法は再検討されるべきであろう。

注

1. 勤務校は進学校で、上位から中位までの学力の生徒が在籍しているが、実践がなされたクラスは、業者模試の全国偏差値40〜55前後で、日本の高校生全体の中では、学力的には中の上に位置する生徒が多い。

[読後の話し合い]

C先生：安木先生の実践報告で、私の悩みはかなり解決しそうです。それと、教職に就いて数年経つと、自分の指導を反省することなく、同じ指導を続けてしまいがちですが、生徒のためにより良い授業をしたいと思ったら、これではだめだと痛感しました。安木先生のように、3年間を見通して指導計画を立てる必要があるのですね。

鈴　木：そうですね。その指導計画も、生徒の進歩の状況に応じて軌道修正が必要です。安木先生もそのようになさっていますね。
　　　　それから、全文和訳から抜け出すためには、扱われている題材の点でも、また英文の難易度の点でも、生徒の学力に合った教科書を用いることが必要です。一度、和訳をしない授業をしたら、「全然わからなかった。」と生徒が言ったと先ほどおっしゃいましたが、どんな英文でも和訳する癖がついてしまっていたことと、教科書が難し過ぎたからではありませんか。

C先生：ご指摘の通りです。もっと慎重に教科書を選ぶ必要がありますね。

鈴　木：高校の先生方は、使用する教科書を数名で決めることができるという、中学校の先生方がお持ちでない「特権」をお持ちなのですからね。

C先生：ところで、安木先生の2つ目の実践報告で、生徒たちがフレーズ・リーディング(以後、PR)の効果を認めていますが、本当に英語力は伸びたのでしょうか。教科書の中にも、*Mainstream*(増進堂)や *New Stream*(増進堂)、*Fresh*(第一学習社)などが英文に点線を入れてPRを進めていますが、フレーズごとに改行したテキストを読ませたり、スラッシュの入った英文を読ませると過保護になって、力が伸びないと思うのです。ふつうの英文を読ませるべきではないでしょうか。実際の英文には、フレーズごとに改行されたり、フレーズごとに点線は入っていませんから、PRを続けるとフレーズを明示していないふつうの英文は読めなくなりませんか。

鈴　木：生徒がPRを支持している事実をどう解釈なさるのですか？

C先生：フレーズ単位だとその構造が単純でわかりやすいからでしょう。

　　　　　訳読より PR による授業の方が好きだと言う生徒が多いのは、PR の方が楽だからだと思います。英語力が伸びたと生徒は錯覚しているのではないでしょうか。
鈴　木：安木先生の実践報告には、英語力を測定したテスト結果は示されていませんから、どれだけ生徒の英語力が伸びたかはわかりませんが、大半の生徒がその効果を実感していることから、英語力も伸びたものと思われます。PR が生徒の英語力を伸ばすことを実証したデータを私自身も実践から得ていますし、Ohtagaki & Ohmori(1991)も高校生に PR の指導を行ない、その効果を実証していますから、生徒の錯覚ではないでしょう。実は、リスニング指導で、音声教材に句や節単位に 1 秒前後のポーズを入れて聴かせると理解しやすくなるという Kohno (1981)の研究に初めて接したとき、先生と同じように、これは過保護になってリスニングの力は伸びないと思いましたが、この手法を用いて指導してみると、音声教材をそのまま聴かせるより、リスニング力とリーディングスピードが伸びました(Suzuki，1991，1999、鈴木，1998a)。ポーズの挿入や PR は、実は、言語の知覚や認識のメカニズムに合ったものなのです。詳細は、河野(1992，1993)をご参照ください。
C先生：私の方こそ誤解していたのですね。でも、私の印象では、私と同じように PR は過保護だと考えている教師の方が多いですよ。教科書選定の際も、PR を取り入れているという理由で、その教科書を採用しなかった記憶があります。
鈴　木：目標や結果と指導を混同しておられる先生方が多いようですね。走り高跳びの練習で、目標が2m だからといって、最初からバーを2m に設定したりしないはずです。勘や経験だけで教育活動を続けていると、間違った教育をしてしまう可能性があります。先生方のお考えが正しいかどうかを、何らかの形で確かめる努力をもう少ししていただきたいですね。もちろん、大学の教員養成カリキュラムにも問題があり、改善が必要ですが…先生方を責めるようなことを言いましたが、決してそんなつもりはなく、「これからの日本を背負って立つ若者に少しでも良い教育を！」という思いが私にあるのです。
C先生：先生のお気持ちはよくわかります。私も同感です。

より良い英語授業を目指して

教師の疑問と悩みにこたえる

ライティングの指導

段階的なライティング指導をどのようにして行なえばよいか？

A先生：高校では圧倒的に、「ライティング＝和文英訳」という形で指導が行なわれているのですが、和文英訳は自分の考えを英語で表現することとはほど遠いものですね。何とかして、**自分の考えを英文で書く力を生徒につけてやりたいのですが、段階を踏んだ指導が必要かと思います。その指導法がわからず悩んでいるのですが、何かアドバイスをいただけますか？**

斎　藤：ちょうどここに、高田哲朗先生が書かれた論文があります。先生がお求めの段階的ライティング指導が書かれています。しかも、ティーム・ティーチングでライティング指導を実践しておられます。

A先生：私の学校にもALTがいますので、参考になりそうですね。

斎　藤：それだけではありません。コンピュータを活用したライティング指導にも高田先生は挑戦しておられます。

A先生：今はコンピュータの時代だと言われていますが、正直のところ私などあまり詳しくありません。だから、コンピュータを活用したライティングの指導というのは、逆に興味があります。どんなことができるのでしょうか。

斎　藤：私もそんなに詳しくはありません。しかしコンピュータは別に魔法の箱ではないでしょう。つまり生徒一人ひとりの目の前にコンピュータがあるからといって、それだけで書く力が伸びるというようなものではありません。

A先生：その意味では、LLを活用した授業と同じように、授業の成否の鍵をにぎるのはハードウエアではなく、やはり教師であるということですね。

斎　藤：その通りです。そういう観点で高田先生の論文をお読み下さい。

Team-Teachingとコンピュータを活用したライティングの指導

高田哲朗

1 はじめに

　1996年度より3年連続で2年生の「ライティング」を担当する機会を得た。その間、コンピュータやALTとのTeam-Teaching(以下、TT)を取り入れながら、授業の進め方を毎年かなり修正してきたが、この3年間を通じて、次の2点は常に念頭に置いて授業を行なってきた。
　(ア) 生徒自身が書きたいことを書ける力(自己表現力)を養成したい
　(イ) コミュニケーションの手段としての書く力を養成したい
　この2つを実現するために、普段の授業で力を入れて取り組んできたことは次の5点である。
　(1) sentenceレベルだけでなく、paragraphレベルの指導を行なう
　(2) 「読み手を意識して書く」機会を与える
　(3) 限られた時間内にできるだけ多くの量を書かせる
　(4) 四技能の関連の中で書く活動を位置づける
　(5) ライティングのプロセスに注目する
　本稿では、過去3年間のライティングの授業の問題点を明らかにすることにより、これからのライティング指導の方向について考えてみたい。

2 過去3年間のライティングの授業の取り組み

❶1996年度——教科書重視とインターネットの活用

　この3年間使用してきた教科書は、*POLESTAR Writing Course*(数研出版)で、教科書準拠のワークブックを併用してきた。1996年度は「この教科書を最大限に活用すること」と「e-mailを活用してライティング指導を行なうこと」を目標にした。当時、勤務校にはインターネットが導入されていなかっ

たが、1クラスの生徒人数分の台数のパソコンが揃っているコンピュータ室は設置されていたので、その部屋を利用した授業も試みた。詳細については、高田(1997)を参照されたい。

1996年度の実践の最大の成果は、インターネットの利用で、教師にではなく、相手を意識して英文を書く機会を何度か提供できたことである。

一方、問題点としては、ライティングの授業で中心を成すべき「英文を書く」活動に充てる時間を十分に確保できなかったことである。その原因としては次のようなことが考えられる。すなわち、ア）徹底的なインプットを求めるために毎時間暗唱の確認テストまたは語彙の小テストを実施し、イ）テープを用いた聞き取りによる導入、聞き取った内容を書く活動に発展させる活動、インプットした表現を会話の場面でペアワークさせる活動などを、ほぼ毎時間行ない、さらに、ウ）ワークブックを担当制にしてすべてやらせたことなどである。様々の活動を行なったが、わずか週2時間の授業であったため、極めて余裕のない授業展開になってしまった。

❷1997年度── TT（6回に1回）とコンピュータ

1997年度は、「オーラル・コミュニケーション」に加えて、1学期の後半から「ライティング」の授業でも TT を実施することになった。各講座とも公平に実施できるように、週2回の授業の内の1回を、3週間に1回 TT で進めることになった。JTE 単独による授業では、ワークブックで扱う部分を減らしたこと以外は、前年度とほぼ同じように授業を進めた。TT では、特別なことをするのではなく、普段一人でやっている授業内容を ALT と協力しながら行なうことで一層充実させるようにした。TT の時間の基本的な流れは、次のようになっている。

TT が教科書のある課の1時間目に当たった場合：
　①前課の Words & Phrases の小テスト
　②モデル文の導入（ALT の音読による聞き取り）
　③モデル文の説明（JTE の説明に ALT が補足する）
　④ Key Expressions の確認（JTE の説明に ALT が補足

ライティングの指導

する)
⑤ Drill 1 (ALT に informant として活躍してもらう)

注：Try(or For Communication)は JTE 単独の授業で行なう。

TT が、ある課の2時間目に当たった場合：
①モデル文の暗唱確認(小テストにする場合もある)
② Drill 2 & 3 (ALT に informant として活躍してもらう)
③ Exercise 2 (黒板で ALT と共に添削)
④ Exercise 3/課題作文 (ALT に informant として活躍してもらう)
⑤ワークブック／課題作文 (ALT に informant として活躍してもらう)

注：Exercise 1 (テープを用いた聞き取り) は JTE 単独の授業で行なう。

　1997年度の成果は、TT で「ライティング」の授業を行なう基礎づくりができたことである。特に、黒板での添削や類似表現のニュアンスの違いの説明などでは、ALT の協力はたいへん有効であることがわかった。とは言え、3週間に1回の授業では回数が少なく継続性に欠けるので、生徒に実際どれくらい効果があったかについてはやや問題が残った。

❸1998年度── TT（2回に1回）と課題作文重視

　1998年度は、毎週1回 TT を実施した。書く力の養成という観点から過去2年間の授業の見直しを行なった結果、次のような流れで TT を行なうことにした。なお、JTE による授業も基本的に同じ流れで行なった。

TT が、教科書のある課の1時間目に当たった場合：
①モデル文の導入(ALT による音読)
②モデル文の説明(JTE の説明に ALT が補足する)
③ Key　Expressions の確認 (ALT が各表現の Speech Level や使い方の違いなど、教科書に書いていない情報を中心に補足説明する)
④ Drill 1 (ALT に informant として活躍してもらう)

注：Try (or For Communication)は授業で扱わない。

187

TTが、ある課の2時間目に当たった場合：
① Drill 2 & 3 （ALT に informant として活躍してもらう）
② Exercise 2 （黒板で ALT と共に添削）
③ワークブック／課題作文（ALT に informant として活躍してもらう）

注：Exercise 1 と 3 は授業で扱わない。その代わりに、Paragraph Writing の時間をできるだけ多くとることにした。

ペアワークや聞き取りなどをカットして、授業で扱う教科書の内容を絞り込むことによって、いわゆる自由英作文の時間をできるだけ多く確保することにした。1年間に実施した課題作文のテーマは次の通りである。

1) My Dream　2) Advantage and Disadvantage　3) School Festival　4) School Rules and Freedom　5) In 27 Years　6) Environmental Issues (I Know I Should, but I Don't)　7) New Year's Day in Japan　8) My Room　9) My ＿＿＿ Experience

また、Speed Composition と称して、誤りを恐れずできるだけ速く書く練習も数回試みた。さらに教科書やワークブックの和文英訳の問題を黒板に書かせて添削する時間も、これまでより長い時間をかけて行なった。

1998年度の成果は、毎週1回の TT によって、JTE 単独の授業では越えられなかった壁を越えることができたことである。作文の添削や授業内の個別指導で生徒から出る様々な質問に、即時にかつ的確に答えることができるようになった。また、表現のニュアンスの差などを ALT と JTE のやり取りの中で、効果的に説明できるようになったことである。担当した2クラスの生徒(80人)に「あなたは英語で文章を書くのが好きですか？」と、「あなたは英語で文章を書くのが得意ですか。」と尋ねた結果をグラフ1とグラフ2に示す。

まず、グラフ1から、1年間の「ライティング」の授業によって、英語で文章を書くのが「好き」と答えた生徒が増加し、「嫌い」と答えた生徒がかなり減少したことがわかる。生徒が

ライティングの指導

書いた作文を見て言えることは、1学期、2学期、3学期と進むにつれて、書く量が飛躍的に増加していることである(P.192の資料参照)。これは、fluencyを重視した授業の成果であろう。

英語で文章を書くのが好きか

	好き	嫌い	ふつう	?
1998年4月	26	55	0	0
1999年3月	36	33	7	3

〈グラフ1〉

英語で文章を書くのが得意か

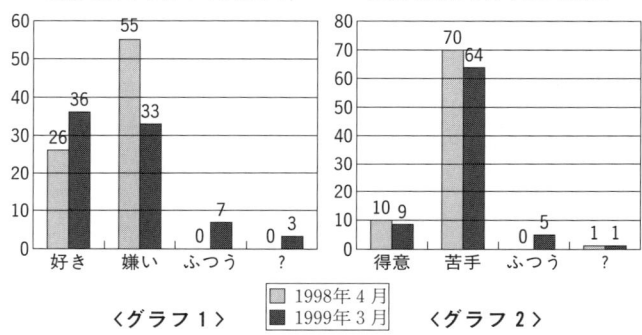

	得意	苦手	ふつう	?
1998年4月	10	70	0	1
1999年3月	9	64	5	1

〈グラフ2〉

しかし、グラフ2が示すように、英語を書くことが「得意だ」と答えた生徒はほとんど増えておらず、「苦手」と答えた生徒がやや減少した程度であるのは、fluencyを重視するあまり、基本的な表現や語彙の定着を図るaccuracyの指導が不十分であったため、英文を書くことに自信を持たせることができなかったためであろう。この点は98年度の問題点で、今後の課題である。

3 TTについて

❶ 生徒の意識(アンケートから)

Team-Teachingはどうでしたか

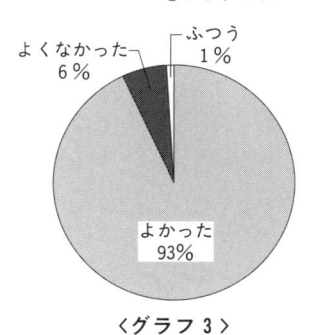

- よくなかった 6%
- ふつう 1%
- よかった 93%

〈グラフ3〉

「ライティング」の時間でのTTについて、2クラス80名を対象に年度末に実施したアンケートでグラフ3のような結果を得た。

グラフ3から、TTは圧倒的多数の生徒から支持されていることがわかる。また、「よかった」と思う理由を尋ねたところ、「教科書に書い

てない表現が学べる」「日本人にはわかりにくいニュアンスがわかった」「堅苦しい表現ではなく、口語的な表現が学べた」「眠くならない楽しい授業だった」などの答えが多数見られた。

❷課題

アンケートで、「よくなかった」と答えた生徒は、「内容が難しい」「十分利用できなかったけれど、面白い話が聞けて楽しかった」「実際には通じることでも、入試などのテストでは×にされたりするからややこしくなった」「面白かったけど情報が多くて大変だった」などをその理由として挙げている。表現のニュアンスの違いの説明や黒板での添削の際、ややもすれば高度な内容に時間を使い過ぎたようで、その点で生徒の実態に即していない面があったのではないかと反省している。

4 コンピュータ室での授業について

❶生徒の意識（アンケートから）

コンピュータ室での授業について、年度末に実施したアンケートで「1学期と3学期には、コンピュータ室で文書作成をやりましたが、どうでしたか。」と尋ねたところ次のような結果を得た。

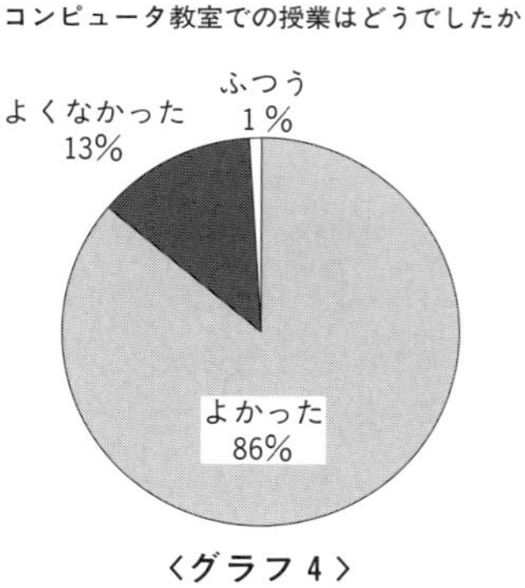

コンピュータ教室での授業はどうでしたか

よくなかった 13%
ふつう 1%
よかった 86%

〈グラフ4〉

グラフ4から、大多数の生徒がコンピュータ室での授業を「よかった」と答えていることがわかる。その理由として生徒は、「出来上がった英文を見たらすごい充実感があった」「コンピュータを使うのは楽しかった」「修正とかが簡単なので、気楽に英文が作れる」「自分で入力しているうちに間違いに気づいたりしてよかったと思う」「文が見やすくて校正がしやすい」「英語とコンピュータの勉強ができて一石二鳥だと思う」などを挙げている。

❷課題

アンケートで「よくなかった」と答えた生徒は、「二度手間

で意味がないように思える」「きちんと下書きができていなくて、コンピュータで打つ時に苦労した」「時間が足りなかった」などを理由として挙げている。パソコンに不慣れな生徒は英文作成とパソコン使用の両方で苦しい思いをするだろうと考えて、普通教室で下書きをさせてからコンピュータに入力させたのだが、コンピュータを用いるメリットの一つは、修正が容易なので、気楽に英文作成できることであり、むしろ下書きなしで最初からコンピュータで作文させるべきだったのではないかと思われる。

5 これからのライティング指導の方向

　従来から、「ライティング」の教科書の練習問題の大半は、部分英訳、和文英訳、正序、空所補充、書き換えなどであった。また、現行の教科書ではパラグラフ作文が重視されるようになったとはいえ、それを中心に据えてライティングを練習させるように作られているわけではない。そのような教科書で教えていて思うことは、ほとんどの生徒は、練習問題にはかなり正確に答えられているのに、パラグラフ作文をさせると、極めて誤りの多い英文を書くことが多いということである。作文の誤りを見ていると、中学レベルの英文法の知識すら身についていないと思われる場合もある。今後は、練習問題をたくさん解かせるより、テーマを与えてパラグラフ作文を書かせ、出来上がった作文を教材にして、文法、語彙、パラグラフの構成法などの観点から指導することを、ライティング指導全体の中心に据える方が、生徒の実際の書く力に基づいた効果的な指導ができるだけでなく、生徒の自己表現力を伸ばす近道になるのではないかと思われる。

　このような指導を行なう場合、生徒の誤りを分析し、それらを教材化していくことが求められる。多くの生徒の共通の誤りをまとめ、全体指導の中で取り挙げることは極めて有効であろう。また、パラグラフの展開法やつなぎ表現などの系統的な指導を工夫して、文レベルだけでなく、パラグラフ以上のレベルでの指導を充実させる必要もある。

資料 ：生徒の課題作文の紹介（１学期と３学期）

生徒Ａのの Topic Writing の作文例1)　(1998　4月)

Writing a Passage 〈 1 〉 class(2) NO(.) name(　　　)

[44] 語

Task: **My Dream**
(Title)

[5.5] 文

My dream is to watch NBA games.
I like basketball very much, so I like also NBA.
I like R.Miller best in the NBA players.
He is a very good 3-point shooter.
In 1995 he made 8 point in the 6 seconds.
It's Miller Time

生徒Ａの Topic Writing の作文例2)　(1999　2月)

Topic Writing　　　　　　　提出日：1999/2/26

2 - 2　No.(　　) Name (　　　)

TOPIC: My unforgettable experience

Last May, we had games in Rakusai high school. We had two games with Kitakuwata and Rakusai high school. The first game, vs Kitakuwata high school, it was cross game, but we won the game finaly. However, our bodys were too tired. We thought that it was hard to play the next game, but we had done hard practices, and it would be last game that all of us played basketball together.

The next game, it was far harder than the first game. The starting members of our high school were too tired to do our best. We weren't able to have our own legs control. However, Rakusai high school's starting members were tired as well as us. The game was cross again. When it had passed 10 minites of second-half, we had behind about 10 points. We really wanted to win of the last game. Though our bodys were too tired to control, we had shown the best plays in our club history. We got 3-points three times. However, Rakusai high school's member also did their best, so when last 3 seconds, we had behind 3 points. However, to my surprised, a miracle happened. One of our teammates who had gotten the goal only one shot 3-points. While the busser which tells the game finishin called, but the ball was into the basket! We drew the game. Finaly, after first overtime, we won the game.

I can't forget this game, and it always remind me basketball is funnest sport for me.

[読後の話し合い]

斎　藤：いかがでしたか。高田先生の実践を拝見していますと、教師としての企画力、実行力、総合力を感じます。これらは、実はこれからの教師に最も求められている力です。

A先生：高田先生の論文を読ませていただいて、教師の力がますます必要とされることを改めて感じました。その上に、私は、教師としての高田先生の誠実さを感じました。

斎　藤：おっしゃる通りですね。企画力、実行力、総合力を支えるのは、むしろ教師としての誠実さですから。

A先生：どういうわけか、ライティングとかコンピュータから離れて、教師論みたいになってきましたね。

斎　藤：そう言われればその通りですね。でも大事なことです。これは当然のことですが、教える技術だけでやっている教師というのはどこにもいないと思いますから。やはりそれを支える心というか、精神的な部分があって、その上に教え方の方法があるんですよね。

A先生：ところで、私は、コンピュータをライティングにどう利用していくのか、ということについて関心を持っていたのですが、読んだ限りではもう一つ理解しきれないところがあったように思います。

斎　藤：そうかもしれませんね。この辺りはやはり、高田先生が授業をなさっている教室の中に入り込んで、生徒がどうコンピュータを使って書いているのかを、具体的に見せていただくのが一番でしょう。ただコンピュータの使われ方はだいたいわかりますね。

A先生：どういう使われ方ですか。

斎　藤：つまり、基本的にはワープロの使い方を高田先生は生徒に教えておられます。インターネットが学校につながっていなかったので、自然にそうなったのでしょう。あなたが知りたがっていることは、高田先生も書いておられますが、附属高校の研究紀要の第62号を見た方が良いでしょうね。

A先生：先生、いつものようにポイントをまとめていただけませんか。

斎　藤：高田先生の実践の特徴をひと言で言えば、「独り善がりでない」

と言えると思います。
A先生：もうちょっと具体的にお願いします。
斎　藤：この事は実施なさっているアンケート調査によく表れています。何か一つのことをやったとする、そうするとそれが成功したかどうかを知るために、必ず生徒の反応をアンケートによって求めているということです。
A先生：私はむしろ生徒の作文の例示に感銘を受けました。
斎　藤：あれは高田先生の指導の結果、生徒の書く力がどのように伸びたかということを感覚的にわからせてくれましたね。最近の英語教育の論文は、どちらかというと教育統計上の処理がなされているものが多い。そうしますと、有意差の検定などということになってきます。客観的な説得力という点ではそういうことも必要でしょう。しかし、これは私の感じ方ですが、教育統計が前面に出ると、生徒の姿が見えてこないというところがある。そういう意味で生徒の姿やイメージがよく見える実践記録が、もっと見直されてもいいんじゃないか、と私は思っています。
A先生：私も多少はそんなことを感じています。
斎　藤：いろんな学会でも、統計処理型研究発表がずらりと並んでいます。それに反対する理由は特別見つかりません。しかし、私には、「何か足りないぞ」という感じがするのです。
A先生：それは何ですか。
斎　藤：教育です。教えている生徒の喜びや悲しみ、成長の姿といったものは、統計処理型研究発表では出にくい。しかしながら、私のささやかな経験でも、教師というのは生徒のことを語るときが一番生き生きとしています。つまり、逆に言うと、そういういわば実践発表からは、教師としての心や情熱や、場合によっては教師魂まで感じられることがある。そしてそれがその発表を聞いた他の人を勇気づける。そこから明日の実践につながっていく。統計処理型研究発表は、それはそれで意味はあります。しかし、私が述べたような実践発表型も少しは復権しないかという感じを持っています。ところで高田先生の論文は、その2つのタイプの真ん中あたりを行なっているように思えます。そして狙いは「ライティング力の向上」です。決してコンピュータだけの話ではありません。

ライティングの指導

Question 10　自由英作文の指導をいかに行なうか?

私の生徒たちは、和文英訳より、自分の考えを英語で書く自由英作文に意欲的に取り組みます。しかし、彼らの英語力と彼らが英語で表現したいことの間にかなりギャップがあり、質問が大量に出てきます。質問がたくさん出るのはうれしいことですが、私自身、どう表現していいのかわからないことも多く、確信を持って答えることができません。

A

回答者　**出 口 ナ ナ 子**

まずは語彙を与える

　はじめから生徒が英語をすらすら書けることは、とうてい期待できません。授業が、生徒が何かを学んでそれを定着させる場であると考えれば、いきなり書かせるのではなく、まず、表現を教え、それらを使った英文が書けるようになることを目標にすることから始めてみてはどうでしょうか。生徒の質問の多くは、語彙と文の組み立て方についてでしょうから、自由英作文の最初の段階では、その両方を先に与えてから書かせるのです。

　まず、「自己紹介」「学校生活について」「学校紹介」「招待状」などのテーマを決めます。そして、そのテーマで書く際によく使いそうな語句や英文を与えます。下線部の語句を自分に当てはまるものに変えれば英文ができるというようなものにすれば、生徒の負担も軽くなり、比較的容易に文が書けます。

　生徒が慣れてくるにつれて、だんだん「英借文」から離れて、自分で言いたいことを表現できるようになってほしいものです。そこで、そのような力をつけるため、つまり英文を書く際に生徒のネックとなっている語彙と文の組み立て方を学ばせ、教師を質問責めにする前に自分で調べる方法を教えるためにはどのような活動をすればよいかを考えてみましょう。

普段の授業での取り組み

❶ 語彙を増やすために

　語彙を増やすことは、英文を書く上でも必要不可欠です。そのためには、和英辞典にのっていない表現や英語にしにくい日本語を扱った本に

出ている表現を、プリントにして毎時間配ることもできます。1枚のプリントにわずか2〜3の表現を載せるだけなら、プリントを作る手間もそれほどかかりませんし、それでも、1年間続ければかなりの表現を覚えられるでしょう。そのためのタネ本となる本として、Keene・羽鳥(1986)、Seidensticker・松本(1982)などがあります。

❷ 辞書に親しませるために

　表現、語法、文法などについての生徒たちの質問の答えの多くは辞書にのっているので、まずは自分で辞書で調べる習慣をつけさせたいものです。そのためには、日頃から辞書に親しませることが大切です。英和辞典を使って、色を使った表現を調べさせたり(例えば、'blue blood'は「高貴な生まれ」など)、食べ物を使った表現を調べさせる(例えば、'a piece of cake'は「楽な仕事」など)という活動を行なうと、生徒は結構熱中して、たくさんの表現を調べます。また、和英辞典を使う活動としては、生徒を数人ずつのグループに分け、各グループごとに「食事」「授業」「クラブ」などのテーマを与え、それに関連する英単語、熟語を調べさせ、それらを集めて自分たちの「和英辞典」を作ることもできます。このような活動では、生徒たちはゲーム感覚で辞書を引き、今まで知らなかった単語の使い方や表現に非常に興味を示します。面倒だった辞書調べが、興味深い発見の場であることを生徒に感じさせることができます。

❸ 英文を書かせる活動

　単語帳で単語や熟語や構文を暗記したからといって、それらを使えるようになったわけではありません。それらを使って自分の言いたいことや考えを表現できるようになって初めて、自分のものにできたと言えるでしょう。そこで、日頃のリーディングの授業などで出てきた単語、熟語、構文、文法については、それらを使って、自分で英文を2、3個ずつ書いてみる練習をさせましょう。単語帳で覚えた表現よりも、手紙やスピーチの原稿を書いたときに使った表現の方がよく記憶にとどまっているという経験をお持ちの方も多いのではないでしょうか。自分の考えや言いたいことを書いたときに使った表現は、後々まで覚えていることが多いものです。ですから、この方法は、英文を書く機会を増やすとい

うこと、それに英語の表現を定着させるという一石二鳥の効果を期待できます。

　また、「英語Ⅰ」や「英語Ⅱ」の各課を読み終えるごとに、英文で簡潔に要旨をまとめる練習も効果的です。本文中の英文をそのまま抜き出してもよいことにすれば、英語が苦手な生徒の心理的な不安は減り、慣れてくれば、本文中の文の表現を少し変えたり、短くできる生徒も増えてきます。いつまでたっても本文中の文をそのまま抜き出すしかできない生徒がいたとしても、この作業においては、生徒は、授業の予習の段階で、まだ意味もわからぬ英文をただノートに写しているのとは違って、明らかに、その文の表すメッセージを理解して、それを伝達する手段として、英文を書いていることになるというところに意義があると思いますし、既習の英文を何度か写すことで、単語の並ぶ順番を確認し、文の組み立て方を学んでいくことができます。

　このような活動を通して、自分で辞書を引くことに慣れさせると同時に英語の表現を学ばせます。その段階ができあがってきた頃から自由英作文の場を与え始めたら、生徒もそれほどとまどうことはありません。まずは、自由英作文を始めるまでの下準備を、あせらずじっくり行なった上で、自分の考えを英語で述べるという「究極の目標」である自由英作文の指導に臨みたいものです。

より良い英語授業を目指して
教師の疑問と悩みにこたえる

誤りの訂正

Question 11 生徒が書いた英文の誤りは訂正すべきか？

自分の考えを英語で書かせた場合、文法的な誤りを訂正すべきでしょうか？ 同僚たちは、文法的な誤りは絶対に訂正すべきだと主張しますが、生徒たちが書く英文には文法的な誤りがいっぱいあって、これをすべて訂正すると、真っ赤になってしまい、書こうとする生徒の意欲を失わせることにならないかと心配です。

回答者　**出口ナナ子**

　私自身も先生と同じ悩みを持っていました。それで、生徒にアンケートをとったことがありますが、ほぼ全員が、誤りの訂正に対して、「役立った」、「ためになった」、「してもらってよかった」と回答しました。しかし、先生がご心配のように、生徒がやる気をなくしてしまうことも多いことも事実です。それは訂正の仕方によるのではないでしょうか？ どのような訂正をすれば、生徒はやる気をなくすのでしょうか。また、どのような訂正をすれば、生徒はやる気になるのかについて、私の実践に基づいて述べてみます。

生徒がやる気をなくす訂正

　生徒は正しい表現を学びたがっています。しかし、例えば、書いた英文を他の生徒の前で発表するのは勇気がいるものですが、その英文を事細かに訂正されて、誤りだらけであることを示されたら、生徒はどんな気持ちがするでしょうか。あるいは、テストの応用問題で一生懸命書いた文が訂正だらけで、点数がもらえなかったときの生徒の気持ちを想像してみてください。

　教師である私たちだって、同じことをされたら、きっと落ち込んでしまうでしょう。他の生徒の前で恥をかいたり、未習の事柄に取り組んでいるときに誤りを指摘され、低い評価を受けたとき、生徒たちが意欲を失うのは想像に難くありません。生徒がやる気をなくすのは、訂正によって生徒のプライドが傷つけられる場合であるように思います。そこで、生徒のプライドを傷つけないような訂正の仕方が必要になってきます。

生徒の書く意欲を育てる訂正の仕方

　生徒の書いた英文を事細かに添削することは時間的にも困難です。そこで、生徒が書いた英文に見られる誤りの中から、特に気をつけるべき誤りをピックアップして、次の授業で生徒たちに示し、どこが間違っているかをクラス全員で考えるというのも一つの方法です。この場合、その間違いを含んだ文が誰によって書かれたかを公表しなければ、傷つく生徒もいないでしょう。

　では、その際、どのような誤りをピックアップすればいいでしょうか。クラスの大半の生徒が犯した誤りや、訂正しないと意味が変わってしまう誤りは取り上げるべきでしょう。例えば、三単現の s がついていなくても意味は通じることが多いので取り上げることはしませんが、stop のあとに動名詞が来るか、to 不定詞が来るかでは意味が変わってしまうので訂正すべきでしょう。

　文法的な誤りについては、うっかり間違っても、実は生徒の頭の中にそれが誤りであるという知識がすでにインプットされていて、次からは正しく書けることもありますが、語彙に関する誤りは、訂正して正しい語（句）の使い方を教える必要があるでしょう。例えば、「狭い部屋」の「狭い」に narrow 使っていたり、「大勢の聴衆」の「大勢」に many を使っていたりしたら訂正すべきでしょう。小笠原(1997)、木塚・バーダマン(1997)などの市販されている本の中には、日本人がよく犯す英語の誤りをピックアップしたものがありますから、それらの本に出てくる誤りの例を生徒に提示し、どのような誤りを犯しやすいかを意識させておくことによって、生徒たちが英文を書く際に、誤りやすい点に注意しながら書くようになります。また、自分で誤りを訂正をする力をも少しずつ養っていくことができます。

正しい表現の定着のために

　訂正したあとは、正しい形を定着させる必要があります。そのためには、クラス全員で誤りの例を見た後、自分の書いた英文を自分で訂正させます。また、誤りを訂正できるようになったかどうかを見る問題をテストで出題することも有効です。

Question 12　生徒の誤りにどう対処するか？

①：高いレベルの教育では文法的誤りは許していいと思いますが、中学レベルでは許すべきではないと思います。将来、良い英語を話し、書けるようになることを念頭に置くべきで、「通じれば良い」ということをあまり強調しすぎないほうがいいのではないでしょうか。
②：間違いを恐れずどんどん生徒に発表させることは必要でしょうが、間違った英語が定着してしまわないでしょうか。

回答者　**達　賀　宏　紀**

間違いに対する教師の対応(1)

　非文法的な文が非文法的であることを周囲の誰かが学習者に教えることを、「否定証拠を与える」と言います。英語母語話者が英語を習得する過程では、否定証拠は与えられませんし、またその必要はありません。
　しかし、日本語母語話者の英語学習には否定証拠を与えることが必要です。文法の誤りだけでなく、文法的には正しくてもある場面では不適切な表現を学習者が使っていれば、指導者が否定証拠を与えて訂正しなければ、間違っている部分を自分で直すことができません。そこで、学校の授業では、適切な表現を提示して生徒の間違いを訂正する必要があります。

質問①への回答

　質問①にある「文法的誤り」や「将来いかに良い英語を話し、書けるか」という問題を考える場合、間違いについて文法的誤りに限定しない方が良いでしょう。文法的には正しくても、ことばが使われる文脈や状況にふさわしくないということがよくあります。使われた英語が「良い英語」であるかどうかを考える場合、その英語が文法的に正しいかどうかということだけでなく、文脈や状況にふさわしいかどうかということも考える必要があります。
　「高いレベルの教育では文法的誤りは許せるが、中学レベルでは絶対に許すべきではないのではないか。」というご意見については、今述べたようなことが前提になるので、文法的誤りをひとくくりにして許すべきであるとか、許すべきではないとか、言うことができないのではないかと思います。年齢や学習のレベルや学習者グループのサイズや状況な

どの違いによって、誤りを指摘する内容や方法は違ってくるでしょうし、学習者の年齢が異なっていても、同じ誤りについて指摘しなければならないこともあるでしょう。状況によっては、質問②の中でおっしゃられるように、間違いを気にせずにどんどん発表させるほうが良い場合もあるでしょう。また、(学習者に適切な表現を与えることを「肯定証拠を与える」という言い方をしますが) 間違いを訂正する方法だけではなく、肯定的証拠を与えることで学習者に間違っている部分を気づかせる方法を工夫することも大切です。それらを判断して指導するのが、コンピュータにはできない私たち教師の仕事です。

　言語の文法性だけを極端に強調し、文法的誤りは何でも許すべきではないという態度ではなく、その後の学習やその時点における指導状況 (その時点で使用している教材や、学習内容・方法やオーラル・コミュニケーションの授業での学習内容を含む状況など) を含めて考え、出てきた誤りにどのように対応するかを判断しなければならないと思います (これは実際には本当にたいへん難しい仕事ですが)。

質問②への回答

　日本人教師が一人で担当する授業やALTとのティーム・ティーチングの授業など、授業によって間違い訂正の方法は異なります。ティーム・ティーチングの授業の中で生徒が一人で英語で発表したり、ALTや日本人英語教師と英語で話をする場合に私が注意していることは、やりとりする内容を中心にすえることと、生徒が間違ったときの精神的な負担を与えないようにするということです。ですから、形態的な文法の間違いは無理に直しません。よほどひどいときには、その英語で言おうとしている内容を確認する程度にとどめ、その後はその内容に対して話を展開したり、次の人に進みます。例えば、次の例のようになります。

　ALT　：If it rains tomorrow, what will you do, Ichiro?
　Ichiro：I *will staying* home and *watching* TV.
　ALT　：I see.　How about you, Rumi?
　Rumi：I *am go* to the movie.
　ALT　：Oh, you'll go to the movie.　Good.　What kind of movie ...?

　しかし、このままでは否定証拠が与えられないため、学習者は間違いに気づかないので、いつまでたっても間違えた部分が改善されません。

そこで、肯定証拠でそれをカバーします。間違いのうち、特にその授業で指導した方が良いと思う部分(例えば、上の例の斜字体部分)をALTにメモしておいてもらい(日本人教師がメモしてもよい)、その授業のまとめを行なう残り10分程度の時間に、その日の授業でポイントになる表現に加えて、その問題になる文もALTに発音してもらい(音声による肯定証拠提示)、生徒全員にノートに書き取らせます。その後、それを一文ずつ発音させたり、ALTの後を全員にリピートさせます(時間を見ながら適当に)。

　この指導では、一人で発表するとき、その生徒が「間違ったらどうしよう」などと考えて皆の前で言えなくなってしまったり、間違えた後、恥ずかしい気持ちにさせないことを第一に考えています。そして、その日の授業で学習した場面や状況にふさわしい文法的にも正しい文を繰り返し聞かせることにより、発表したときに間違えた生徒に、「ここが間違っていたよ」と言わなくても、「その部分はこんなふうに言うのか」と気づかせることができます。つまり、発表した生徒を傷つけずに間違いを訂正しようという狙いがそこにあります。学習指導は「なるほどここが間違っていたのか。じゃあ、直してみよう。」という気持ちにさせるものでなければ何にもならないと思います。

　間違えたその場で不適切な部分を指摘し訂正することもあります(否定証拠)。グループごとの作業で一つのテーマを話し合い、グループの代表がクラス全員の前で発表したり、黒板に書くようなときがそうです。グループの代表という意識や発表する英語はグループみんなで作った英語という意識があるので、その場で訂正されても、あまり深刻にならないようです。また、定期考査後の授業では、模範解答を提示して各自に自分の間違いを直させます。それを回収し、訂正個所を確認しスタンプを押して返却します。

　生徒が間違ってしまったとき、それを訂正するばかりが得策ではありません。ティーム・ティーチングの授業ならば、一週間単位ぐらいでALTといっしょに間違いやすい表現を拾い出し、次週にALTが自分の国の話や、その時期にタイムリーな話題を取り上げて英語で話すときに、二人の教師で拾い上げた表現を盛り込んでもらうことも有効だと思います(これは、ALTの協力なしではできませんが)。間違っているところを訂正しなくても、生徒が文法的に間違って理解していること、或いはもっと適切な表現があることを生徒に気づかせることができるか

らです。

　また、ティーム・ティーチングではない授業において、毎授業時間の最後に2文から3文を覚えておくように指示し、次の授業の最初の約5〜6分ほどで小テストのような形(小さな紙に書かせて提出させるやり方)で提出させることを続けておられる場合には、小テストの前の授業で提示しておく課題文の中に、前の週あるいは前々週に間違いやすかった表現を入れるのも良いと思います。そのような表現は単語を変えながら何回か繰り返し出題してもいいと思います。時には3文ともその種の表現(文)であったり、時には、間違いやすい表現1文と残りは教科書に出ている文であったりと、その辺りをその時の生徒の状況やタイミングを見計らって判断します。得点は簡単な表に記入し、平常点を与えることで生徒たちのやる気を持続させます(生徒に採点させる場合でも、小テストには必ず教師のスタンプを押して返却してください)。1学期の中間考査が過ぎた頃には、生徒たちも本当に平常点になっていることを確認でき、生徒も教師も慣れてきて少しずつ要領もよくなり面白くなってきます。

　また、実際には難しい面が多くありますが、授業科目間で学習内容をできるだけ関連させながら、上で述べたような指導ができればさらに良いと思います。そのためには、教師のチームワークが必要ですが。

間違いに対する教師の対応(2)
ノート提出の機会を利用する
　私は、就職希望生徒がほとんどであるクラスを受け持つ場合には特にそうなのですが、やる気を失わせず、平常点を保証するために、多くの先生方もしておられるように、ノートを提出させて授業中の小テストと共に平常の努力点として評価の際に点数を加えています。これは平常点を保証したり、生徒たちに「どうせやっても無駄だ」などと思わせないためにも必要になっていることです。

　ノート提出で平常点を与えることのメリットの一つとして、英語が嫌いで全く勉強しなかった生徒が、授業中ノートに何か書くようになる、少なくとも提出前には何か書くようになる、ということがあります。とにかく何かするようになるということです。提出や返却を続けていると、担当教師と生徒の間にだんだん信頼関係みたいな、何かそれまでになかったいい感じができてきます。実はそれだけではありません。文法的、

あるいは文脈や状況から考えて適切でない表現を、精神的苦痛や他の生徒に対する恥ずかしい思いをさせずに気づかせることができます。彼らの様子を見ていると、英語嫌いの生徒でも、返却したノートを受け取ると必ずそのノートを開いて、スタンプが押してあることを確かめています。何かひと言書き添えておくとそれを読んでいます。

　そこで、ノート提出を利用して学習指導をします。提出は週1回(学校行事との関係では適当に)を原則とします。ノート提出直前の授業の終わり5分ぐらいを使って、1週間の授業で学習した中でのポイントになる文や、間違いやすかった文(生徒が発表しているときALTがメモした文や、教科書のキーセンテンスとして小テストで出題したような文も含めて)を3～5文程度、クイズとして書かせます。方法としては、生徒の様子に合わせて、時には日本語を教師が言い、生徒に英語を書き取らせたり、英語を言い英語で答えさせたり、途中まで英語を言い、残りは自由に作らせたり、時々変えます。提出後、教師がチェックするのは、時間に余裕がある場合以外は、1週間分ノートしてある部分にはスタンプを押すだけにして、提出前に書き取らせたクイズの部分を中心に必要程度訂正するようにします。それも内容を中心に直し、単語のつづりや時制の違いなどには下線を入れる程度にしておきます。あまり細かく間違いを指摘して自信をなくさせてはいけませんので、それで十分だと思います。また、そこに励ましのひと言を書き添えておくとよいでしょう(それほど時間はかかりません、長いコメントは不要)。生徒は必ず読みますから。訂正した方が良いと思う所があまりにも多い場合には、その部分に下線を適当に入れ、その他何人かの生徒の間違いが目立つ個所といっしょにプリントをつくり、後に授業で配り、(間違っていることを強調せずに)重要なポイントとして肯定証拠を多く与えるようにして、生徒たちが自分でそのことに気づく機会を与えるようにします。

　英語に対する興味や理解の度合いは生徒によって違います。関心のあることも様々です。なかなか教師が思うように反応しない生徒もいるでしょう。でも、生徒の気持ちは本当にいろいろと変化します。短期間で効果を上げようと思わずに、ゆっくりと「できた」という経験をできるだけ多く持たせ、「やれる」という自信を少しずつつけていくという姿勢で、私自身もいっしょに勉強を続けていきたいと考えています。

より良い英語授業を目指して
教師の疑問と悩みにこたえる

動機づけと教材

英語嫌いの生徒を授業に参加させるにはどうすればよいか？

E先生：昨年の春、今の中学校に転勤してきたのですが、前任校に比べて英語嫌いな生徒が多く、なかなか授業に参加しようとしません。前任校は学力は地域でもトップの中学校で、英語好きの生徒も多かったのですが、そこで通じた指導法が現任校では通用しません。**英語嫌いの生徒を授業に積極的に参加させるにはどうすればいいでしょうか？**

鈴　木：まず、現在、どのような授業をなさっていますか？

E先生：毎時間、最初に、前の授業で学習した範囲の単語と文型を日本語から英語に直させるテストをします。その後、本文を数名の生徒に音読させてから新しい教材に入ります。まず、新しい文型の説明をして文型練習を行ないます。次に、本文の音読練習、本文を一文ずつ和訳させて必要な説明を行ない、最後に、生徒を指名して音読させます。

鈴　木：私が中学生の頃に受けた授業によく似ていますね。これで、前任校の生徒たちは特に問題なく、授業にも参加していたのですか。

E先生：はい、音読練習でも、文型練習でも、大きな声が出ていました。

鈴　木：先生は、かなり恵まれた環境で英語を教えておられたようですね。他には、どんな指導法を使っておられますか。

E先生：実は、他の教え方と言われても知らないんです。自分が中学生の頃教わったのと同じ方法なんです。

鈴　木：先ほどご紹介いただいた先生の授業には、音読練習の位置づけの他、いろいろ問題があります。しかし、先生の現在の教え方を急に変えることは無理ですから、今後いろいろな機会を利用して、できるだけたくさんの先生の授業を参観したり、専門書を読んで改良する努力をしていただくとして、今日は、清水敦子先生の「生徒の興味をひきつけるアイデア集」を読んでいただきましょう。先生が現在の授業スタイルを変えることができるヒントがきっと見つかるでしょう。

動機づけと教材

生徒の興味をひきつけるアイディア集

清水敦子

1 はじめに

英語がわからない生徒はなかなか授業に参加しようとしないことが多い。しかし、実は、どの生徒も心の中では、「英語がわかるようになりたい」、「英語を話せるようになりたい」と思っているのではないだろうか。

本稿では、私の拙い実践の中で、そのような生徒の心を「動かす」とまではいかないのだが、「くすぐる」ことができた活動のいくつかを紹介させていただく。

2 導入編

❶「袋の中身の正体は？」

3枚のビニール袋のうち、1枚には塩を、もう1枚には砂糖を、3枚目には味の素を入れておく。What's this?と言いながら、生徒たちに袋の中身を当てさせる。

いろいろな意見が出たところで、Is this salt or sugar?と言いながら、生徒に味見させる。最初は「甘〜い！」とか「うわ〜、しょっぱい。」と言っていた生徒も It's salt.とか、It's アジノモト.と答えてくる。教室が騒がしくなることもあるが、興味を持たせることができる。Is this A or B?や What's this? などの文型導入などで使える。

中身が見えない袋を用意して、What's in the bag?と言いながら、生徒に中にあるものを触らせて、類推させ、There is 〜.で答えさせるのも意外性があってよい。

❷「リスニング・クイズにチャレンジ！」

1.「Have you ever イントロ・クイズ」

リスニング・クイズを使った導入方法は、工夫次第で、生徒の心をつかむ大きな力になる。

生徒の間で流行している歌や、CMソング、童謡、演歌な

209

ど、いろいろなジャンルの歌のイントロを用意しておく。それぞれの歌のイントロを再生しながら生徒たちに質問していく。

  T: Have you ever listened to this song?
  S: Yes, I have. (No, I have never listened to it.)
  T: What's this song?
  S: It's Automatic.
  T: Yes, that's right. Who sings this song?
  S: Hikaru Utada sings it.

というように、できるだけ英問英答で行なう。

2.「Who is this ?（この人は誰でしょう）」

その他に、いろいろな教科の先生方に、あらかじめ英語や日本語でインタビューし、録音しておいたテープを用意する。それを教室で聞いて、どの先生の声かを生徒に当てさせる。*English Journal* や *English Express* などの英語雑誌の、各界の著名人のインタビューが収録されたテープや CD を利用するのもよい。ときには、マイケル・ジョーダンの引退スピーチやクリントン大統領の就任演説など、生の英語に触れることができる。*Newsweek* や *Time* 等の雑誌の表紙や記事などから、著名人の写真を利用することも出来る。また、教師や生徒の赤ちゃんの頃の写真を使って、過去形を練習させるのもよい。

3 語彙を増やすために——「数え歌作戦」

代名詞の導入や、不規則動詞の変化表を覚えるのに使える。かけ算の九九と同様に、ことばの学習においても、口慣らしで練習し、input の機会を増やすことができれば、習得につながるであろう。

❶代名詞の場合

「アイマイミーのミートソース、ユーユアユーと湯をかけて、ヒーヒズヒムと火をかけりゃ、シーハーハーイできあがり。」

最初は、恥ずかしがっていた生徒たちも、ジェスチャーやリズムをつけて何回も練習すると楽しむようになり、代名詞の格変化を覚えてしまった。

❷ 数字の場合――みんなで協力、ワンハンドレッド

　クラス全員で、英語で1から100まで何秒で言えるかを競わせる。前の人が発音した英語を注意深く聴くことと、大きな声で発音して次の人に伝える必要がある。協力して、みんなで助け合って学習することは、各個人の学習意欲を高めることにつながっていく。

　ここで注意したいことは、最初に正しい英語の発音を徹底して教えることである。thirty と thirteen の違いなど、それぞれの語の持つアクセントにより、意味が変わってしまうことにも触れておくことも必要であろう。

❸ 動詞の変化表の場合

　ABC 型（過去形と過去分詞が違う形）の不規則動詞の表や、ABB 型（過去形と過去分詞が同じ形）の不規則の表を用意する。毎時間の最初に表をもとに、コーラス・リーディングを行なう。

(例1)

原形	過去形	過去分詞
begin	began	begun
eat	ate	eaten
give	gave	given
speak	spoke	spoken

(例2)

原形	過去形	過去分詞
bring	brought	brought
buy	bought	bought
teach	taught	taught
think	thought	thought

　ビギン、ビギャン、ビガンや、ギヴ、ゲイヴ、ギヴンなどのように毎回みんなで大きな声で読んでいると、動詞変化表を覚えるのが苦手な生徒も、少しずつ慣れてくる。

　ある程度慣れてくると、何秒で読めるかなど時間を測って、スピードを競わせたりすると、無味乾燥な動詞の変化表も楽しく学ぶことができる。

　この表を作るのに工夫している点は、できるだけ中学生の教科書によく登場する頻度の高いものを選ぶことと、形の変化が似ているもの同士を組み合わせることである。例えば、(例1)では、過去分詞の語尾が「ン (n)」で終わるものを集めた。(例2) では、teach ― taught、buy ― bought など語尾が

「ト（ght）」で終わるものを集めて、表を作成した。動詞の変化表がなかなか覚えにくいと、相談にくる生徒がかつて多くいた。この表を使うようになってから、口から自然に過去形や過去分詞が出てくるようになったという声を聞くようになって、とてもうれしかった経験がある。

4 読む力を伸ばすために

高学年になるにつれ、音読の際の声が小さくなってくる。なんとかして音読に楽しく参加出来るようにしたい。「はじめに音ありき」で、音読の大切さを生徒に教えたいと思う。

❶ リーディング・マラソン

みんなの前では恥ずかしくても、英語をうまく読めるようになりたいと思うのは、ほとんどの生徒の願いではないだろうか。その願いを叶えてやりたいものである。

コーラス・リーディングや個人読みを行なっても、全員の読みをチェックするのは無理である。そこで、各個人にチェック表を用意して、生徒自身で読みの練習をした後、授業と授業の間の休憩時間や、昼休みに、教師がチェックしてハンコを押すことにした。最初は、各クラス平均2、3人が授業後すぐに並んでチェックを受けていたが、学年が上がると、クラスによっては、1クラス10名近くの生徒が参加するようになってきた（資料1参照）。

あまり発音の間違いは気にせず、まず参加して声を出すことを重視した。しだいに、正確な発音を質問に来る生徒や、暗唱にチャレンジする生徒も少しずつ増えてきた。

❷レコーディング・ホームワーク

　夏休みなどの課題として、生徒に教科書の本文を自分の声でテープに吹き込んで提出させる。発音、イントネーション、delivery、声の大きさなどを採点して返却する。一度に採点するのは大変だが、優秀な生徒のテープを教室でみんなで聞くと、英語の音に大いに関心を持つ生徒が増える。

❸リーディング練習を楽しく

　基本的なことであるが、教科書の本文を登場人物の役割ごとにペアやグループで読む練習をする。一文ごとに交替して読んだり、Read and look up をさせる。また一分間に何回読めるか競わせるのも楽しい方法である。しかし、読む練習が終われば、どこかの時点でみんなの前で発表させることも大切であろう。暗唱や英語劇などにも発展させることができる。

　NEW HORIZON English Course Book 1（東京書籍）には、カナダから来たグリーン先生の自己紹介の文がある。教科書の英文をもとに、生徒自身の自己紹介をさせることができる。

　また、*NEW HORIZON English Course* Book 3では、日本に来たメアリーの体験が話題になっている。その会話文を利用して、京都観光インタビューをペアで行なった（資料2）。

　生徒たちが自分自身のことを自分自身で表現することができるコミュニケーション能力を伸ばすためには、教科書の中の基本文を生かして、学んだことをすぐ使わせることが必要である。

5　おわりに

　コミュニケーション能力を育成することが英語教育の大きな課題だが、まず基本的な英語の力をつける必要がある。そして、そのためには、生徒が英語に興味を感じることができるようにすることがまず必要ではないだろうか。本稿が、お読みくださった先生方の授業改善に多少なりとも役に立てば幸いである。

[資料2]

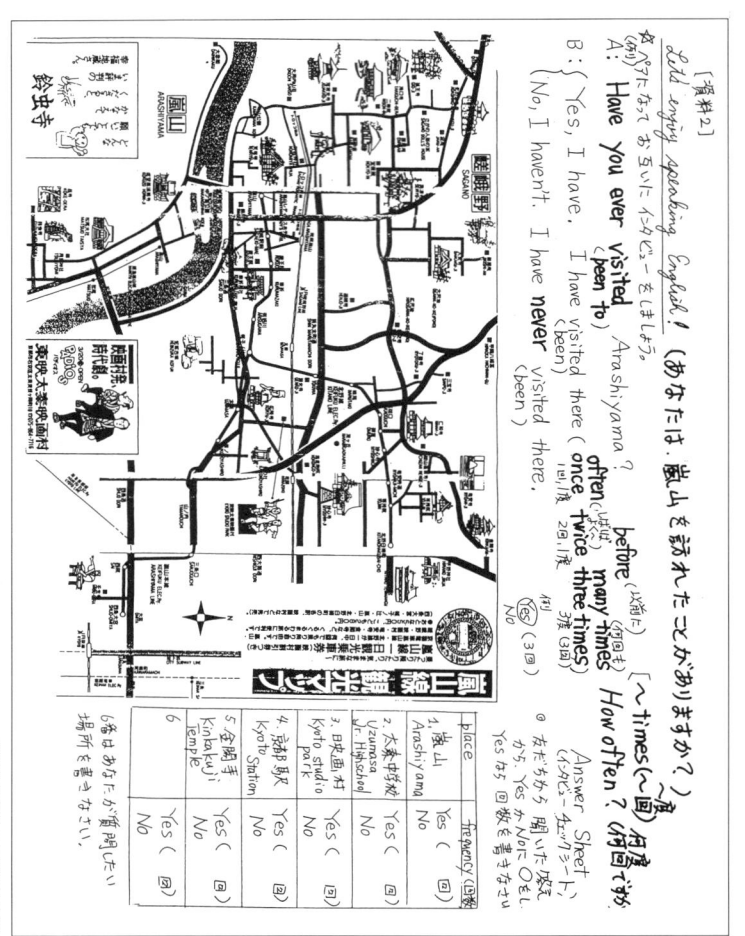

Let's enjoy speaking English! (あなたは、嵐山を訪れたことがありますか？)
☆(例)パタンをもとにお友だちにインタビューをしましょう。

A: Have you ever visited Arashiyama?

B: { Yes, I have. I have visited there (before (以前に) / once (1回) / twice (2回) / three times (3回) / often (いつも) / many times (何回も)) (been) }
   { No, I haven't. I have never visited there. (been) }

→ How often? (何回ですか)

Answer Sheet (アンサーシート)
※ あなたが聞いた感じから、Yes か No か、O印を書きなさい
  Yes なら何回も書きなさい

place	frequency (回数)
1. 嵐山 Arashiyama	Yes (回) No
2. 太秦中学校 Uzumasa Jr. High School	Yes (回) No
3. 映画村 Kyoto studio park	Yes (回) No
4. 京都B駅 Kyoto B Station	Yes (回) No
5. 金閣寺 Kinkakuji Temple	Yes (回) No
6.	Yes (回) No

※6番はあなたが訪問したい場所を書きなさい

資料提供：京福電鉄

[読後の話し合い]

E先生：いやあ、本当に参考になりました。今からすぐ教室に行って、試してみたい気がします。一番最初の、What's this? や What's in the bag? などを教える場合は、私も実物や絵を使うことがありますが、ただ、品物や絵を見せて、What's this? と尋ねて、生徒に It's a ball. などと答えさせるだけでした。大いに反省させられました。

鈴　木：先生のように絵を見せて、What's this? と尋ねても効果があるのは、生徒が絵に描かれた物の名前を英語で知らない場合です。この場合でも、絵全体を見せて教師が自問自答するより、絵の一部だけを見せて、描かれている物が何かを生徒に推測させてからのほうがいいでしょう。

E先生：清水先生が大変参考になるいろいろなアイデアを紹介しておられますが、一つ気になるのは、中には、生徒が「これは遊びだ」と思う可能性があるものも混じっています。例えば、「Have you ever イントロ・クイズ」などは、私には使えそうもありません。私には、やはり、従来の文法説明をして、ドリルをする方が性に合っていますね。

鈴　木：英語に対する興味を失っている生徒に対して、先生の今の指導法は有効でないことはおわかりのはずです。私自身も若い頃そうでしたが、中学、高校の先生方は、生徒が興味を持とうが、興味をなくそうがおかまいなしで、学力をつけることばかり考える傾向があるように思います。例えば、単語力を増強するために、単語集を持たせて毎週テストしたり、夏休みには、単語をノートに10回ずつ書かせるというようなことが行なわれています。しかし、それで学力がつくかというと、非常に疑問です。英語嫌いの生徒が増え、ますます授業に参加しなくなります。それよりは清水先生のように、固い内容を軟らかい「オブラート」で包んで生徒に与えるほうが、興味の回復に役立つでしょう。興味を持つようになれば、学力も伸び始める可能性は大きくなります。もちろん、こういう活動が年間を通して授業の大半を占めるというのは行き過ぎですが、現状は、学力を伸ばすことが優先され過ぎて、無味

　　　　　乾燥な授業になり、英語嫌いが増え、その結果、学力も伸びないという悪循環に陥っているように思います。
E先生：わかりました。ところで、**この種のアイデアはどのようにして仕入れればいいのですか？**
鈴　木：生徒の間で評判の良い授業をなさる先生は必ずこの種のアイデアをお持ちですから、そういう先生の授業を見せてもらうことです。アイデアだけでなく、その先生の授業の進め方、説明の仕方など、多くのことを学ぶことができます。
E先生：でも、他校に出かけていくなどということは考えられません。
鈴　木：学期に1回でも、比較的近くの数校を1グループにして、輪番で「普段着の授業」を公開し、その教科の先生が全員集まって授業を参観して、その後話し合うような制度が確立できればいいのですが、残念ながら、他校の先生の授業どころか、同僚の授業を参観することさえできない現状があることは十分承知しています。そこで、提案ですが、お互いの授業を見せ合うことが時間の関係で無理なら、ビデオで録画し（音声だけでもいいですが）、それを自宅で研究することは可能でしょう。できれば、授業者と話し合う時間を持てればいいですね。また、学会や研究会で、ビデオによる授業研究が行なわれていますから、参加するといいでしょう。また、名人の授業をビデオ収録したものを買うという手もあります。値段が高いのが難点ですが、授業改善のための投資と思えば安いものです。
E先生：それではアイデアの数が限られると思います。もっとたくさんのアイデアを得る方法はありませんか？
鈴　木：アイデアを収録した本や雑誌はいかがですか。例えば、『英語の授業・アイデアブック』シリーズ（三友社出版）、『英語授業改革双書』シリーズ（明治図書）、『英語教師の四十八手』シリーズ（研究社出版）、靜哲人（著）『英語授業の大技・小技』（研究社出版）などがあります。また、年3回程度の発行ですが、『楽しい英語授業』（明治図書）という雑誌も参考になるでしょう。大修館書店発行の月刊誌『英語教育』は、基本雑誌として毎号購読したいものです。
E先生：早速、書店に立ち寄って、1、2冊買って帰ります。

動機づけと教材

Question 13　生徒が興味を持つ教材は

生徒が興味を持つ教材をなかなか探し出せません。生徒はどんな教材に興味を持っているのでしょうか。また、そのような教材を見つけるには、どこを探せばよいのでしょうか。

回答者　中 井 弘 一

「興味を持つ」とは

　興味を持つとは、面白いと思って、心が引かれ関心を持つということです。教師が面白いと思っても、生徒が面白いと思わないこともありますから、生徒自身に尋ねてみないとわかりません。また、あるいは、生徒自身が知らないもので、教師から知らされて初めて興味・関心を持つものがあるかもしれません。このように、「興味を持つ」ということは、幅広く考えておかなければなりません。さて、「興味がある英語教材とはどんなものですか？」と高校生に尋ねてみると、「英語の文学作品」、「歌」、「雑誌」、「外国映画のシナリオ」、「英字新聞」、「ドラえもんが英単語のお話を交えて教えてくれるもの」、「CDつきのもの」、「挿し絵がいっぱいある教材」、「英語クロスワード」、「英会話」、「英語の絵本」などと返ってきます。

　メディアを中心とした枠組みから、次に、ジャンルなどもう少し中身に入り込んで、「英語の教材で、興味がわく話題はどのようなものですか？」と尋ねてみると、「スポーツ」、「映画のせりふや英語の歌の歌詞」、「英語が話せるようになるもの」、「マンガ」、「音楽」、「物語」、「ニュース」、「外国の遺跡」、「外国の習慣」、「流行しているもの」、「試験に役立つもの」、「知っている人」、「世界情勢」、「タイムリーな話題」、「童話や昔話」、「宇宙の話題」、「歴史」、「外国のこと」、「外国のお話」、「感動する話」、「身近なもの」、「英語を話す芸能人についての話題」、などと返ってきます。

　言葉を換えて、「英語を通して学んでみたいと思うものは何ですか？」と尋ねてみると、「歌」、「会話」、「文化」、「コンピュータ」、「語感」、「国際結婚」、「外国の食文化」、「外国で通用する英語」、「英語を使った遊び」、「異国の遊び」、「外国の日常の話題」、「科学」、「洋楽」、「異文化間のつながり」、「国際平和を維持するにはどうすればよいか」、「ニュース」、「有名人のこと」、「趣味」、「外国の人々の思想や物の見方の

違い」、「外国の歴史」、「外国の変わったスポーツ」、などの回答が返ってきます。

　おそらく、生徒にとって未知のもの、新しいものが興味・関心の対象になると思われますが、どの教材であれ、生徒が理解できる範囲内のものでなければなりません。チャレンジ精神でがんばらせるにしても、プラスワンのレベルまでのもので、個人差がある生徒全体に網をかけるように扱うことになるでしょう。そして、その教材は楽しいという気分が味わえ、やってみたいと思わせるものであることが大切になります。

「興味を持つ教材」とは教材だけのことか

　時間に追われて投げ込み教材などを扱うのが難しい状況では、上記の内容を扱った教材をいつでも使用できるというわけにはいきません。しかしながら、教師がまず考えるべきことは、教材の提示導入・指導展開の方法を工夫することです。そうすることによって、教材が面白いものになり得ることを忘れないでください。手持ちの教材に、例えば、現実に即した臨場感ある音声を加えるとか、大きなイラストやチャートを使ってみるとか、何か一つ異なった観点の軸を加えることで教材が立体的になり、生徒が興味・関心を持つものになり得ます。そうした観点を持つことが必要です。

どのようなところを探せばよいか

　教材を工夫して使おうとする意識を持って初めて、自分で素材を探し出す視野が広がります。視野が広がれば、身の回りの新聞、広告、テレビ、ラジオなどのメディア、また図書館、書店、街角の表示など身近にあるものからでも教材はいくらでも見つけることができます。pp.225-231の「英語教育に役立つインターネットのサイト」もその一つとして参考にしてください。自分で発見することによって発想力が増し、教材の組立や授業の構成も工夫が行き届いたものになります。ですから、教材自体において、生徒が興味・関心を抱きそうな箇所を摑み、その提示や展開を工夫する訓練が大切になります。

Question 14　英語授業で音楽は活用できるか

英語の授業に音楽を活用することは動機づけに有効であると言われますが、具体的にどのように活用すればよいのでしょうか。

回答者　**中井弘一**

英語の授業で「歌」を扱ってほしいという生徒は確かに多いですね。その活用を考えるには、音楽教材を授業で扱う効果やメリット、デメリットなどを考えてみる必要があります。

音楽や歌を授業で扱う効果
- ●音楽や歌を扱うことでくつろいだ状況が生まれます
- ●歌詞の内容が生徒の気持ちや感情に訴えるものがあります
- ●名曲は心に残り、メッセージが伝わります
- ●音楽や歌を扱うことで、生徒は英語の授業が楽しいと感じます

音楽や歌を扱うことに教師が抱く不安

授業で音楽や歌を扱う際に気になることが *Music & Song* (Tim Murphey, Oxford University Press, 1992)にまとめられています。
- ●先生が音楽や歌を真剣に取り扱わない
- ●他のクラスの迷惑になる
- ●普段の授業からかけ離れたもので、時間の無駄である
- ●ポップ・ミュージックにはスラングが多く使われ、学習に役立たない
- ●授業の目標を立てにくい
- ●生徒は聞くことを好むだけで、作業はいやがる
- ●語学学習のための音楽や歌は退屈である
- ●生徒は歌わない
- ●生徒によっては、夢中になりすぎる者が現れる

などです。このような不安や心配の要素を一つでも取り除いた環境や活用を考えることが大切です。

どのように扱えばよいのか

まずは日常生活で、普段、音楽や歌に接したときにするようなことを

取り入れてみてはどうでしょうか。日常生活では、ただ聞いているだけや、ハミングをしてみたり、「これはいい曲だね」と感想を言ったり、なぜその曲が好きなのか話したりします。そのような活動は生徒の興味・関心に基づいたものです。

【例1】ヒットチャートを使い、流行の音楽について話し合ったり、リクエスト曲を流してその歌について話し合ったりする

今週と先週のヒット曲ランキングを、音楽雑誌を参照して英文で作成する。「今週の一位は？」「あなたの好きな曲は？」などについて英語で話し合ったり、書かせたりする。

```
           Music Top 10   Hit Chart
This week  Last week      Title           Artists
    1
    2
    3
         (以下、省略)
```

【例2】なぜこの曲が好きなのか

```
My favorite song
   Song Title： (自分の好きな曲のタイトルを書かせる)
   My evaluation： (好感度を項目ごとに5段階評価させる)
   Reason： (なぜいいと思うのかその理由を書かせる)
```

【例3】聞き取りのパターン

学習目的・目標を絞る方がやりやすくなります。よく行なわれる歌詞の聞き取りにも幾つかのパターンがあります。例を挙げてみましょう。

What did you miss? (部分穴埋め)

```
Moon River, (      ) than a (      )
I'm (     ) you in (      ) some day.
Old (      ) maker, you heart (      ).
```

What's different?（歌詞と異なった単語を見つける）

> Whenever you're goin', I'm coming your way.
> Two drifters often see the world.
> There's such a lot of words to see.

Circle correct words.（二者択一の聞き取り）

> Away, I'd (ladder / rather) (sail / same) away,
> Like a (swan / sword) that's here and (gum / gone)
> A man gets (tried / tied) up to the (ground / grand)
> He (lives / gives) the (world / word) its saddest (sand / sound).

その他に、
- ●歌詞を部分的に自分で書いてみる
- ●日本語の歌詞を考える
- ●その歌の内容に関する会話文を考えてスキットを作らせ、演じさせる

など、生徒自身が参加できるようにすることが、音楽教材を使う次の目標になると思います。

Question 15 映画の活用法

映画を英語の授業に用いると、音楽同様、非常に効果があると言われていますが、どのように活用すればよいのでしょうか。

回答者　**中　井　弘　一**

　生徒の興味・関心や能力に応じて考える必要があります。いくつかの活用例を挙げてみましょう。

【例1】表現を覚えよう（映画：ゴースト）

　事前に日本語の部分を英語に直させてみる（直せなくてもよい）。それから映画を見て、日本語の部分の英語を確認する。

Clara & Louise：	Praise the lord.　Thank you, Jesus.
Oda Mae　　　：	Welcome, Mrs. Santiago.　今日は好運の日よ。The spirits are churning.
Mrs. Santiago：	My husband?
Louise　　　　：	Have mercy!
Sam　　　　　：	Oh, yeah? Where?
Mrs. Santiago：	Julio?
Oda Mae　　　：	Yes!　I feel his vibration.
Mrs. Santiago：	Ooh!
Oda Mae　　　：	I see him!
Mrs. Santiago：	How is he?　彼はどんな様子ですか？
Oda Mae　　　：	Oh, he's a handsome man.
Mrs. Santiago：	Handsome?

【例2】どんなせりふが入るか想像させる（映画：ゴースト）

Oda Mae　　：	Sam?　They're waiting for you, Sam.
Sam Wheat：	I'll miss you.　Your mother would be proud.
Oda Mae　　：	I'm going to miss you, too, Sam.　You're all right.
Sam Wheat：	Bye, Oda Mae.

動機づけと教材

```
Oda Mae    : Bye, Sam.
Sam Wheat  : _____
Molly      : Ditto.
Sam Wheat  : It's amazing, Molly. The love inside... You
             take it with you.  See ya.
Molly      : See ya.
Sam Wheat  : Bye.
```

【例3】自己表現（映画：フォレスト・ガンプ）

```
Forrest : Hello.  My name's Forrest. Forrest Gump.  Do
          you want a chocolate?  I could eat about a million
          and a half of these.  My mama always said, "Life is
          like a box of chocolates.  You never know what
          you're going to get."
```
映画では「人生はチョコレートみたい。食べてみないとわからない。」と言っていましたが、あなたならどんなことを言いますか？
　　　　　Life is like _____.

【例4】日本映画を英語吹き替えに（映画：夢）
せりふを英語訳してアフレコで英語版を作成する。

母：出ていくんじゃありませんよ。陽がさしているのに雨が降る。こんな日にはきっときつねの嫁入りがあるのよ。きつねはそれを見られるのをとてもいやがるの。見たりすると恐いことになりますよ。

　（英訳）
Mother : You cannot go out today. It's raining while the
         sun shines. There must be a "Kitsune no yome-
         iri", Fox's wedding parade on a day like this.
         Foxes hate others to watch the parade. A peep will
         cause you fearful trouble.

【例5】コースブック・ワークシートの作成（映画：ダンス・ウィズ・ウルブズ）

> Episode 5 "Parting"（シーンごとにタイトルをつける）
> A. Vocabulary:（語彙のリストをつけ、事前にチェックする）
> catch up, apprehend, the bunk in my quarters, white captive, hostile
> B. Expressions:（映画を見る前に、いくつかの表現もチェックする）
> 　1. We're charged with apprehending hostiles.（別の例文も作成する）
> 　2. We're charged with patrolling until we sight the enemy.
> C. Attention Pointer Questions:（話のポイントとなる質問を事前に与える）
> 　1. What was Ten Bears holding and talking about?
> 　2. Who stole Lt. Dunbar's journal?
> D. Comprehension & Discussion（映画を見た後、話し合う時間を持つ）
> 　1. What did Ten Bears want to tell by showing the helmet?
> 　2. Why did Lt. Dunbar begin to talk Lakota (Indian words) to Major and Elgin?
> 　3. The ending of the movie is different from the original book. Which ending do you like better, their staying at the camp or their leaving the camp?　Why do you think so?

動機づけと教材

Question 16 授業に役立つサイト紹介

授業や、教師の教材研究、自己研修などに役立つインターネットのサイトにはどんなものがありますか?

回答者　中　井　弘　一

例えば、次のようなものがあります。

HPタイトル：**You can ask 50 questions**
URL:**http://www.beakman.com/questionlist.html**
内容紹介：質問すると丁寧に解説してくれる。現在、39の質問と回答が掲載されている。「なぜダイアモンドは硬いのか」「石鹸はなぜ汚れを落とすことが出来るのか」などの身近な質問が取り挙げられている。

HPタイトル：**財団法人日本相撲協会**
URL:**http://www.sumo.or.jp**
内容紹介：日本文化の紹介を扱う教材として、「新聞づくり」、「英作文」、「スピーチ」などで活用できる。

HPタイトル：**Dave' ESL Cafe**
URL:**http://www.eslcafe.com**
内容紹介：電子メールを使って、チャット、討論、メッセージ交換などの活動が可能。口語英語の辞書のページやQUIZ CENTERという地理、歴史、科学、世界の文化等の項目の英文Q&Aは教材作りに役に立つ。

HPタイトル：**The Tongue Twisters Database**
URL:**http://www.geocities.com/Athens/8136/tonguetwis-　　　ters.html**
内容紹介：150以上の早口ことばが掲載されている。ALTに録音してもらって、発音・リズムなどの練習に活用すると楽しい。

HPタイトル：**EPA Global Warming**
URL:**http://www.epa.gov/globalwarming/**

内容紹介：地球温暖化に関するホームページ。Climate system、Impact、Action という3つの視点から地球温暖化に取り組んでいる。音声や映像はないが、リンク集は充実している。

HP タイトル：**National Wildlife Federation's Homepage**
URL:**http://www.nwf.org/**
内容紹介：絶滅の危機に瀕している動植物の現状、保護活動などの情報が掲載されている。リーディング教材や参考資料として活用できる。

HP タイトル：**Adam Rado's English Learning Fun Site**
URL:**http://www.elfs.com/**
内容紹介：発音、聞き取り、スラング、文法、語彙の5つの項目に分かれていて、それぞれに例文、ダイアローグを音声として聞かせるサイト。

HP タイトル：**Teens Living with AIDS**
URL:**http://desires.com/1.4/Sex/Docs/aids.html**
内容紹介：HIV-Positive と診断された3人の若者の体験を、インタビューしてまとめた記事が掲載されている。AIDS 問題を考えさせる資料に使える。英文は比較的平易である。Writing 指導の一環として、インタビューやその報告をまとめる活動の見本として扱うのもよいだろう。

HP タイトル：**UNAIDS**
URL:**http://www.unaids.org/highband/index.html**
内容紹介：UNAIDS とは、The Joint United Nations Program on HIV/AIDS の略称で、AIDS 対策に関する提言などの資料が入手できる。統計資料も豊富である。正式な文書が多く、英文は難しい。教員の背景知識の獲得のために活用する方がよい。

HP タイトル：**CNN Classroom and World View**
URL:**http://cnn.com/CNN/Programs/CNNnewsroom/daily/**
内容紹介：CNN のニュース CNN Newsroom & World View をテキストファイルにして提供している。表題の URL から「本日のニ

ュース」「過去の記事の書庫」などのメニューに入れる。なお、登録すると(無料)、この番組をビデオに録画して、教室で使用することが許可される。トップニュースに加えて、曜日ごとに、例えば、月曜日は環境問題、火曜日は国際問題のように、特集が組まれている。Script がついているので便利である。

HP タイトル：**ComicZone**
URL:**http://www.unitedmedia.com/comics/**
内容紹介：Peanuts 等の30種を越える Comic Strip を読むことが出来る。授業のちょっとした息抜きに用いることができる。

HP タイトル：**Corpus of English by Japanese Learners**
URL:**http://www.lb.u-tokai.ac.jp/lcorpus/**
内容紹介：東海大学の朝尾幸次郎先生が中心となって収集しておられる英語用例データベース。日本語と英語の両方のページが提供されている。同じような意味を持つ複数の語の使い分け方を調べさせたりすることも出来る。興味深いのは、私たちもデータを提供出来るという点である。生徒の誤用例を収集するという活動は、生徒たちの英語運用能力を高める方法を探る上で、意義のある活動である。

HP タイトル：**Black History**
URL:**http://www.kn.pacbell.com/wired/BHM/AfroAm.html**
内容紹介：アメリカ合衆国における黒人の歴史についての資料およびWWW を使って、この問題の学習を支援するための活動案および参考になるサイトへのリンク等を提供している。生徒に研究発表させるときに役立つ。

HP タイトル：**Culture of Japan**
URL:**http://markun.cs.shinshu-u.ac.jp/japan/index-e.html**
内容紹介：日本の文化を言語・食べ物などの色々な角度から紹介しているリンク集サイト。日本文化を紹介する場合に参考になる。また、Writing の授業の一環として、ここにある記事を参考としながら、生徒が住んでいる地域の紹介記事を書かせることも出来るだろう。

HPタイトル：**DhugalJ. Lindsay's Haiku Universe**
URL：**http://www.ori.u-tokyo.ac.jp/~dhugal/haikuhome.html**
内容紹介：英文俳句の作成と鑑賞のためのサイト。英文俳句を書かせる英作文の授業に活用出来る。自分たちの作成した俳句を英文に直す活動もできる。海外との電子メール交流に際して、日本文化の一つとして紹介する場合に参考となる。

HPタイトル：**Martin Luther King Jr.**
URL：**http://www.seattletimes.com/mlk/**
内容紹介：Martin Luther King, Jr.に関するサイト。キング牧師の生きた時代、彼の活動を時代順に多くの写真とともに説明している。他に、充実したKing牧師関連のサイトとしては、Martin Luther King, Jr. Directory (**http://www.leland.stanford.edu/group/King/**) がある。環境が整っていれば、生徒たちに色々なリンクを辿らせて、生徒自身の手でKing牧師の一生やその思想をまとめさせたりしたい。

HPタイトル：**Visit a City with City Link**
URL：**http://www.usacitylink.com/visit.html**
内容紹介：アメリカの様々な都市の情報を即座に閲覧することが出来る。都市名を指定して検索できるので便利である。生徒たちに日数・費用などの条件を与えてアメリカ各都市を巡るツアーを考えさせ、その企画書を作成させるなどのプロジェクトが考えられる。それ以外には教材に出てきた都市の詳細を調べるという使い方もある。

HPタイトル：**Lingua Center Home Page**
URL：**http://www.taitec.ac.jp/~itestlj**
内容紹介：様々な方面にリンクを張ったホームページ。いわば英語学習をするのに適したホームページを探すのに適した検索エンジン的なサイトで、ここから自分で適したサイトを選べるようになっている。

HPタイトル：**Drew's Script-O-Rama**
URL：**http://www.script-o-rama.com/index2.shtml**

内容紹介：このホームページから100タイトル以上の映画・TVのスクリプトが入手できる。「となりのトトロ」などの日本のアニメの英語版のスクリプトも入手出来る。

HPタイトル：**The Movie Sounds Page**
URL：**http://www.moviesounds.com/**
内容紹介：主要な映画の中で使われている、決めのせりふ等を音声とテキストで再現できる。一つひとつのせりふが単発的で音声も短いので授業で使うというよりは、様々な表現を覚えるというようなデータベース的な使い方が出来る。

HPタイトル：**海外テレビドラマの英語**
URL：**http://www.bekkoame.or.jp/~ genkipro/tvdrama.html**
内容紹介：日本で放送されている海外ドラマ（「フルハウス」、「奥様は魔女」等）のスクリプトを日本語訳と若干の解説とともに掲載している。

HPタイトル：**One World**
URL：**http://oneworld.org/index.html**
内容紹介：地球温暖化防止会議などup-to-dateな問題を取り上げている。英文は多少難しめであるが、rewriteすれば読み物教材として使用出来る。写真も利用出来る。

HPタイトル：**Editor & Publisher**
URL：**http://www.mediainfo.com/ephome/npaper/**
内容紹介：世界中の2000以上の新聞のホームページにアクセス出来るリンク集。

HPタイトル：**Asahi-Newspaper-enews**
URL：**http://www.asahi.com/english/enews/enews.html**
内容紹介：新聞社のホームページで、記事が読める。天声人語の英訳が掲載されており、日本語・英語の両方から比較出来る。

HPタイトル：**Mainichi Weekly**
URL：**http://au1os.mainichi.co.jp/weekly/**

内容紹介：記事をリアル・オーディオの音声ファイルで聞くことが出来る。リスニングの教材として使える。勿論記事も掲載されている。

HP タイトル：**The Electronic Text Center at the University of Virginia**
URL:**http://etext.lib.virginia.english.html**
内容紹介：数千タイトルの英語の小説、詩、劇などのテキストが入手出来る。リーディング教材としても、コーパスの資料としても利用できる。

HP タイトル：**Folklore, Myths and Legend**
URL:**http://www.acs.ucalgary.ca/~dkbrown/storfolk.html**
内容紹介：イソップ物語、アンデルセン童話、グリム童話など、世界中の物語や神話を集めたリンク集。リーディング教材として利用出来る。

HP タイトル：**its-online**
URL:**http://its-online.com/**
内容紹介：比較的読みやすく、いろいろな話題を扱った読み物が多数収録されている。クイズ的な要素を持った読み物もある。

HP タイトル：**White House Briefing Room**
URL:**http://www.whitehouse.gov/WH/html/briefroom.html**
内容紹介：アメリカ大統領の、毎週土曜日のラジオ演説のスクリプトと音声ファイルが入手出来る。大統領と副大統領が毎日行なっている演説のスクリプトも入手でき、リーディング教材としても利用出来る。様々な統計資料(犯罪、教育、保健)のグラフや分析結果なども入手出来る。

HP タイトル：**The Fluency Through Fables**
URL:**http://www.comenius.com/fable/complete.html**
内容紹介：平易な英文で書かれた物語を用いて、語彙の意味確認、内容確認、物語についての意見交換、同じような内容の自分の国の物語の紹介など、いろいろな活動が出来る。

HP タイトル：ミニワールド
URL:**http://www.mww.co.jp**

内容紹介：基本単語2000語だけを使って書かれた易しい英文雑誌、ミニワールドのオンライン版。

HPタイトル：**Great Speeches**
URL:**http://www.historychannel.com/gspeech/archive.html**
内容紹介：政治家、音楽家、文化人等、約100人のスピーチがリアル・オーディオで提供されている。原稿は入手出来ない。

HPタイトル：**The Ability Utility**
URL:**http://www.learn2.com/**
内容紹介：日常生活で知っていて便利なことや、困ったときの解決策など、例えば、タマネギをむくときに涙が出ないようにする方法とか、泣く赤ん坊をどのように扱えばよいか、などの便利な情報を掲載している。読み物としてもおもしろい。笑えるイラストも豊富である。

(執筆者注) 本サイト集は、大阪府教育センターのインターネットを活用した授業研究プロジェクトで収集した資料の一部である（**1998年3月現在**）。

(編者注) Sperling(1998)には非常に多くのサイトが紹介されています。付属のCD-ROMで、簡単に各サイトにアクセス出来ます。

より良い英語授業を目指して
教師の疑問と悩みにこたえる

評価

話す力をどのように評価すればよいか?

B先生：今日は、**話す力の評価をどのようにすればよいか**について勉強しに来ました。

斎　藤：そうですね。話す力の評価は、教師にとっては最後に残された問題ということになると思います。

B先生：最後に残された問題ですか。しかし、それはまたどうして最後に残された問題なのですか。

斎　藤：四技能の評価を考えるとしますね。まず読む力の評価、書く力の評価、これはペーパーテストでなんとかなりますね。聞く力の評価ですが、これは音声で聞かせたとしても、その内容を正確に聞きとったかどうかに関しては、かなりペーパーテストでいけるでしょう。ただ話す力は、それだけで済ますわけにはいかない。「話す力は、話させてみなければわからない」というところがある。そうなるとペーパーテストで処理するわけにはいきません。ペーパーテストで処理できないということは、大量に処理することができないということですね。そうすると話す力の評価は物理的に難しくなってきます。

B先生：それはその通りなんです。けれど、話す力の評価もこういう時代だからやらなければならないと思いつつできないでいる、というのが私なんかの状態です。できないでいるというのは、結局「どうしてよいかわからないでいる」ということなのです。何か良い方法があったらノドから手が出るほど教えてほしい。それが偽りのない心境なのです

斎　藤：よくわかります。次の籔内智先生がお書きになった論文をお読みいただければ、先生が求めておられる話す力を評価する方法が見つかると思います。

評価

中学校における「話すこと」の評価の枠組み

籔内　智

1　評価の前提になること

　　英語という教科は、内容教科的側面と技能教科的側面を持つ教科なので、筆記テストなどで認知的側面を測定するだけでは不十分で、「聞く」「話す」「読む」「書く」という4つの技能を評価する必要がある。音声面が重視されるようになり、「話す力」を評価することは特に重要である。しかし、「話す力」を評価することは難しい。その理由は様々である。例えば、話す能力の複雑さ、客観性や信頼性の問題、accuracy と fluency の問題、テスト実施上の制約などが挙げられる。それでも、生徒に対して我々が考える以上の波及効果（backwash effect）があるので、どのような形にせよスピーキングの評価をする必要がある。

　学習活動や言語活動の何かについて評価するとき、その前提として目標と学力構造がある。指導要領の英語科の目標を受けて、具体的な英語の学力構造を構築することが必要である。その学力構造をどのようなものとしてとらえるかによって、学習指導の内容や方法も決まり、評価の内容や方法も決定される。即ち、指導者としてどのような学力を目指すのかを明確にしない限り、指導も評価もできないのである。「話すことの評価」を考えるにあたって、まず、その前提となる部分をおさえておきたい。

2　英語を話す力とは何か

　　「話すこと」は社会的行為であり、その機能を遂行することが目的となる。話し手は、自分の意思やメッセージを伝達し、発話内行為の達成をめざす。英語力が足りない時、コミュニケーション方略や身振りなどの助けを借りて、目的の達成につとめる。また、「話すこと」は、モノローグ的な speech などは別として、通常は相手のある相互作用であるので、言語使用域や

相手の知識量を考慮して話す必要がある。それ故、文法的な正しさといった言語の形式よりも、社会的場面と目的にとって適切かどうかが問題となり、話し方よりも、伝えようとする内容が主たる関心事になる。

3　学力構造の構築

指導要領での英語科の目標、「話すこと」の具体的な過程をふまえて、次の段階として、英語の学力構造を構築する必要がある (pp.240-241 の学力構造図参照)。effort はコミュニケーションへの関心・意欲・態度、skills は理解・表現の能力、knowledge は言語や文化についての知識・理解というように、指導要録の観点に対応すると考えてもよい。

4　「話すこと」にかかわる実際の指導・学習活動

学力構造が提示できれば、次の課題として、具体的な「話すこと」の学習場面を設定し、どのように年間計画や単元計画に位置づけるかということが考えられる。どのような言語活動を授業内に取り入れるかについては、下に示す Pennington (1996：226) の尺度が大いに役立った。

そして、具体的には、表2 (p.242) のような活動を行なった。

表1　Pennington(1996：226)

Practice level	Cognitive load	Modality	Participation	Information
Mechanical	Low inference	−Production	−Interaction	−Communicative
Contextualized				
Meaningful				
Realistic				
Real	High inference	+Production	+Interaction	+Communicative

5　「話すこと」の評価

評価をする主体によって、教師からの評価、相互評価、生徒の自己評価の3種類の評価に分類される。また、「話すこと」の個別的な領域の評価か総合的な評価か、accuracy に重きを置く評価か fluency に重きを置くものか、など評価を考える際、考慮に入れるべき事項が多々ある。本稿では、教師からの

評価を中心に述べる。

❶ 観察による評価

「評価≠テスト」である。授業内で生徒の「話す活動」を観察することによって評価することは重要である。次の点に留意すべきであろう。

(1) マイナスの評価をしない。プラス面での評価を記録に残すようにする。
(2) 単元もしくは一時間の授業の中で観察項目を、英語学力構造図で示した中からを選んでおく。例えば、accuracy、fluency、appropriateness、hesitation、loudness。一年間で観察項目のバランスが保てるように配慮する。
(3) 観察による評価では客観性が保てないという批判がある。この種の批判には、1年間観察記録を継続することによって得られる量でカバーすることで対処できる。評価の客観性については後述する。
(4) 授業中に継続的にチェックし、累積したものを総合的評価に利用する。
(5) 情意面の評価(学力構造図参照)は日頃の観察が極めて重要である。

❷ テストによる評価

1. 筆記テスト

筆記テストで「話すこと」の技能を測ることはできないが、筆記テストという間接的手段で、「話すこと」の社会言語学的領域や談話的領域にかかわる認知的能力を評価することは可能である。

2. 技能テスト

実施方法としては、授業中の活動での評価、個別あるいはグループによる面接テスト、LLを利用した一斉テストがある。以下、具体的なテストを列挙する。面接テストは時間がかかるので敬遠される傾向があるが、ALTと分担して行なえば1時間の授業で済むので、年に数回は実施したい。

(1) 音読テスト：テキストを音読する。
(2) story-telling test：物語を朗読する。

(3) oral composition：あるトピックについて英語で述べる。
(4) oral presentation：与えられた課題について準備してきたものについて英語で述べる。
(5) impromptu speech：直前に与えられたテーマについてスピーチする。
(6) 統制面接：特定の機能や概念、特定の文法事項の定着を確認するために、所定の手順で面接を行なう。
(7) 自由面接：上記の特定の事項によって構造化されていない自由な会話。
(8) 絵についてのQ&A：絵を見ながら、その絵の内容に関する質問に答える。
(9) 連続する絵の描写：一連のできごとを描写した絵を見て、そのストーリーを話す。
(10) information gap activity：お互いに欠けた情報を補い合って、タスクを完了させる。
(11) ロールプレイ：現実的な相互作用の場面で、役割の一方を演ずる。

6　評価にかかわって

　評価の二大目標は、①学習者の状況を知ること、②学習者に刺激を与えて学習への意欲をかりたてることである。従来の評価がこの二点について機能していただろうか、評価の原点に立ち返り、実際に機能する評価を模索する必要がある。以下、そのために考えるべき事柄を列挙する。

❶ 問われる教師の「目」

　先に提示した学力観に立った評価は、学習者の情意が評価の入り口であると言われる。そのためには、学習者の内面の理解に努めなければならない。また、常に生徒とコミュニケーションをとり、生徒の動きを観察しなければならない。指導要録で言う「児童・生徒の可能性を伸ばす評価」のためには、次のような評価の視点の移行が当然必要である。

① 減点主義から加点主義へ
② 否定的評価から肯定的評価へ
③ 結果重視からプロセス重視へ

④ 指導者からの評価から学習者自身の自己評価へ
⑤ 量の評価から質の評価へ
⑥ 十把一絡げ的評価から一人ひとりに着目した評価へ
⑦ 一元的評価から多元的評価へ
⑧ 相対的評価から絶対的評価へ

このようなことから、教師の人間性、教師の「目」が問われることになった。評価は生徒の評価であり、教師自身の評価でもある。

❷ 評価の透明性

評価の基準や方法を生徒や保護者に提示する必要がある。評価というのは一種の契約の上で成り立つものである。三者の合意の上で作る、信頼性を作る、透明度を高めるという過程が不可欠である。

❸ 評価の客観性の問題

評価の客観性を高める努力は大切であるが、客観性を口実に評価しないのは禁物である。また、教師という人間が評価する以上、完全に客観的な評価はあり得ない。筆記テストも、人間が作るわけで、突き詰めれば主観的なテスト法である。評価というのは「後ろめたい評価」「もやもやとした評価」「これくらいのことしか評価できなくてすまないなと思う評価」である。教師が後ろめたさを持ちながら主観的に評価するから「あたたかい評価」「人間味のある評価」が可能になるのである。毅然として評価するのは教師の悪徳である。後ろめたく、おずおずと評価したいものである。

また、関心・意欲・態度といった情意面の評価はプラスの評価である。生徒が気づいていない長所を教師が認める姿勢が重要である。

❹ 自己評価の意義

評価は最終的には自分で行なうものである。教師や他からの評価は子どもが自分自身を正確に知るための資料であると考える。つまり、生徒が正確に自分自身をモニターし、評価できるように、教師からの評価や相互評価があると言える。

英語の力の構造図

		コミュニケーションを積極的に図ろうとする態度の現れ（シンプトム） efforts
生きて働くコミュニケーション能力の基礎 ⇐ ⇐ ⇐ ⇐	聞くこと	・相づちをうったりうなずいたりする ・質問したり応答したりしようとする ・アイコンタクトをとる ・メモをとる ・聞き取れないときに態度やことばに表す ・聞き取れない箇所があっても類推力を働かせて聞こうとする
	話すこと	・友人などと相談しないで話そうとする ・多くの人と話そうとする ・アイコンタクトをとって話そうとする ・自信を持って話そうとする ・適切なタイミングで話そうとする ・適切なジェスチャーなどを用いようとする ・誤りを気にしないで話そうとする ・適切な音量で話す ・補足したり、言い換えたりしようとする ・自分の立場で話そうとする ・できるだけ沈黙の時間を置かないようにする ・ことばを創造的に使おうとする ・よく練習する
	読むこと	・辞書なしで理解しようとする ・辞書などを活用しようとする ・読んだことを自分と関連づけようとする ・印をつけたり書き込んだりする ・適切な声量で読む ・はずかしがらず感情を込めて音読しようとする
	書くこと	・テーマを探して、たくさん書こうとする ・メモを取ろうとする ・辞書などを活用しようとする ・他人や辞書などに頼らなくて書こうとする ・他人の文や文章を参考にしようとする ・文法的誤りをあまり気にしない ・学習したことを自分の立場で生かして書こうとする ・ことばを創造的に使おうとする ・よく練習する

《評価の方法》　↓
- 観察
- 自己評価
  - 一時間毎………（授業や活動への参加状況）
  - 単元毎…………（向上や成長の状況）
  - 学期・学年毎…（学習に関する習慣や態度）
- （相互評価）
- （定期テスト）

評価

技　能 skills	認　知 knowledge
・語のアクセントや発音を聞き取る ・発音の変化を聞き取り理解する ・文の強勢や音調の示す意味を正しく聞き取る ・語句や文の意味を正しく聞き取る ・質問、指示、依頼、提案などを聞いて適切に応じる ・キーワードを聞き取る ・数個の文の内容を聞き取る ・まとまりのある文章の概要や要点を聞き取る ・知らない語句などを類推しながら発話の内容を理解する	・言語材料が理解できる ①音声 　　現代の標準的な発音 　　語のアクセント 　　文の基本的な音調 　　文における区切り 　　文における基本的な強勢 ②文 　　単文及び重文 ③文型 　　S V 　　S V C 　　S V O 　　S V O O 　　S V O C ④文法事項 　　人称代名詞 　　関係代名詞 　　動詞の時制 　　形容詞、副詞の比較変化 　　不定詞 　　動名詞 　　現在分詞過去分詞の 　　　形容詞的用法 　　受け身 ⑤語及び連語 　　指導要領別表2に示す語 　　を含めて1000語程度 　　連語のうち基本的なもの ⑥文字 　　アルファベット 　　活字体、（筆記体） 　　大文字、小文字 ⑦符号 　　終止符、疑問符、コンマ、 　　感嘆符など符号の基本的な用法 ・言語材料を用いて様々な操作ができる 　模倣 　置き換え 　言い換え 　転換 　分離・結合 ・言語材料を関連づけることができる ・英語やその背景にある文化を 　理解することができる ・辞書の使い方がわかる
・語のアクセントや発音が正確である ・文の強勢、リズム、音調が正確である ・意味のまとまりをとらえて適切な区切りで話す ・表現方法（文法など）が正確である ・話の構成が英語の表現の特徴をとらえている ・話題の設定が適切である ・内容が正確でまとまりがあり、創造的である ・場面に応じてことばを換えて話す ・音量が適切である ・自分の考えなどを整理してまとめて話す ・聞いたり、読んだりしたことに対して適切に応答する ・聞いたり、読んだりしたことをまとめて発表する	
・語のアクセントや発音を正しく読む ・発音の変化に注意しながら読む ・意味を正確に伝えるように文の強勢や音調に注意しながら読む ・適切な音量で読む ・文や文章の内容を考えながら黙読する ・質問、依頼、などの文を読んで適切に応じる ・数個の文の内容が表現されるように音読する ・知らない語句を類推する ・キーワードをつかむ ・まとまりのある文章の概要や要点を読み取る ・表情のある共感をともなった読みができる ・イメージを描くことができる ・行間を読むことができる ・語句などの言外の意味を理解する ・文や文章の内容を自分のことばで表現できる ・文章の内容に対して感想や反論や意見などを述べる	
・アルファベットが正確である ・綴りや符号の表記が正確である ・表現方法（文法など）が正確である ・話の構成が英語の表現の特徴をとらえている ・話題の設定が適切である ・内容が正確である ・内容にまとまりがある ・内容が創造的である ・パラグラフの構成に配慮している ・自分の考えや意見、感想などを整理して書く ・聞き取ったことを整理してまとめて書く ・読み取ったことを整理してまとめて書く	

↓

・観察　・発表　・コミュニケーション活動
・定期テスト　・レポート　・課題　・ノート
・自己評価表　・面接テスト　・小テスト

241

表2　「話すこと」にかかわる活動

	accuracy	fluency	観察	授業	面接
mim-mem	◎		◎		
buzz reading	◎		◎		
reading aloud	◎	◎	◎		
story-telling	◎	◎	◎	◎	
plus one dialogue	◎			◎	
guided T-P dialogue	◎	◎	◎		
guided P-P dialogue	◎	◎	◎		
guided conversation		◎		◎	◎
rakugo English		◎	◎		
three-sentence speech	◎			◎	
speech		◎		◎	
impromptu speech		◎		◎	◎
describing a picture	◎	◎	◎	◎	◎
show and tell		◎		◎	
formulating questions about a passage	◎			◎	
giving a summary		◎		◎	◎
role-playing		◎	◎	◎	
dramatization		◎		◎	
game-like activity	◎	◎	◎	◎	
debate		◎		◎	
giving an opinion		◎		◎	
information gap activity	◎	◎	◎		
simulation		◎		◎	◎
problem solving activity		◎	◎	◎	◎
free conversation		◎		◎	◎

[読後の話し合い]

Ｂ先生：私の読みが浅いのかもしれませんが、話すことの評価についての具体的なイメージがまだ浮かんできません。先生、ポイントをまとめていただけませんか。

斎　藤：わかりました。述べられていることを項目別に整理してみましょう。
① 話すことの評価をするときに、まず accuracy を評価しようとしているのか、fluency を評価しようとしているのか、はっきり決めて評価する。
② 話すことの評価はそれぞれ評価をする教師が、その教師の主観に応じて評価するしかない。それでは客観性が保てないではないかという批判に対しては、年間を通して授業の中で、継続的に評価すること、つまり量を多くすることによって、客観性に迫るようにすること。

Ｂ先生：斎藤先生、ちょっと待ってください。今まとめておられるのは、いわば話す力を評価する上での心構えのようなものですね。それはわかるんです。私の知りたいのは教室の中で具体的にどう評価するのか、という方法論です。

斎　藤：これは失礼。籔内論文は、具体論についても触れていると思います。それは pp.237-238の技能テストの中の(1)から(11)までの項目がそれに当たります。

Ｂ先生：それもわかります。しかし、例えば、(3) oral composition →あるトピックについて英語で述べる、と書いてありますがどうもこれだけではどうしたらよいのかわかりません。

斎　藤：私も全部知っているわけではありませんが、籔内先生は、カードを利用されていると思います。おそらく個人ごとのカードを作成してお持ちになり、先程述べた(1)から(11)までの活動をさせているときに、カードに先生が評価したものを記入なさっていく、という実践をしておられたと思います。その評価のときに、例えば、活動の内容によって、accuracy を重視した評価をする。別の場合には、fluency を評価する。また、その他のときには appropriateness、そして、スピーチなどのときには、loudness や eye contact を評価するという実践を、

243

　　　　　継続的に積み上げておられたのではないでしょうか。それぞれ
　　　　　の項目ごとにカードに記入しておき、それを累積していく。最
　　　　　後に、学期毎に、それらを総合して話す力の評価とする。私は、
　　　　　籔内論文を読みながらそういうイメージを持ちました。
B先生：先生も先ほどおっしゃったように、話す力は話させてみなけれ
　　　　　ばわからない、したがって、大量処理はできませんね。その辺
　　　　　りのことはどうするんですか。
斎　藤：籔内先生は、それについては、面接テストとLLを利用した
　　　　　一斉テストを挙げておられます。面接テストは、個別あるいは
　　　　　グループになるので時間はかかるけれど、ALTと分担して行
　　　　　なえば1時間の授業で済むと述べておられます。また、LLを
　　　　　使えば、スピーチなどのテストを一斉吹き込みで行なうことが
　　　　　できます。
B先生：LLの場合は全員一斉に録音しますから、物理的には可能なん
　　　　　ですね。ただ録音されたスピーチは、こっちとしては評価のた
　　　　　めに全部後で聞かなければなりません。これは私も試みたこと
　　　　　があるんですが、それにかかる時間が大変でした。しかし、そ
　　　　　れを覚悟すれば不可能ではないと思います。ただ、話すという
　　　　　中には相互作用が入ってきますよね。そういうときはどう評価
　　　　　するのか、その辺りも知りたいところなんです。
斎　藤：その辺りのことは、それこそ、その問題意識をお持ちの先生ご
　　　　　自身が実践していただき、その成果をいろいろなところで発表
　　　　　していただきたいですね。いつまでも、「ご意見拝聴」ではな
　　　　　く、自ら「発信」していただきたいですね。今度は、先生が英
　　　　　語教育界に貢献する番です。
B先生：これは大変なことになってきました。
斎　藤：まだまだ、話す力の評価の問題だけでなく、英語教育にはたく
　　　　　さんの問題が未解決のまま残っています。一気に解決すること
　　　　　はできませんが、みんなで力を合わせて、工夫と実践を継続的
　　　　　に積み重ねて、より良い英語教育を目指したいものです。

評価

Question 17 生徒による教師の評価

教師による教師自身の評価も大切ですが、生徒による教師の評価も大切ではないでしょうか。

回答者 簸内　智

　生徒が教師を評価することは、従来タブー視されてきましたが、現在は積極的に行なわれています。教育の結果に対する責任という視点から、教育の受益者である学習者が教師に対する評価を行なうのはごく自然なことと考えられます。また、教師自身の評価だけだと、独りよがりになってしまう可能性があり、一次元的な評価から多次元的な評価が求められていることと相俟って、多様な物差しで教育活動を吟味する必要があると考えられます。教師を最もよく観察しているのは生徒です。生徒は、習熟度などにかかわらず、鋭く教師を見抜く本能のようなものを持っています。教師に対する生徒の評価は、積極的に拾い上げようとしないと、なかなか表面に現れません。学ぶ側からの授業評価の方法には次のようなものがあります。

SD法(semantic differential method)による授業イメージ調査

　学習者に対して、授業の後でSD法を用いた小調査を行ない、自分の授業がどのように受け取られているかを見るものです。具体的には、明るい―暗い、冷たい―温かい、鋭い―鈍い、などの15個程度の形容詞対を設定し、今の授業がどういう感じであったかを5段階または7段階で学習者が評定します。例えば、明るい―暗いの対ならば、今の授業が、「明るい・やや明るい・どちらともいえない・やや暗い・暗い」のいずれであったか判断します。この結果から、学習者が全体としてどのような印象を得たのかを見て取り、教師自身が抱いていたイメージとどこが一致し、どこが不一致であるかを検討することができます。また、学習者一人ひとりの評定パターンを見ていき、どのような学習者はどのような印象を授業に対して持ったかを検討することができます。同じ授業に同じように参加していたようなのに、そこで得た印象は全く異なっている場合があります。

　また、以下に示すように、授業の導入段階の終了後、授業の中頃、授業終了時の3回にわたって、学習者が記入するタイプのものもあります。

はじめに思ったこと	途中で思ったこと	終わりに思ったこと
( ) おもしろそうだ ( ) うれしいな ( ) こまったなあ ( ) つまらないなあ ( ) いやだなあ	( ) おもしろいなあ ( ) 一生懸命やろう ( ) いやだけど仕方ない ( ) つまらない	( ) なるほどなあ ( ) とてもよかった ( ) よかった ( ) 少しよかった ( ) 早く終わってよかった
( ) へんだぞ ( ) 難しいや ( ) わからないなあ ( ) よしやるぞ ( ) やってみたいなあ ( ) 一人でもできそうだ ( ) みんなでやればできそうだ	( ) ああ、こうらしい ( ) こうなのかな ( ) どうもおかしい ( ) いらいらする ( ) わからないと困る ( ) うまくいってるぞ ( ) できないと困る ( ) だめだ、できない	( ) よくわかった ( ) わかった ( ) ほぼわかった ( ) わからない ( ) よくできた ( ) だいたいできた ( ) できない

学習経験についての自己評価

　学習者が、授業の中での学習経験について、いくつかの項目に関して評価するものです。次のような項目が例として挙げられます。

　(1)この授業は、自分にとって楽しく生き生きとしたものであったか
　(2)この授業でしたことは、大体理解できたか(できるようになったか)
　(3)この授業で、自分なりに考えたり、工夫したりできたか
　(4)この授業に対して真剣な気持ちで参加することができたか
　(5)この授業でやったことに対して、これからも自分で調べたり、工夫してみたりしたくなったか

これらの項目について、「はい」「いいえ」で回答してもらい、それを教師自身の観察したところ、あるいは暗黙のイメージとして持っていたところと、比較検討してみるわけです。

質問紙法、アンケート調査

　上記の「学習経験についての自己評価」は、生徒の自己評価を通して教師が指導の評価をするという、いわば間接的評価と言えます。学習者の年齢が高くなり、比較的正確な評価もできるようになっていれば、授

業の様々な側面について、いろいろな観点から学習者の声を直接聞き出すことができます。南カリフォルニア大学のSEEQ (Students' Evaluation of Educational Quality) はこの種の草分けです。Learning、Enthusiasm、Organization、Group Interaction、Individual Rapport、Breadth、Examinations、Assignments、Overall の9つの観点で31項目について5段階で評価するというものです。以下に、一部を紹介します。

You found the course intellectually challenging and stimulating.
Your interest in the subject has increased as a consequence of this course.
Instructor was enthusiastic about teaching the course.
Instructor was dynamic and energetic in conducting the course.
Instructor enhanced presentations with the use of humor.
Instructor's style of presentation held your interest during class.
Instructor was friendly towards individual students.
Instructor made students feel welcome in seeking help/advice in or outside of class.

これは、かなり細部まで評価できる反面、集計などの処理がたいへんです。ですから、このような評価は1年の終わりにすることにし、節目ごとには、特に重要な7～10項目程度の評価をしてもらうのが現実的でしょう。

ただ、こういう評価の欠点として、生徒が構えてしまうということが考えられます。普段から生徒とのコミュニケーションを図り、何気ない本音の会話の中で、生徒の指導者に対する評価が見えてくることもあります。そういうことも踏まえて、教師一人ひとりが、上記のような学習者側からの評価を謙虚に受け止め、自分自身の授業について見直し、その改善を図ることは非常に重要なことだと思われます。

なお、参考図書として、評価に関しては梶田(1992)を、学習指導の心理的側面については北尾(1991)をお勧めします。

より良い英語授業を目指して
教師の疑問と悩みにこたえる

教師と学習者

Question 18 英語教師の理想像——生徒と教師の間にずれがある時、どうするか?

私が考えている理想の英語教師像と、生徒が考えている理想の英語教師像との間にずれがあって悩んでいます。私の生徒たちは、入試で点が取れる教え方をするのが良い先生だ思っています。

A 回答者　諏訪真理子

　この悩みをたちどころに解決できる「特効薬」を私は持ち合わせていません。私自身もこの問題で悩み、自分なりに解決のために努力しているところですので、自分の授業を軸に、この問題を考えさせていただきます。

生徒の理想像と異なっていると感じるとき

　生徒も教師もスムーズに授業が展開されていないと感じるとき(イコール学習が滞っていると感じるとき)とは、(1)生徒が教師のスタンスを理解していないとき、(2)生徒の力が発揮されないとき、(3)生徒が学習のルールを破り始めたとき、この3つではないかと思います。

　授業の始まりに本時の目標の一部を軽く生徒に伝えたり、いつもの流れという形で生徒が把握したりして、生徒との間に何らかの理解が成立します。それがないと、頑張る目標を生徒は意識できませんし、学習によって、自分の中で何が変化しつつあるのかを認識できないと思います。また、もっと長いスパンでの、英語を学んでいくことの位置づけがしっかりしていないと「思っていたものと違った」ということになります。具体的には、「英語はことば」だということ、つまり、「入試科目」ではなく、「気持ちを伝える声」であることを生徒に伝えなければなりません。

　どんな場面でも、チャンスがあれば活躍したいとだれもが心に秘めていると思います。何かを知っているとか、得意な分野があれば、生徒に任せるべきです。学んだことを使えることほど楽しいことはありません。自分が活躍できると思える授業を、「違う」と感じることはないはずです。

　生徒の方がルールを破り始めるときというのは、個々に事情がありま

すが、ただ、あらゆることに当てはまることでしょうが、破り始め、つまり一回目が必ずあるので、そのときを大切にしなくてはいけないと思います。

　教材や指導観の練り上げをもとにした、一定の前提を生徒の中に準備し、その上で工夫も織り交ぜた授業展開をしてなおかつ理想像の違いに視点がいくのであれば、別の要素を考慮していくことになりそうです。最初から目指すものが違っていることが問題ではなく、そのことに帰結させてしまうのはもったいないことだと思います。

私が現在授業の柱にしている点のうちの一部

　以上のような考えをもとに、私は次のような点を柱にして授業を行なっています。

　始まりは「あいさつタイム」。毎回色々なあいさつを［英語の雰囲気に一変］。発音練習は手のサインや、表情、音調、スピードを駆使して［集中させたい・印象づけたい］。新出単語などは、「魔のワード」（覚えにくそうなもの）を発見させる。そして、「やっつける（練習・確認）」［意識的に学ばせたい］。一時間に一度は発表。自身の苦手なこと（話題、学習、発音）などを機会を見て印象づける［生徒の方から得意げに発言させたい・生徒の日常に根ざした学習にしていきたい］。自分で確認するくせをつけさせる。覚えたことは授業外でも、惜しみなく使う。ルールが守られ、意欲的に学習できたことを短くほめる（守れないときはその逆です）。自主学習、周囲へのアドバイス大歓迎。定期テストでは、日常の活動が反映されること。

　これらは、当たり前のことばかりかもしれませんが、それぞれ、教師一人ひとりの魅力を活かした方法があり、それを追及していくことも生徒と教師のギャップを埋める一方法ではないかと思います。

　最後に、「本当にこれで良いのか」と悩むことは、逆に次へのステップの前触れであると私は自分に言い聞かせています。「これぞベストの方法」というのはないと思います。むしろ、いかに生徒の心に根ざすことができるかだと思います。生徒と共に歩んでいきたいものです。

受け身的な生徒を自ら積極的に学ぶ生徒に変えることができるか？

F先生：私の現在の勤務校は進学校ですが、受け身的な生徒がだんだん増えています。「これはよく試験に出るぞ」とか、「ここは重要だ」などと言ってもらわないと勉強できない生徒が多いのです。

G先生：私は、大学進学では地域でも有数の、中高一貫の私立の中学部に勤務していますが、うちの生徒も同じですね。遅くとも小学校の4年生ごろから塾に行かなければ、うちの中学部には入れないと言われていまして、小学校時代から入試対策の勉強ばかりしているためか、勉強とは試験のためにするものだと思っている生徒がほとんどです。

F先生：私の高校では、「ここが入試に出る」と言ってくれる先生が生徒から見た「いい先生」なんです。私などはそれをあまり言わないから「いい先生」じゃない。（笑）

鈴　木：私が最近まで勤めていた高校も進学校でしたが、同じような傾向がありました。考え方やプロセスには関心を持たず、答えや結果を求める生徒が多くなりましたね。

G先生：だから、入試に出ることは勉強するが、出ないことはやらない。

F先生：入試頻出単語集、語法問題集や長文問題集ばかりをやっていますね。教師もそうするように勧める人が圧倒的に多いですね。私が、勉強の仕方について相談に来た生徒に、多読をしたり、テレビやラジオの英語番組を視聴することを勧めても、「そんなことしても、入試には出ないでしょ？」とか「そうすれば、入試で点が取れるのですか？」という反応が返ってきます。

G先生：**こういう受け身的な生徒を自ら積極的に学ぶ姿勢を身につけさせるにはどうすればいいのでしょうね。**

鈴　木：藤林富郎先生が、この問題を解決するために私たちが今何をすればよいかを書いてくださっていますので、読んでみましょう。

『自ら積極的に学ぶ学習者』の育成を目指して

藤林富郎

1 英語の授業で、生徒は何を得るのか？

　　——英語の授業では生徒は英語力をつけるに決まっています。個人差はあるけれど——

　ちょっと待ってください。一教科の授業が生徒に及ぼす影響は、その教科書に出ている内容が個人差を伴って学習されることだけでしょうか？「この授業を受けていたために、生徒たちはこんな習慣をつけてしまったのかな。」とか、「授業中教室で生徒たちは、ただ口を開けて、おいしい食べ物をもらうのを待っているだけみたいだ。」とか、「ちっとも質問してこないな。ワカッテンノカナ？」などと感じた事はありませんか？

　あるいは、「なんでこんなに生気のない顔をしているんだ？」とか、「なんで予習してこないんだ？　こんな大事な教科を！」と、腹立たしく思ったことはありませんか？　他の教科の授業ではどうなんでしょうか？（おそらくどの教科でも状況は似ていると思います。）他の学年ではどうでしょう？　他の学校では？　一体、学校は何のためにあるのでしょう？　学校で毎日授業を受ける生徒は、一体何を学び取っているのでしょう？こんな根本的な問いを、大学生に問い掛けた実践があります。少し長くなりますが、引用させて下さい。

　　　「学校で得たもの、失ったもの」という問いを投げかけたこともある。その答えは私に衝撃を与えずにはおかない。「得たもの＝友達・友情、がまんづよさ、あきらめ、難のない答えをする術、無関心さ、自分をふつうらしく見せる術、恥ずかしさ…」。「失ったもの＝自信、個性、大人への信頼、積極性、批判をもとうとする心（原文のまま）、プライド、勉強への追求心（原文のまま）、疑問を持ち質問すること、自分らしさ、感受性、人のよさを見つける力、怒り、自主性、自由な時間、多額のお金…」。

学校とは何か。どうあったらよいのか。ついさきご
　ろまで生徒、子どもだった人びとの言葉に学びつつ、
　今年も学校の未来をひらく視座を求めて、学生たちと
　考えあってゆきたいと願う。
　　（小沢牧子『心理学は子どもの味方か？―教育の解放
　へ―』pp.187-188, ㈲ウイ書房）

　どうお感じになりましたか？　小沢氏と同様に、衝撃をお受けになりましたか？　私自身、自分が受けてきた学校教育、出会ってきた先生方の事を思い返さずにはおれませんでした。
　同時に、自分自身が大学を卒業して以来行なってきた教育という仕事、英語の指導という仕事がその間にかかわった生徒たちにとってどんな意味を持っていたのか、改めて考えさせられました。
　学校に行くことによって失うものがある?!　ショック、です。それも、"「自信」「個性」「信頼」「積極性」「批判的精神」「プライド」「自分らしさ」「感受性」…「自主性」「自由な時間」"どれも、人間にとって大切なものばかりではないでしょうか！こんな大切なものを、ことごとく何もかも失わせてしまうなんて！　本当は全く逆で、学校に通ってしっかり身につけてもらいたいものばかりです。これが事実なら、学校はいったい何をしてきたのでしょう？　生徒たちから"やる気"と"生気"を奪い去っただけなのでしょうか？
　では、そもそも学校で、何を得たと感じてくれたのか？「友達・友情」よかった！　ほっとしますね。「我慢強さ」いいぞ、その調子。何と言っても、人生ガマンが肝心。
　しかし、「あきらめ」「無関心」「恥ずかしさ」…（「そんなもの、与えた覚えはないぞ！」でも、元生徒たちは、そう言っているのです）。生徒たちの"三無主義"（無気力、無責任、無関心）を教師は批判してきましたが、その原因は、学校そのものにあったのかもしれないのです。
　「そんな"感情論"で議論をしていて、どうするんだ？」いや、その"感情"を大切にするところから始めないと！　と、つくづく思うのです。人間は"感情の動物"です。学校は、ま

さに人間の心と体の成長にかかわっているのですから。

　一方、こんなにも「得たり」「失ったり」しているのですから、学校教育というものは、ひょっとすると、大変"効果的"だったとも言えるかもしれません。特に、日本のように（あるいは21世紀の世界のように）超人口過密の状況では、「我慢強く」「（そこそこで）諦め」「（他人の事には）無関心で」「（自分の行動には）恥ずかしさ」を敏感に感じる人間ばかりでないと、社会全体が大混乱に陥るかもしれません。

　しかし、それでよいのでしょうか？　それだけで？「自信」も「個性」も「大人への信頼」も、「積極性」も「批判的精神」も「プライド」も「人のよさを見つける力」も、「怒り」も「自主性」も失った人間が、果たして幸せでしょうか？　それで、生まれてきて、生きててよかった、と言えるのでしょうか？　自分の人生も、自分が一員である社会も、発展させる事ができるのでしょうか？　平和を維持できるでしょうか？

　少なくとも、筆者はそう楽観的にはなれません。文部省も、そう考えていないようです。今までの教育では"生きる力"はあまり育てられていないのではないか、と心配しています。やはり、「自信」も「個性」も「積極性」も「自主性」さえも失った人に、「生きる力」は多くを望めないのではないでしょうか？　生きることはすばらしいことだ、と感じることは容易ではないでしょう。それなら、どうすればよいのか？　どうすればよいと、お感じになりますか？

2 教えすぎていないか、押しつけすぎていないか？

　——学ぶことは、まねぶこと。黙って言う通りしていればいいのです——

　そうでしょうか？　もちろん、基本的知識が欠けていては学力も、まして「生きる力」も、つけようがないかも知れません。しかし、その大切な知識の習得のプロセスが適切でなければ、目的とする知識の習得の前に挫折してしまいます。目的に達するプロセスを軽視する訳にはいかないのです。なぜなら、そのプロセスから人は生きる方途も学ぶものだからです。

　黙って、文句を言わず、言われる通りするのは、やりがいが

ありますか？　何も考えず、言われた通りするのは、楽しいですか？

「楽しむのは、基礎力をつけてからだ！」と言われるかも知れません。しかし、「楽しめる」ようになる前に、やめてしまっては、やる気を失わせてしまっては、元も子もありません。

「じゃ、どうやったら『楽しませる』ことができるのか？　ユーモアが大切なのはわかってるけれど、自分はコメディアンじゃないし、道化師でもない。一体…」

心配ありません。何も毎回毎回、落語やティーム・ティーチング、漫才ができなくても大丈夫です（できるなら、遠慮なく楽しませてやって下さい）。大切なのは、"ムリヤリ押しつけて、仕方無しにイヤイヤやる"習慣をつけさせないことです。

言われたことだけをやる。宿題（ギム）だけは上手にこなす。そんな生徒は学ぶことを楽しんでいるでしょうか？　自ら積極的に学ぼうとしているでしょうか？　すっかり受け身になって、課題を与えてもらうのを、ただじっと仕方なく待っていないでしょうか？

怒鳴られるから、怒られるから、授業中に立たされるから、放課後補習で残されるから、殴られるから（奴隷じゃないんですから）、仕方なしにやる。そんなことで自ら自分の人生を切り拓く力がつくでしょうか？「先生に習えて本当によかった」と感じることができるでしょうか？

「すべてはキミ自身のためなんだよ」「これを"愛のムチ"と呼ぶんだよ」などと言ってみたところで、納得させられるでしょうか？　むしろかえって、「先生のイジワル。そんなにいじめて何がうれしいの？」とばかりに、反発したり、今度は自分より弱そうなものを見つけてイジメたり、うっぷんを晴らそうとするかも知れません。

先生に教えてもらって初めてわかったことも嬉しいでしょうが、自分で調べ自分で考えてわかった（発見した）時こそ一番ウレシイし、自信（self-esteem）がつくのではないでしょうか？

どんなに素直な良い生徒も、学校で学んだことだけ、先生に教えられたことのみで満足し、卒業後はホットして学ぶことを

止めてしまうのでは困ります。自ら積極的に学び続けてもらわなければ真の自己実現は達成されないのではないでしょうか？

そのためにも、我々教師は教えすぎないこと、押しつけすぎないことに今こそ気をつけようではありませんか。限られた授業時間の中に、多くの知識をいかに効率よく詰め込むか、を授業設計の最終目標にするのではなく、いかにやる気を育て積極的に学ぶ習慣を育てるか、をこそ授業の目標にするようパラダイムの転換をしましょう。そして、最終的には、人(先生)のせいや学校のせいにするのではなく、「学校で得たもの、失ったもの」から一歩進んで、「学校で（先生の手も借り、友とともに）自ら得たもの、自ら捨てたもの」が自覚できる自立した人間になってくれることを目標にしようではありませんか。そんな方法を具体的に、一緒に考えてみましょう！

3 自ら積極的に学ぶ学習者の育成（実践篇）

❶ 自覚を育む

生徒たち一人ひとりに、「自分にとって最高のコーチは自分自身だ」という自覚を促しましょう。どうやって？「自覚を持て！ 自覚を持て！」と言っても逆効果でしたね。そこで、学年初めに、「皆さん一人ひとりを少しでも理解しておきたいので…」という理由で記名式のアンケートを行ないます。

> 問1．（教科書などの）英語を声を出して読むのは好きですか？
> 問2．（ポップスなどの）英語の歌やアメリカ映画などは好きですか？
> 問3．家では一日平均何時間学習しますか？
> 問4．ことばは大事だと思いますか？
> 問5．自分で自分を育てるということを考えたことがありますか？
> 問6．あなたにとって"良い先生"とは、どんな先生ですか？
> 問7．英語授業への要望はありますか？
> 問8．今年の抱負は何ですか？どんな一年にしたいですか？

意図が少々見え見え、の感がある問いかけばかりです。
「何が言いたいか、ワカル？」と言いながら、それぞれの問いを一緒に考えてみましょう。もちろん「今は、どの問いについても"Yes"と答えられなかったり、いい答えが見つからなくても、大丈夫。」「でも、英語は声に出してみると、なかなかいい感じだよ。」「ビデオを見たり、歌を口ずさんでいるうちに、英語がもっとずっと身近になるよ。」「少しずつでも毎日やってると、ちりも積もれば何とやらだしね。」「自分のことを一番よく知ってる自分がその自分を大切に育ててやらないとね。」「"良い先生"って、どんな先生？　教えてほしいんだ。"良い生徒"も教えてあげるから。」「この授業で、何をどうしてほしいかな？」「今年はどんな年に？」

すべては、"意識化"することから始めましょう。中には、とっても真面目な答えから、かなり不真面目な（？）答えまであるでしょう。そして、生徒が何やら無理な要求を書いたり、身をのりだして来たら、次は？

❷ 責任を分担し合う

自分たちの教師が、自ら積極的に学ぶことを求めていることがなんとなくわかり出した生徒たち。かなり理想主義的であっても、一方的なわがままであっても、自分の方からも先生への要望を書き出した生徒たち。さあ、次は、積極的に学ぶプロセスの確立に向けて責任分担を決めることです。

つまり、「学習契約」を結ぶのです。

1. 教育のプロとして、先生はできる限りわかりやすく、楽しい授業になるよう努める
2. 生徒は、学習のプロとして、できる限り授業に集中し、自ら進んで自分を育てようと努める
3. わからないことは、しっかり質問し、わからないまま放っておかない
4. 質問には、丁寧に答え、馬鹿にしたりせず、わかるまで指導する
5. 授業は、生徒と先生との共同作業と考え協力し合う

❸ 生徒にも裁量権を与える

　今まで、宿題(課題)を与える時に、「このプリントをやってきなさい。」「New Wordsを全部辞書で調べておきなさい。」「パート1を、声を出して10回読んでくるように。」等々、必要かつこれぐらいはやってほしいと教師が一方的に判断したことを押しつけて来たのではないでしょうか？

　真面目で力のある生徒は、言われた通りきっちりやって来るでしょう。そうでない生徒は、できない、後ろめたさや挫折感を積もらせる、怒られる、恥をかく、自信をなくす、やる気を失う、の繰り返しになってしまうのではないでしょうか。つまり、"落ちこぼれ"ていくのです。

　そこで、"何をどれだけ"やるか、調べるか、練習するか、などの判断を生徒自身に任せるのです。必要最小限の練習などの他は、自分の学習の中身を自分で選ぶよう習慣化します。一人ひとりの生徒自身が、その授業で、そこのページで、新しく学んだこと、疑問に思ったこと、調べたこと、詳しく説明してほしいこと、を取捨選択してノートやプリントに書き、練習の方法も自分で決めるのです。そのとき、教科書本文の全訳等は学習の手がかりとして是非配布して下さい。

　このようにしていると、生徒はだんだん自分なりに判断することに慣れ、また、よりよい判断をするために益々真剣に授業に集中するようになります。そして、自分なりのペースとやり方を見つけて行きます。自らの"ラーニング・スタイル"を確立していくのです。

❹ 創造的(想像的)活動で、一人ひとりが楽しくマイペースで

　英語学習の中で一番の醍醐味は、習った事が自分なりに使えることです。自己を表現するために、英語で言ったり、書いたり。これは、個々の生徒の実力や嗜好にあわせてできる活動です。できる限り、使うチャンスを設定しましょう。

　例えば、毎時間、最初の5分間の英語による自由作文。1分間考え、3分間書きまくり、残り1分で集める。毎回5分間というちょっとの時間とB6判の紙を使うだけでできます。「先生や友だちを楽しませるつもりで書こう！」と促し、毎回いく

つかの作品を紹介しましょう。中には、日本語ではなく、英語だからこそ、思い切って書ける内容もあります。

「聞いたことは忘れ、見たことは思い出し、実際にやったことは身につく。」と言ったりしますが、英語は、とにかく使ってみないと身につきません。先生と級友がいる教室という環境は、英語を使ってみるのに絶好の場所です。

❺ 笑顔で授業を始めよう

もちろん、英語で始めるのですが、"Good morning!" のひと言も、笑顔で味つけしましょう。"やる気"は、移る病気（？）です。無気力は、もっと移りやすい恐ろしい病気です。

動物園の飼育係は動物に言うことを聞かせなければなりません。そこで、まず動物の心を捉えます。喜ぶことをしてやるのです。つまり餌を与え、食べている間じゅうそばにいてやるのです。動物たちは当然飼育係になつき、言うことを聞くようになります。ついでに極端なことを言いますが、"客"をしかったり、馬鹿にしたり、脅したりして仕事が成り立ってきた（？）のは、教師ぐらいのものです。

生徒は"客"ではない、と言われるかもしれません。しかし、教育というメッセージをよりよく伝えるためには、生徒に嫌われるのではなく、まず、生徒の心をつかむことから始めようではありませんか。

4 おわりに

英語の授業を通して、生徒たちは何を学び取り、何を自分のものとしてくれるのでしょうか？　一つひとつの言語材料を、雛鳥の口に運ぶ親鳥の役目をしながらも、生徒一人ひとりが自分で判断し、自ら積極的に学ぶ姿勢を身につけてくれることを何よりも大切な目標として授業を行ないたいものです。生きる力を持った、自立した学習者の育成です。そのために、一人ひとりの生徒が"小さな成功体験"を積み重ねる機会を作りましょう。自分に自信を持ち、生きる喜びと生きがいを自分で発見できる学習者が育つような授業をデザインしようではありませんか。

[読後の話し合い]

F先生：問題提起、そして問題解決のための方向が明確に示されていて大変参考になりますね。私たち教師が入試を気にし過ぎて、生徒の理解度とか学習意欲を無視して、たくさんのことを教える傾向がありますが、私たちが忘れてしまいがちなことを思い出させてくれました。

G先生：授業は教師と生徒がいっしょに作り上げていくものですが、現状は、教師は情報を与える人、生徒は情報を受ける人になってしまっている。しかも、情報の価値判断さえ、教師がしている。口を開けて待っていれば、自分にとって必要な情報が入って来るのですから、生徒が受け身的になるのも当然ですね。

鈴　木：確かに、入試に出ることしか勉強しない生徒が多いですが、生徒はそれで満足しているわけではありません。そうしないと入試に合格できないと思い込んでいる、いや、思い込まされていると言うのが正確かもしれません。学校の教師も、塾の教師もそう思い込んでいる人が多いですから。その結果、どんなことになっているでしょうか？　勉強嫌いが増えていると思います。一例を挙げますと、前任校の3年生を対象に調査したところ、いわゆる「受験対策授業」ばかり受けた生徒は、英語嫌いが多いことがわかりました。ところが、ディベートやディスカッションを中心とした授業を3年生で週2時間選択した生徒たちは、4月に比べて学年末では英語嫌いの生徒が大幅に減少し、英語好きな生徒が増え、受け身的な学習態度が積極的なものに変わっていきました。自由に感想を書かせたところ、「勉強の楽しさがわかってきました」という意味のことを書いている生徒が多かった。当然ながら、本書のpp.26-27に書いた通り、英語力も伸びます。詳細は、鈴木(2000)をご参照ください。

G先生：教師集団の意識変革が必要ですね。この問題の大きさに気づいておられない先生方に、藤林先生がお書きになったものを読んでいただきたいのですが、まず期待できません。絶望的ですね。

鈴　木：そうでもありません。こういう状況を変えるのは非常に困難ですが、全く不可能とは思いません。

F先生：みんなで取り組むということですか？　不可能に近いですよ。

261

鈴　木：みんなで取り組むのは理想ですが、それを待っていたのでは前進しません。まずは、自分だけでもその努力を始めることです。p.261で言及しました私の実践でも、やはり最初は、生徒にとって抵抗はあったのです。入試対策だけを念頭に置いた授業では、理由など言わなくても、「私は入試に直結した授業をする」と宣言するだけで生徒はついて来ますが、「常識」に反することを試みる場合には、理由が必要です。私がしたことは、まず、指導方針とともに、そういう方針で授業を行なう理由を生徒にはっきりと告げることでした。そして、自分が正しいと信じる指導を、少しずつ改良しながら、粘り強く続けることでした。折に触れて、その有効性を話してやることも必要です。そのうち、生徒が自らその効果を実感するようになってきます。

G先生：確かに私たちは指導方針は述べても、理由を言わないことが多いですね。また、いろいろな指導法を試しても、うまくいかないとすぐやめてしまうことが多いですね。その次には何をすべきでしょうか？

鈴　木：この人ならと思う同僚に少しずつ自分の実践を話して、啓蒙活動を始めます。他教科の先生でも構いません。そうして、少しずつ輪を広げていきます。そのうちに、自分の指導方針が有効であったことを証明するデータも集まります。そうなると、輪が確実に広がっていきます。

F先生：時間がかかりますね。そのうち、転勤になってしまいますよ。

鈴　木：それでも無駄にはなりません。一人でも多くの生徒が、勉強のおもしろさがわかってきて、積極的に学習に取り組むようになればいいのではないでしょうか。何事においても、学校全体があるべき姿になることを望む傾向が私たち教師にはありますが、それは不可能に近いことです。学校は廃校にならない限り存続しますが、生徒たちは3〜6年経てば卒業していくのです。生徒たちにとっては、その3〜6年が大切です。その期間に、自ら積極的に学ぶ姿勢を身につけることができれば、どんなにかすばらしいことでしょう。欲張らずに、今、目の前にいる生徒を大事にしたいものです。その生徒たちがいつの日か先生になって戻って来てくれることを期待しましょう。

より良い英語授業を目指して
教師の疑問と悩みにこたえる

自己研修

Question 19 多忙な中で、どのように自己研修を行なうか？

教職に就いて3年経ちました。最近、自分の英語力、特に読む力が落ちてきたなと思います。私の勤務校は「困難校」で、中学校用の教科書よりやさしい教科書が使われており、それだけでは自分の学生時代の力を維持することはできません。進学校に転勤できれば、難しい教科書を使えるのですが、そう簡単に転勤できそうにありません。

回答者　**鈴　木　寿　一**

1. 教師が直面する困難な状況

　「進学校に勤めれば、難しい教科書を使えるので、自分の英語力を維持できる。」とお考えでしたら、それは間違いです。進学校向きの最も難しい教科書でも本文のページ数は約100ページです。それも写真や挿し絵を含めた分量です。それで、英語を勉強し始めて10年以上になる教師の英語力を維持することなどできません。進学校の教師でも、教材しか読んでいない人は意外に多いのですが、それでは英語力を維持できません。

　私も前任校に勤務する前は、11年間、いわゆる「困難校」に勤務していました。確かに、つまらない仕事で時間を取られました。授業と授業の間の10分間や昼休みに、生徒の喫煙を防ぐためのトイレの立ち番、トイレでの喫煙がなくなると、今度は教室で喫煙が始まり、また教室の立ち番。こんな調子で、昼休みに食事もゆっくりとれませんでした。また、家庭訪問で帰宅が遅くなると、疲れて教材研究ができず、翌日の午前中の空き時間で教材研究をしようと思っていたら、生徒が問題を起こして事情聴取をしなければならなくなることもありました。明らかに勉強するには困難な状況です。そんな状況下で、私が実際にしていたことを書かせていただき、回答に代えさせていただきます。ここでは、紙幅の関係で、リーディングに絞らせていただきます。

2. 困難な状況下でどのようにして読む力をつけるか（維持するか）

　寝る前に、最初は5分でいいですから、ペーパーバックを読むことです。あくまで楽しみのために読むことが第一で、わからないところがあっても気にしないで、話の筋がわかればいいのです。知らない単語に出

くわしても、いちいち辞書は引かずに読みます。この単語を知らないと、全く粗筋がとれなくなる単語だけ、1ページに1回、または2回と決めて、引くのはよいでしょう。これなら、5分で少なくとも1ページは読めるはずです。これで、1年間、毎日続ければ、理論的には365ページ読めます。私の経験では、もっと読めます。読めない日が必ずあるのですが、実際には、調子が出てくると、5分が10分、15分になり、休日の前の夜などには、気がついたら1時間以上過ぎていたということを、始めて半年も経たないうちに経験するはずです。こうなると、ペーパーバックを読むのが楽しみになります。同時に、読む力もついてきます。大切なことは、原則として、毎日続けることです。

3. 何をどのようにして読むか？

　ベッドまたはフトンに横になって、つまり、いつでも眠れるようにして読むことです。理由は2つです。眠くなったら、本を置いて、そのまま眠ればいいからです。もう一つは、辞書を引きたくなっても、横になったままだと、引くのが億劫になるからです。

　次は、何を読むかですが、私の場合は、通俗小説ばかり読んでいました。理由は堅苦しくなく、おもしろいからです。最近は忙しくて、寝る前にも論文を読むことが多いので、年間数冊しか読めませんが、多いときは年間1万ページ前後、平均して5千ページは読んでいました。今でも、英語に触れている時間で一番楽しいのはペーパーバックを読んでいるときです。とにかく、自分がおもしろいと思うものなら何でもいいのです（ペーパーバックに限らず、英字新聞でも、雑誌でも何でもいいのです。もちろん、通俗小説でなく、文学作品でも構いません）。

　もし、好みの個人差を無視して、最初の1冊を選んでほしいと言われたら、迷わず Sidney Sheldon のものをお勧めします。理由は、英語が読みやすいこと、おもしろいことです。私は *If Tomorrow Comes* から読むのをお勧めします。400ページ近いですが、小さいエピソードの積み重ねで、途中でわからなくなることは考えられませんし、飽きが来ません。管理職になって10年あまり英語から遠ざかって、英文を読んだら頭が痛くなると言う上司に、この本をアメリカ旅行のおみやげに差し上げたところ、翌日、「おもしろうて、昨日は2時間も読んでしもた。」とおっしゃるほどでした。

4．時には、「楽しみ」と勉強を兼ねる

さて、「楽しみのために読む」とはいっても、私たちは英語教員ですから、やはり英語の表現が気になります。「おっ、これは使える表現だ！」というようなものに出くわしたら、黄色の鉛筆で線を引いておいて、後でパソコンに入力しておきます。これが英作文の指導で結構役に立ちます（カードに書き留めておくのもいいのですが、数が多くなると、検索が困難になります）。ただし、これは必ずしなければいけないことではありません。あくまで、読むのは楽しみのために読むのですから、たまたま気がついたら線を引いておく程度でいいのです（私たち英語教員はもっと英語で楽しむことが必要だと思います）。なお、パソコンに入力したり、カード化するノウハウについては、赤野(1992)、斎藤他(1998)、鷹家・須賀(1998)が参考になります。

5．生徒への影響

そのうち、夜以外にも読みたくなります。通勤電車の中や、勤務中のちょっとした時間を見つけて読むようになります。すると、その姿が生徒の目にとまります。そうなると、「先生、何読んでるん？」と尋ねる生徒が出てきます。私のペーパーバック・クラブ方式による多読指導の原型は、20年前、こうして始まり、多読を楽しむ生徒が少しずつ増えていきました。このように、教師が自分の力を伸ばしながら、生徒にも良い影響を与えることができます。詳細は、鈴木(1996)をご参照ください。

まずは、1日5分、好きなものを読むことから始めましょう。同じことは他の技能についても言えます。1分から5分、あるいは10分の短い時間をうまく利用しましょう。「継続は力なり」です。

自己研修

Question 20 授業を改善するには何をすればよいか？

授業を改善したいと思っているのですが、そのヒントをどんなところで得ることができるでしょうか？ また、最近は中学や高校の教員でも研究する人が増えていますが、学会や研究会に参加したり、研究したりすることは実践に本当に役に立つのでしょうか？ もし役に立つとして、どのように研究すればいいのでしょうか？

回答者　横 川 博 一
英語教育研究への招待
——教師版「総合学習」を体験してみませんか

「もっとよい授業をしたい」、「英語の力をつけるにはどのような授業をしたらよいか」——教師なら誰でもそう考えるでしょう。授業に対する疑問や悩みは尽きません。

　そのヒントになるのは、授業実践には一見無関係に思える、すぐには役に立つとは思えないような「基礎研究」であったり、学会や研究会で発表される「研究発表」、論文誌に掲載される「研究論文」などです。これらのものから得られる示唆は意外に大きいものです。

　これまで、「研究」に関心がなかった先生方、「論文」に触れることがなかった先生方、「学会」や「研究会」に参加したことがない先生方、こういうものに少し触れてみませんか。

　また、学会や研究会での研究発表は、なんだか難しそうだと敬遠されている先生方の場合は、研究の方法論を少し知るだけで、ずいぶん身近なものになるでしょう。そして、いろいろな研究に触れているうちに、自分でも研究してみたいとお思いになるかもしれません。

　これから、英語教育研究の世界を少し覗いてみましょう。

1．教育のパラダイムと「研究」の接点

　哲学者ジェリー・H・ギル氏は、その著書 *If a Chimpanzee Could Talk* を次のようなことばで始めています。

>　「ヘレン・ケラーの自伝に基づく芝居に『奇跡の人』(*The Miracle Worker*) というものがある。私はその芝居を1963年に初めて見たのだが、それ以来、第一言語の習得という現象にす

っかり取りつかれてしまった。(中略) もちろん、こうした関心は、言語と意味の本質に対して持っていた私の哲学的興味とも響き合い、一部では重なり合ってもいた。」

　彼のように、あるきっかけで何かに魅せられたり、今まではばらばらだったものがつながったりという経験は、誰でもお持ちでしょう。こうしたきっかけとなる刺激の場の一つが、学会や研究会です。

　彼のことばの中に出てくるヘレン・ケラーに注目してみましょう。ヘレンの言語習得の過程は、ことばが人間を人間たらしめることを教えてくれます。そして、私たちが生まれながらにして「知的好奇心」を持っており、その炎を燃やし続けることが幸せにつながるのだということにあらためて気づかせてくれます。

　一方、学校教育はどう動いているでしょうか。今、教育方法そのもののパラダイムが大きく転換しようとしています。教師が生徒に「教え込む」という方向から、学習者が自ら興味・関心のあるテーマを設定し、それに計画的に積極的に取り組むという、いわゆる「発見学習」的な方向に比重が移りつつあります。小学校の「生活科」や、小・中・高等学校における「総合的な学習の時間」といった一連の流れは、まさに知的好奇心の喚起と探求に他なりません。

　この知的好奇心こそが、まさに研究の原点です。より良い授業を目指して、英語教育研究に取り組んでみませんか。英語教育研究は、いわば「教師版・総合学習」と言えましょう。先生方も、自分の知的好奇心をくすぐってみませんか。

2．英語教育研究の基本的性質

　具体的な方法論に入る前に、英語教育研究はどのようなスタンスで行なえばよいか、その基本的な性質について考えておきましょう。英語教育といったような分野が、物理学と同じような自然科学の研究に果たしてなり得るのでしょうか。一般に、自然科学の研究というものは、次の3つの性質を備えたものと考えられています(郡司, 1997)。

　　　客観性　対象・方法が特定の人間に依存する部分が小さい
　　　再現性　結果が特定の時間・空間に依存する部分が小さい
　　　普遍性　結果・方法が特定の地域に依存する部分が小さい

授業実践をこれらの性質に照らして考えてみましょう。授業は、誰が教えても、またどのような生徒に教えても同じということはありません。

また、教わる生徒の方から見れば、どのような教え方をしてくれるかということよりも、むしろ、どんな先生に教わるかによって成否が決定することも少なくないでしょう。このように考えると、対象や方法が特定の人間に依存し、結果が特定の時間・空間・地域に依存すると言えます。つまり、客観性、再現性、普遍性のいずれの性質も満たしているとは言い難いということになります。

　しかし、教育という営みは、教師個人の人間性や、いわゆる名人芸的な要素だけで成り立っているのでしょうか。「この先生は授業が上手だ」という場合、その先生だからうまくいくという名人芸としての側面を、授業は確かに持っています。しかし、その授業をよく分析してみると、そこには一定の principle があったり、ある technique が存在するのが普通です。

　一つ例を挙げましょう。中学生にキーセンテンスを覚えさせようとして、何度か読む練習をさせた後、何も見ずに言わせたところ、短い文は言えても少し長くなると生徒はほとんど言えなかったのに対し、Read & Look-Up という方法で練習した生徒たちの定着度はよかったと小松(2000)は報告しています。

　同じ教師が教えたにもかかわらず、その方法によって記憶に残る程度に違いが見られたというこの事例は、英語教育研究が、上で示した3つの性質を備えていることを示しています。つまり、自然科学と同じ手法でかなりの程度研究できる可能性を持っていると言えるでしょう。

2．授業改善のヒント：研究や論文とうまくつき合う
❶学会や研究会に出かけよう

　研究や論文には、どこで触れたらよいのでしょうか。いつ、どこで、どんな学会や研究会が開かれるかは、月刊誌『英語教育』(大修館書店)の「英語教育通信」のコーナーで知ることができます。日本国内にある英語教育関係の学会・研究会は、毎年秋に刊行される『英語教育・増刊号』(大修館書店)の巻末資料を参照するとよいでしょう。また、学会・研究会の多くは、研究論文等を収録した「論文誌」や「紀要」と呼ばれるものを刊行しています。入会すれば、論文誌は自動的に手元に届けられますし、学会に所属していない場合でも、事務局に連絡を取って購入することができます。

❷ 基礎研究から何を学ぶか：「リスニングのメカニズム」を例に

　英語教育と一口に言っても、教育学、言語学、心理学、社会学、工学、医学など、さまざまな分野と関わり合いを持っています。したがって、学会で発表される研究発表や紀要に掲載される論文の中には、英語教育とは一見無関係に思えるような基礎研究も含まれていることがあります。ここでは、基礎研究と教育実践がどのような接点を持つのか、「リスニングのメカニズム」を例に見てみましょう。

　言語心理学(psycholinguistics)と呼ばれる学問領域では、人間の言語獲得や言語情報処理のメカニズムを解明することに焦点を当てた研究が、最近盛んに行なわれるようになってきています。このような研究は、英語教育にも応用できる面を多分に持っており、多くの示唆を得ることができるものです。

　例えば、河野(1993)のリスニングのプロセスに関する研究では、「全体的処理」(ある基本的な単位で全体をまとめて知覚する処理)と、「分析的処理」(それを総合的に分析する処理)と呼ばれる機構から成り立っていることが明らかにされています。この「ある基本的な単位」とは、Perceptual Sense Unit(PSU)と呼ばれるもので、「各音節が330ms(0.33秒)以内の時間幅で結ばれた7±2音節かそれ以下の音節数で構成され、まとまった意味を持ち、全体的に知覚できる単位」と定義されています。

　また、失語症患者と健常者を対象とした音声のリズム処理に関する研究でも、リズムを全体として瞬間的に処理する中枢と、一つひとつ時間をかけて、分析的に処理する中枢の2つが存在することなどが数々の実験によって明らかにされてきており、全体的処理機構は速いリズムに対応し、分析的処理機構は遅いリズムに対応するという結論が得られています(河野，1997)。

　以上のような知見は、それ自体が言語心理学ないしは神経心理学の発展に寄与する研究ですが、英語教育と結びつけることはできるのでしょうか。

　例えば、教科書の本文を聞かせるときに、ただ聞かせるのではなく、PSUという単位でポーズを入れて聞かせれば、内容理解度は上がるのではないかと考えることができます。この点に関して、Kohno(1981)では、中学生・高校生・大学生を対象に実験を行なった結果、内容理解

度に大きく影響することを見い出しています。すなわち、文・節・句・単語の各単位ごとにポーズを置いた音声教材を聞かせると、句グループ（句単位にポーズを置いた教材を聞いたグループ、以下、同様）の内容理解度が最も高く、次いで、節グループ、文グループが続き、単語グループの内容理解度は最も低いことがわかりました。

しかし、この結果から、ポーズを置いて聞かせることがリスニングの訓練には良いと結論を急ぐわけにはいきません。このような訓練を繰り返せば、リスニング能力が本当に向上するのでしょうか？　もしかしたら、このように句単位に人工的なポーズを入れてリスニングの訓練を続けると、句単位にポーズがない普通の発話を聞いたときに理解できなくなるのではないかという疑問も沸いてきます。高校に勤務しておられた本書の編者の鈴木先生はこのような疑問を持って、約10年にわたって実践研究を続けられました。その結果、句単位にポーズを入れた教材で練習したグループは、人工的ポーズのない普通の教材で練習したグループよりも高いリスニング能力を身につけることができることがわかりました(Suzuki, 1991)。練習回数が多くなるほどその傾向が見られました。また、この手法は、リスニング能力だけでなく、速読力の養成にも有効であることがわかっています(Suzuki, 1999)。

さらに、このように教室で行なった実験結果を、リスニングのメカニズムに関する知見に照らして考察してみましょう。句や節単位にポーズを挿入することによってリスニング能力が伸びるのは、先に述べた全体的処理が瞬時に行なわれるのに適切な文法的意味単位(PSU)が明確に提示され、しかもポーズによってPSU相互間の文法的・意味的関係を分析して、発話全体の意味を理解するために必要な時間が与えられることにより、言語情報処理能力が無理なく伸びるためであろうと思われます。

ここでは、リスニングのメカニズムに関する基礎研究が授業実践にどう応用できるかという視点から見てみました。しかし、実際には、授業実践が基礎研究に示唆を与えることも少なくありません。今後、基礎研究と授業実践のインターラクションがますます盛んになっていくことを期待したいと思います。

❸ 基礎研究と教育実践の接点

　基礎研究と呼ばれるものの多くは、それ自体その研究分野の発展に貢

献する性質のものであり、教育的な応用を直接意図したものではありません。しかし、❷で見たように、基礎研究と教育実践は、ある程度の距離はあるにしても、何らかの接点を持っています。したがって、授業にすぐ役立つ技術のみに目を奪われることなく、いろいろな研究成果に接して、視野を広げるとよいでしょう。

　しかし、学会・研究会での研究発表や論文に接するときに大切なことは、日頃授業をしていて感じている疑問や、興味・関心を出発点にしていただきたいということです。❷で紹介した研究も、「リスニングの力を伸ばすにはどうしたらよいか」という問題意識や、「今やっている方法ではあまり効果がないなあ」という悩みなどがあるからこそ、目に留まる研究なのです。こうした意識は、教育に直接関わっている教師だからこそ持つことができるものであり、それが教師の強みなのです。

　p.269でご紹介しましたRead & Look-Upの効果を実証した小松（2000）の研究は、彼が京都教育大学4回生のときに、母校の中学校に教育実習に行った際に行なった実験が元になっています。教職に就いていない学生でも、問題意識さえあれば、立派な英語教育研究ができるのですから、日頃の授業を通じて疑問や悩みや問題意識をお持ちの現場の先生方なら、英語教育の発展に貢献できるすばらしい研究ができます。英語教育研究の主役は、現場の先生方なのです。

3．英語教育研究の方法論

　英語教育研究の方法論にはさまざまなアプローチの仕方があります。しかし、教師・学習者・学習環境といった要因にほとんど左右されない、外国語習得のメカニズムや教授方法論を解明するためには、いわゆる実験的手法を取り入れたり、データに基づき実証的に探ることが有効です。最近は、実験を行なったり、データを収集して統計処理を行なった研究が多く発表されるようになってきています。

　このような研究はどうも苦手だという先生方は、多くの場合、研究のスタイルに馴染みがなかったり、データの数値に圧倒されたり、統計処理について知識がないためではないでしょうか。そのような方には、研究方法や統計処理方法について易しく書かれた清川英男著『英語教育研究入門』（大修館書店）をお勧めします。

　それでは、英語教育研究はどのように行なわれるのか、あるいはどのように行なえばよいのか、具体例を通してその流れを概観してみましょ

う。ここでは、私が関わった共同研究「高等学校における多読指導の効果に関する実証的研究」(橋本他，1997)を取り上げ、実験的手法を用いた英語教育研究について解説します。ただし、この研究を例に採るのは、私が実際に研究の全プロセスに関わったために解説に用いやすいという理由のみによります。

❶ テーマの発見

まず、テーマを見つけなければなりません。その第一歩としては、「リーディング指導」といったような漠然とした大きなテーマで構いません。そして、現場の指導で問題だと感じていることを洗い出してみます。できれば、何人かの先生方に意見を聞いてもいいでしょう。場合によっては収拾がつかないくらい、いろいろな方向に広がっていくこともあるでしょう。しかし、十分に時間をかけてブレーン・ストーミングを行なうことが大切です。可能ならば、共同研究の形式が望ましいと思います。ことばを通して議論する機会はとても楽しい時間でもあります。

次に、大きなテーマを念頭に置きながら、もう少し問題を絞り込んでいきます。ブレーン・ストーミングの段階では、いろいろなレベルの問題が出て来ますが、調査を行なうためには、できるだけ問題点を絞った方が良いのです。

私たちの場合、高等学校の先生方から出てきた関心は、教科書の「題材」でした。授業をしていて問題になるのは、やはり題材・内容だというのです。個人的には、高校生が英文を読む際にどのような処理を行なっているかということを、コンピュータを用いて実験してはどうかということが頭にありましたので、この「題材」発言には面食らってしまったというのが正直なところです。なぜそう思ったかというと、「題材」について何らかの調査を行なうことが本当に研究になるのだろうかという戸惑いがあったからです。しかし、題材を糸口に、いろいろ話し合っていくうちに、「多読指導を大規模に行なって、その効果を探ろう」という方向に定まっていきました。

❷ 先行研究をフォローする

ある程度テーマが決まれば、そのテーマを扱った先行研究にあたります。ここでは、(1)これまでに何がわかっているか、(2)何が問題点として残されているか、ということを把握することが目的です。

多読指導についてのエッセイや記事は多くあっても、その効果ということになると、実証的データに基づく研究はほとんどなく、金谷他(1991，1992)や鈴木(1993)がある程度でした。いずれの先行研究も、多読指導の効果を認めるものですが、次のような問題点がありました。前者は、「多読プログラム」に参加した生徒の読書量の差について統計処理や考察がなされておらず、後者は、被験者が少なく、英語や英語学習に対する意識の変容についてアンケートを実施しているが統計処理は行なわれていないという問題点がありました。

　ここで注意しなければならないのは、何らかの問題点があるからと言って、それだけでその研究の価値がなくなるというわけではない、ということです。「問題点」というのは、今後改善できる点と考えればいいでしょう。むしろ、その点を改善すれば、それが自分の研究の originality ということになります。研究は、このような積み重ねによって徐々に発展していくものです。

❸ 研究課題の設定

　次の段階では、設定したテーマに即して、実験や調査によって知りたいことを明らかにします。これが研究課題 (Reasearch Questions) です。このとき、先行研究の問題点を踏まえることはもちろんですが、最初の出発点である自分の興味も忘れないことが大切です。

　多読指導の効果については肯定的な結果を示す研究が多いのですが、先行研究とは異なる環境で実施して同様の結果が得られるかどうか調べることにしました。私たちが設定した条件は、次のようなものです。

　(a)対象：特定の希望者ではなく、一学年全員を対象とする
　(b)期間：一年間にわたって継続的に指導・実施する

ここでは、対象と期間という要因を変えてみました。先行研究は、希望者のみを対象としたものであったので、一学年全員を対象に行なっても同様の結果が得られるかどうか。また、数週間という短期間の調査ではなく、もっと長い期間で実施した場合に、どのような結果が得られるのかは、指導のノウハウを探る上でも大変興味深い点でした。

　また、たくさん読んで読解力が向上するということは、ある意味で当然とも思えることなので、英語や英語学習に対する意識にプラスの影響を与えるのか、それともマイナスの影響を与えるのかについても調査することにしました。

つまり、研究課題は次のようにまとめることができます。
(a) 多読が読解力の向上にどのような影響を及ぼすのか
(b) 学習者の英語学習に対する態度および英語に対する意識にどのような影響を及ぼすのか

❹ データの収集

研究課題で設定した点が、もっとも知りたい点ということになりますが、どのようなテストやアンケートを用いればそれが達成できるか、十分に時間をかけて検討しなければなりません。ここでは、実際に用いたテストやアンケートについて詳述する余裕はありませんが、(1)読解力テスト（WPM＝1分間に読んだ語数/総語数×問題正答数）および(2)5段階スケールのアンケートを、多読指導の事前・事後に実施しました。

なお、データ収集に際しては、次のような点について注意が必要です。
(a) インフォームド・コンセント：事前に、調査の目的や個人情報の非公開などについて十分説明し、同意を求める必要があります。英語教育研究の場合、学習者の人権にも十分に配慮が必要です。
(b) 同一の実験環境：データの信頼性を確保するため、実験者が複数いる場合、人によって指示が異ならないようにします。
(c) 実験の目的に合致しているか：実験によって何らかのデータは得られますが、ここで再び研究課題に立ち戻って、本当にこれで調べたいものを調べることができるかを十分に検討することが必要です。

❺ データ処理と結果

多読指導の結果、読破ページ数によって読解力テストの結果に差が見られるかどうかを統計的に検証しなければなりません。

データ処理は、EXCELのような表計算ソフトや、SPSSのような統計処理ソフトが普及しており、パーソナル・コンピュータで比較的手軽に行なうことができます。統計上の信頼性を高めるには、ある程度データ数を確保することが必要ですが、実験に直接関係のないデータをむやみにとったり、無駄に問題数を増やすことは避けたいものです。

ここからは、読解力テストの結果を取り上げます。多読を始める前にあらかじめ読解力テストを実施し、上位群・下位群に分け、さらに多読実施後の読破ページ数によってそれぞれ3群に分類しました。多読実施の前後で行なった読解力テストの結果と、その差をとったものが次の表

です(単位は WPM)。

群		読破ページ数	事　前	事　後	差
上位群	A	200ページ以上	117.95	155.70	37.75
	B	100〜199	120.06	149.50	29.44
	C	100ページ以下	110.61	139.04	28.43
下位群	D	200ページ以上	66.82	107.79	40.97
	E	100〜199	59.56	96.74	37.18
	F	100ページ以下	54.98	79.46	24.48

　上の表の結果を見ると、どの群もプラスの伸びを示していることがわかります。ここでは、読破ページ数によって読解力の伸びに違いが見られるかどうかを知ることが目的ですから、各群の平均値の差が本当に意味のある差なのかどうかを確かめる必要があります。これを「検定」と言います。

　まず、それぞれの群において、事前と事後テストの差を見ましょう。例えば、A 群では117.95から155.70へと上昇し、事前テストと事後テストの差が37.75となっていますが、差は本当に差があると見ていいかどうかを確かめなければなりません。この差が単なる偶然ではなく、意味のある差であるというとき、「有意差(significant difference)が見られる」と言います。平均値だけを見ていると、あたかも差があるように見えるデータでも、検定を行なって有意差が見られなければ、その差には意味がないということになります。コンピュータ・ソフトで統計処理にかけた結果、どの群においても多読指導の前後で有意差が見られました。

　次に、読破ページ数と読解力の伸びには相関があるかどうかを見てみましょう。事前テストと事後テストの差の平均値を見ますと、例えば、A 群は37.75、B 群は29.44ですが、この2つの群の平均値の差は本当に差があると見てよいかどうかを確かめる必要があります。検定の結果、A-B 群間、D-F 群間、E-F 群間で有意差が見られました。

❻結果の考察

　❺では、得られた結果を示しましたが、次にその結果がどういうことを意味しているのか、いろいろと考察します。あくまでも設定した変数

と得られたデータの結果に基づき、議論します。「こういう結果が出て欲しい」というような先入観をもってデータを見たり、勝手な思いこみは禁物です。

今回の実験結果からどのようなことが言えるでしょうか。上位群では、200ページを境に読解力に差が見られたことを示しています。ただし、上位群では、B-C 群間では有意差は見られなかったことにも目を向ける必要があります。これは、もともとある程度の読解力があるため、200ページ未満の読書量では、顕著な伸びは見られなかったと考えることができます。

下位群では、100ページ以下、100ページ以上200ページ以下、200ページ以上の3つのグループの間に読解力の差が見られたことになります。下位群では各群間の差は顕著であり、また、読破ページ数の増加に伴って読解力の飛躍的な伸びが見られます。伸びの平均値を見ると、読破ページ数が多くなるほど伸びも大きいことが読みとれます。

以上のことから、「読破ページ数の増加に伴って、読解力も伸びる」と結論づけることができるでしょう。

❼ まとめと今後の課題

最初に設定した研究課題に即して、結論を述べます。実験結果と直接結びついていない思いつきの発言をしている論文・発表を見かけることがありますが、これは慎むべきです。あくまでも実験結果から導びかれることを述べるのが、「まとめ」です。

今回の調査は、次のようにまとめることができます。
(a) 多読によって、英文を速くかつ正確に読む力が伸びる
(b) この力は、多読学習以前の読解力の優劣に関係なく伸びる
(c) 読破ページ数と読解力には強い相関がある

最後に「今後の課題」では、今回の研究の問題点というよりは、「さらにこういう点について調査したい」ということについて述べます。ただし、あまり書きすぎないように注意しましょう。

❽ 量的研究と質的研究

最後にもう一つ、英語教育研究で見落としてはならない点について述べておきましょう。上で述べてきた手法は、データに基づく量的研究と呼ぶことができます。しかし、個々のデータのばらつきを捨象して平均

値をとったデータを見ているだけでは、重要な点を見逃してしまうことも多いのです。個々のデータを眺めていると、非常に特異な傾向を示しているデータを発見することがあります。

　多読指導から一例を挙げましょう。入学後、定期考査や実力テストの成績は次第に下がり、授業態度も予習をしてこなくなるなど、むしろマイナスの方向に転じた生徒がいました。しかし、読破ページ数が314ページで200人中19位という結果を示し、読解力テストでは、確実に速く正確に読めるようになっており、アンケートでは、「英語を読むのが苦痛でなくなった」、「英文を読むのが大いに楽しくなった」と回答しました。この生徒は、英語が嫌いなのではなく、文法や語法についてうるさく言われる授業や、テストを意識した英語学習に失望していたと考えることもできます。もしかすると、多読をすることでこの生徒は救われたのかもしれません。多読は、英語嫌いを防ぐ有効な試みの一つであるのかもしれません（磯部他，1998）。

　日頃教えている生徒なら、個別にインタビューを行なうことによって、より詳しい情報を得ることができます。このように、同じデータであっても質的な面にも目を向けることによって、研究として非常に強いものになるだけでなく、授業へのフィードバックを得ることができます。

5．おわりに

　私たちは、前節で取り挙げた共同研究を通して、授業の改善に役立つ多くのヒントを得ることができましたし、リーディング指導に対する洞察力も深めることができました。また、授業をすることが楽しくなりました。読者の先生方も、より良い授業を目指して、研究や論文に触れてみませんか。そして、自らも研究してみませんか。これからの英語教育研究には先生方のお力がぜひとも必要なのです。

参考文献

赤野一郎．1992．「外国語習得のための情報整理」村山皓司・赤野一郎（編）『異文化を知るための情報リテラシー』pp.13-35，法律文化社．
秋山美彦・市村富治．1980．「高等学校英語教育における言語活動の『読むこと』に関する研究」『昭和54年度研究報告書』山梨県教育センター，pp.260-282．
Alexander, L.G. 1977. *A First Book in Composition, Precis and Composition.* Longman.
安藤昭一．1979．「速読の方法」『読む英語』研究社．
朝尾幸次郎・斎藤典明．1996．『インターネットと英語教育』大修館書店．
Asher, J. J. 1996. *Learning Another Language through Actions.* 5th edition. Sky Oaks Productions.
Duffy, G., et al. 1977. *How to Teach Reading Systematically.* Harper & Row, Publishers.
Ellis, R. 1985. *Understanding Second Language Acquisition.* Oxford University Press.
藤森和子．1980．「教科書暗唱に重点を置いた指導」『英語教育』12月号，pp.24-27，大修館書店．
Gill, Henry H. 1997. *If a Chimpanzee Could Talk and Other Reflections on Language Acquisition.* The University of Arizona Press.
Greenbaum, S., R. Quirk, G. Leech, and J. Svartvik. 1990. *A Student's Grammar of the English Language.* Longman.
郡司隆男．1997．「言語科学の提唱」『言語の科学入門』（岩波講座「言語の科学」第1巻），第4章．
羽柴正市．1979．「英文構成の考え方」『現代の英語教育6：書く・話す・聞く英語』pp.24-51，研究社出版．
橋本雅文・高田哲朗・磯部達彦・境倫代・池村大一郎・横川博一．1997．「高等学校における多読指導の効果に関する実証的研究」『第9回「英検」研究助成報告』pp.118-126，（財）日本英語検定協会．
橋内　武．1995．『パラグラフ・ライティング入門』研究社出版．
樋口忠彦（編）．1995．「スキットの指導2」『個性創造性を引き出す英語授業』pp.132-139，研究社出版
本田実浄．1960．『PATTERN PRACTICE』大修館書店．
池上　博．1996．「概要を読み取るリーディング-速読の時間を設けて」渡辺時夫（編著）『新しい読みの指導』pp.130-136，三省堂．
石井正之助．1970．『講座・英語教授法5：読む領域の指導』pp.70-80，研究社．
磯部達彦・境倫代・橋本雅文・高田哲朗・池村大一郎・横川博一．1998．「高等学

校における多読指導の効果：読破頁数上位群の分析」『英語教育研究』No.21, pp.21-32, 関西英語教育学会.

伊東治巳. 1994.「海外の教授法と日本の教授法」『現代英語教育』創刊30周年記念号, pp.40-41, 研究社出版.

岩村圭南. 1995.『インターネットで英語学習』アルク.

Kadota, S. 1984. Subvocalization and Processing Units in Silent Reading.『被昇天短期大学紀要』第11号, pp.29-58, 被昇天短期大学.

Kadota, S. 1987. The Role of Prosody in Silent Reading. *Language Sciences*. pp. 185-206, The East-West Sign Language Association.

門田修平. 1994.「実験データ VS.経験知―入試の読解問題対策に音声英語の指導は役立たないか？」『現代英語教育』1月号, pp.17-19, 研究社出版.

門田修平. 1997.「視覚および聴覚提示文の処理における音声的干渉課題の影響」『ことばとコミュニケーション』Vol. 1, pp.32-43, 英潮社.

影浦 攻他. 1989. 中学校指導書外国語編, pp.42-43, 文部省.

梶田叡一. 1992.『教育評価〔第2版〕』有斐閣.

垣田直巳. 1979.『英語教育学ハンドブック』pp.243-251, 大修館書店.

亀井節子・広瀬恵子. 1994.「外国語理解におけるメディア多重化の効果：学習者の英語力との関係で」*Language Laboratory*, 第31号, pp.1-17, 語学ラボラトリー学会.

金口儀明. 1968.『主題と陳述(上)』研究社出版.

金谷 憲(編). 1995.『英語リーディング論』河源社.

金谷 憲・長田雅子・木村哲夫・薬袋洋子. 1991.「高等学校における多読プログラム―その成果と可能性」『関東甲信越英語教育学会紀要』No. 5, pp.19-26.

金谷 憲・長田雅子・木村哲夫・薬袋洋子. 1992.「高等学校における多読プログラム―その読解力, 学習方法への影響」『関東甲信越英語教育学会紀要』No. 6, pp.1-10.

金谷 憲・谷口幸夫. 1994.『ライティングの指導』研究社出版.

Keene, D・羽鳥博愛（監修）. 1987.『会話作文英語表現辞典』朝日出版社.

北尾倫彦. 1991.『学習指導の心理学』有斐閣.

清川英男. 1990.『英語教育研究入門』大修館書店.

木塚晴夫・James Vardaman. 1997.『米語正誤チェック辞典』Macmillan LanguageHouse.

Klammer, E. 1978. *Paragragh Sense*. Harcourt Brace Jovanovich, Inc.

Klare, G. R. 1984. Readability. In P. D. Pearson (ed.) 1984. *Handbook of Reading Research*. Longman.

Kletzien, S. B. 1991. Strategy Use by Good and Poor Comprehenders Reading Expository Text of Different Levels. *Reading Research Quartery*, Vol. 26, No. 1, pp. 67-86.

Kohno, M. 1981. The Effects of Pausing on Listening Comprehension. In T. Konishi(ed.) *Studies in Grammar and Language*, pp. 392-405, 研究社出版.

河野守夫. 1992.『英語授業の改造』(改訂版) 東京書籍.

河野守夫. 1993.「人は音の流れをどのようにして理解するのか」小池生夫（編）『英語のヒアリングとその指導』pp.19-55, 大修館書店.

河野守夫. 1997.「リズムの知覚と心理」杉藤美代子（監修）『日本語音声(2)アクセント・イントネーション・リズムとポーズ』pp.91-139, 三省堂.

河野守夫・沢村文雄(編). 1985.『Listening & Speaking―新しい考え方』山口書店.
小松栄太. 2000.「Read and Look-Upが中学校3年生におけるキーセンテンスの定着に及ぼす効果についての実証的研究」『第3回卒論・修論研究発表セミナー発表論文集』pp.87-91, 関西英語教育学会.
近藤　真. 1996.『コンピューター綴り方教室』太郎次郎社.
小西友七(編). 1979-1995.『語法研究と英語教育』第1号～第17号, 山口書店.
小菅敦子・小菅和也. 1995.「スキットを利用した活動」『英語教師の四十八手8：スピーキングの指導』pp.130-136, 研究社出版.
隈部直光. 1992.『英語教師 Do's & Don'ts―クマベ先生心得100箇条』中教出版.
Littlewood, W. 1992. *Teaching Oral Communication.* Blackwell Publishers.
松川禮子. 1998.「英語教育研究の未来」『現代英語教育』3月号, pp.34-37, 研究社出版.
Murphey, T. 1992. *Music & Song.* Oxford University Press.
西川　純. 1999.『実証的教育研究の技法』大学教育出版.
野口悠紀雄. 1997.『「超」勉強法―実践編』講談社.
小笠原林樹. 1997.『日本人英語の誤用診断事典』研究社出版.
小笠原八重. 1990.「コミュニケーション能力の測定― Productive Skillsを中心に：オーラル・コミュニケーションの場合」『現代英語教育』4月号, 研究社出版.
Ohtagaki M. and Ohmori, T. 1991. The Advantage of 'Progressive' Reading Activities Using Sense Group for Japanese Learners―An Experimental Study. *Annual Review of English Language Education in Japan,* Vol. 2, pp. 83-92, The Fedearion of English Language Education Societies in Japan.
小沢牧子. 1992.『心理学は子どもの見方か？―教育の解放へ』ウイ書房.
尾関修治・小栗成子・三枝裕美・河村春美. 1997.「インターネット時代が日本の語学教育に求めるもの」『語学ラボラトリー学会第37回全国研究大会発表論文集』pp.190-191, 語学ラボラトリー学会.
Pennington, M.C. 1996. *Phonology in English Language Teaching.* Longman.
Seidensticker, E. G.・松本道弘(監修). 1982.『最新日米口語辞典』朝日出版社.
斎藤栄二. 1984.『英語を好きにさせる授業』大修館書店.
斎藤栄二. 1996a.『英語授業レベルアップの基礎』大修館書店.
斎藤栄二. 1996b.『英文和訳から直読直解への指導』研究社出版.
斎藤栄二. 1998.『英語授業成功への実践』大修館書店.
斎藤栄二・高梨康雄・森永正治・渡辺時夫. 1986.「Gridを利用したQづくりの実践」『新しい英語科授業の創造』pp.160-162, 桐原書店.
斎藤俊雄・中村純作・赤野一郎（編）. 1998.『英語コーパス言語学―基礎と実践』研究社出版.
Sperling, D. 1998. *Dave Sperling's Internet Guide.* Prentice Hall Regents.
鈴木寿一. 1985.「暗唱指導再考―ある試みとその効果」『大阪府高等学校英語教育研究会研究集録』No.20, pp.44-51, 大阪府英語教育研究会.
鈴木寿一. 1986.「リスニング教材の提示法に関する実証的研究」六甲英語学研究会（編）『現代の言語研究』pp.407-418, 金星堂.
鈴木寿一. 1987.「リスニングの指導をめぐって PART3―ポーズと反復法が学習

者の聴解力に及ぼす影響について」『大阪府高等学校英語教育研究会研究集録』No.22, pp.115-116, 大阪府英語教育研究会.

Suzuki, J. 1991. An Empirical Study on a Remedial Approach to the Development of Listening Fluency：The Effectiveness of Pausing on Students' Listening Comprehension Ability. *Language Laboratory,* 第28号, pp. 31-46, 語学ラボラトリー学会.

鈴木寿一. 1992.「「英語ⅡB」および「リーディング」」東眞須美（編著）『英語科教育法ハンドブック』pp.192-213, 大修館書店.

鈴木寿一. 1993.「個人差に対応した多読指導の効果」『英語教育研究』No. 16, pp.88-94, 日本英語教育学会関西支部.

鈴木寿一. 1994.「読解力を測定する入試問題の形式に関する実証的研究」『英語教育研究』第17号, pp.74-79, 日本英語教育学会関西支部.

鈴木寿一. 1996.「読書の楽しさを経験させるためのリーディング指導」渡辺時夫（編著）『新しい読みの指導』pp.116-123, 三省堂.

鈴木寿一. 1997.「進学校の英語教育―教材選択に関する教師の思い込みを検討する」『現代英語教育』3月号, pp.10-13, 研究社出版.

鈴木寿一. 1998a.「音声教材中のポーズがリーディング・スピードに及ぼす影響に関する実証的研究」ことばの科学研究会（編）『ことばの心理と学習』pp. 311-326, 金星堂.

鈴木寿一. 1998b.「音読指導再評価―音読指導に関する実証的研究」『LLA関西支部研究集録』第7号, pp.13-28, 語学ラボラトリー学会関西支部.

Suzuki, J. 1999. An Effective Method for Developing Students' Listening Comprehension Ability and Their Reading Speed:An Empirical Study on the Effectiveness of Pauses in the Listening Materials. In N. O. Jungheim and P. Robinson (eds.). *Pragmatics and Pedagogy: Proceedings of the 3rd Pacific Second Language Research Forum,* Vol. 2, pp. 277-290, PacSLRF.

鈴木寿一. 2001.「ディベートを中心としたコミュニケーション能力の育成を目指す指導の効果―英語力と英語学習に対する態度への影響」横川博一（編）『現代英語教育の言語文化学的諸相』三省堂.

Swan, M. 1995. *Practical English Usage.* (2nd edition) Oxford University Press.

高田哲朗. 1994.「英語ⅡCからライティングへの転換を目ざして」*CHART NETWORK,* No.12, 数研出版.

高田哲朗. 1997.「ダイナミックなライティング指導の試み」『京都教育大学附属高等学校研究紀要』第62号.

鷹家秀史・須賀廣. 1998.『実践コーパス言語学』桐原ユニ.

高梨庸雄・高橋正夫. 1987.『英語リーディング指導の基礎』研究社出版.

竹中重雄. 1992.「例文の用い方・活かし方」『現代英語教育』8月号, pp.12-14, 研究社出版.

竹中重雄. 1998.「語順と英語教育(II)―実際の指導法を考える」『梅花短期大学研究紀要』第46号, pp.79-98.

竹内理（編著）. 2000.『認知的アプローチによる外国語教育』松柏社.

Takeuchi, O., Y. Edasawa and K. Nishizaki. 1990. Do Films Improve EFL Students' Listening Comprehension Ability? *Language Laboratory,* 第27号, pp.81-98, 語学ラボラトリー学会.

田崎清忠. 1990.『英語会話教育理論』大修館書店.

天満美智子．1989．『英文読解のストラテジー』大修館書店．
鳥飼久美子．1996．『異文化をこえる英語』丸善株式会社．
上村妙子・大井恭子．1992．『レポートライティング』日本英語教育協会．
後　洋一．1979．「リーダー授業改善への試み(2)」『英語教育』7月号，pp.15-20，開隆堂．
後　洋一．1982．「リーダー授業改善への試み―ComprehensionからSummary Writingへ」『英語教育実践記録①英語教育にロマンを』pp.135-172，三省堂．
和田　稔．1989．『高等学校学習指導要領解説外国語編・英語編』pp.49-52，文部省．
若林俊輔・根岸雅史．1993．『無責任なテストが「落ちこぼれ」を作る』大修館書店．
早稲田大学文学部情報化検討委員会編．1998．『インターネットで変わる英語教育』早稲田大学出版部．
Widdowson, H. G. 1978. *Teaching Languages as Communication.* Oxford University Press.
Williams, S. N. 1973. *The Logic of the English Paragraph.* 研究社．
簸内　智・大平博恒・山中慰江．1992．「コミュニケーション能力の基礎を培う英語学習指導」『大阪教育大学教育学部附属池田中学校研究紀要』第36集，pp.191-212．
簸内　智・大平博恒・山中慰江．1994．「コミュニケーション能力の基礎を培う英語学習指導（第2年次）」『大阪教育大学教育学部附属池田中学校研究紀要』第37集，pp.161-178．
山家保．1957．『Pattern PracticeとContrast』開隆堂．
安木真一．1996．「英字新聞英語雑誌を用いた英語授業」語学ラボラトリー学会第37回全国研究大会口頭発表資料．
安木真一．1997．「Reading指導に系統性を―高校2年生での実践」*Reading Writing Forum,* 1，pp.3-6，大阪府高等学校英語教育研究会．
Yoshida, H., S. Uematsu, S. Yoshida and O. Takeuchi. 1998. Modalities of Subtitling and Foreign Language Learning,『LLA関西支部研究集録』第7号，pp.49-63，語学ラボラトリー学会関西支部．

〈補遺〉
Canale, M. 1983. From Communicative Competence to Communicative Language Pedagogy. In J. C. Richards & R.W. Schmidt (eds.), *Language and Communication.* Longman.
Canale, M. & M. Swain. 1980. Theoretical Bases of Communicative Approaches to Second Language Teaching and Testing. *Applied Linguistics*, Vol. 1, No. 1, pp.1-47.
Celce-Murcia, M., Dörnyei, Z. & S. Thurrell. 1995. Communicative Competence: A Pedagogically Motivated Model with Content Specifications. *Applied Linguistics*, Vol. 6, No. 2, pp.5-35.
Grabe, W. 1991. Current Developments in Second Language Research. *TESOL Quarterly*, 25, pp.375-406.
Halliday, M. A. K. & R. Hasan. 1976. *Cohesion in English.* Longman.
Heyer, S. 1990. *More True Stories: A Beginning Reader.* Longman.

Mikulecky, B. S. & L. Jeffries. 1986. *Reading Power*. Addison Wesley Longman.
Mikulecky, B. S. & L. Jeffries. 1996. *More Reading Power*. Addison Wesley Longman.
Mikulecky, B. S. & L. Jeffries. 1997. *Basic Reading Power*. Addison Wesley Longman.
西本有逸. 1999a.「多面的なリーディング指導とその評価」『ことばとコミュニケーション』第3号, pp.80-81, 英潮社.
西本有逸. 1999b.「テクストとのインタラクションを高めるリーディング指導――テクスト構造, テクストシグナルに焦点をあてて――」『英語教育研究』第22号, pp.29-41, 関西英語教育学会.
西本有逸. 1999c.「テクストの首尾一貫性と読み手の心的表象――リーディング指導への応用可能性を探る――」第25回全国英語教育学会北九州研究大会自由研究発表資料.
Nunan, D. 1989. *Designing Tasks for the Communicative Classroom*. Cambridge University Press.
Oakhill, J. & A. Garnham. 1988. *Becoming a Skilled Reader*. Basil Blackwell.

〔編者・執筆者紹介〕

斎藤栄二（さいとう　えいじ）　関西大学大学院外国語教育学研究科長
ハワイ大学大学院修士課程修了（英語教授法専攻）。小学校、中学校、高等学校に勤務後、教育センター、桜の聖母短期大学教授を経て、京都教育大学教授、平安女学院大学教授を経て、2002年4月より現職。『現代英語教育』（研究社出版）1995年3月号で英語教育誌の特集記事に最も貢献した執筆者に選ばれる。悩みは駄洒落に学生が笑ってくれなくなったこと。こちらの改善も急務である。『英語を好きにさせる授業』、『英語授業成功への実践』（大修館書店）他、著書多数。

鈴木寿一（すずき　じゅいち）　京都外国語大学教授
1972年神戸市外国語大学英米学科卒業。公私立の中学及び高校4校で、ほんとうに生徒のためになる英語教育を実証的に追求。京都教育大学教授を経て、2005年4月より現職。主な著作：高等学校検定教科書 *Mainstream, New Stream*（共編，増進堂）、『英語科教育法ハンドブック』（分担執筆，大修館書店）、『新しい読みの指導』（分担執筆，三省堂）、『ことばの心理と学習』（分担執筆，金星堂）、『クリスタル総合英語』（増進堂）他。自称「愛妻家」。

磯部達彦（いそべ　たつひこ）　京都教育大学附属高等学校教諭
1956年生。福岡県出身。同志社大学英文学科卒業。大阪府立高校教諭を経て現職。主な著作：「リーディング指導12のアプローチ」『英語教育』1998年～1999年（共著，大修館書店）。趣味は文学とジャズの演奏。

後　洋一（うしろ　よういち）　同志社女子大学教授
大阪学芸大学卒業。4つの公立中学・高校教諭、教育センター指導主事、府立高校教頭、校長を歴任。2000年4月より現職。英語指導法改善に取り組む。主な論文：「Reader 授業改善への試み」（三省堂英語教育賞受賞）他。

紀岡龍一（きおか　りゅういち）　大阪府立久米田高等学校教諭
1987年神戸市外国語大学英米学科卒業。生徒が高校卒業後も、英語に対する学習意欲を持ち続けることができる英語教育を目指している。語学ラボラトリー学会、関西英語教育学会、現代英語教育研究会会員。

清水敦子（しみず　あつこ）　京都市立西ノ京中学校教諭
京都教育大学大学院修士課程英語教育専修修了。京都市立中学校に勤めて現在4校目。3年前から習い始めた太極拳を授業のブレイクタイムに生徒に披露している。自然と人間を愛する人間になりたいと思っている。

白井雅裕（しらい　まさひろ）　同志社女子中・高等学校教諭
1979年同志社大学卒業。20年間の中高一貫教育の経験をふまえ、特に LL での授業実践に力を入れている。現在は、実践的コミュニケーション能力の育成に

ついて、学習者のオーラルなスキルの評価という視点から研究中。

諏訪真理子（すわ　まりこ）　京都市立音羽中学校教諭
京都教育大学英文学科卒業。1996年より現職。実践報告に「私の工夫―プリントとゲーム」『第37回 LLA 全国研究大会発表論文集』がある。悩みながらも、より良い授業を目指して日々勉強中である。

高田哲朗（たかだ　てつろう）　京都教育大学附属高等学校教諭
京都府立高等学校3校を経て、現職。主な共著：高等学校検定教科書 *POLE-STAR Writing Course*（数研出版）、「リーディング指導12のアプローチ」『英語教育』（大修館書店）。関西モーツアルト協会、室内楽の会会員。

竹中重雄（たけなか　しげお）　関西外国語大学短期大学部教授
京都学芸大学卒業。公立中学・高校を経て、京都教育大学附属高校に23年間勤務。梅花短期大学を経て、2000年4月より現職。力をつける、楽しい授業を追求。1990年度 ELEC 賞受賞。英語教育に関する論文・教材等多数。

達賀宏紀（たつが　ひろき）　箕面学園高等学校教諭
京都教育大学大学院教育学研究科英語教育専修修了。大阪外国語大学大学院言語社会研究科在学中（英語学専攻）。大阪商業高等学校教諭を経て現職。*Orbit English Reading TEACHER'S MANUAL*（三省堂）等を執筆。

出口ナナ子（でぐち　ななこ）　京都府立西宇治高等学校教諭
京都教育大学英文学科卒業。1990年より京都府立高校に勤務。積極的で、意欲的な生徒を育てるために、受信と発信のバランスの取れた授業を目指して自己研磨中。関西英語教育学会会員。

中井弘一（なかい　ひろかず）　大阪女学院大学教授
京都教育大学卒業。大阪府立高校3校で16年間教鞭を執る。府教育センター指導主事、教科第一室長、府立高校校長を経て、2004年より現職。訳書『アメリカ最重要単語演習』（洋版出版）の他、英語教育に関する論文多数。

西本有逸（にしもと　ゆういち）　京都教育大学助教授
神戸大学卒。兵庫教育大学大学院修士課程修了。大阪府立高校教諭、大阪教育大学附属高等学校天王寺校舎教諭を経て、2001年より現職。教育と学問の融合を目指す。主な著作：『伝達意欲を高めるテストと評価』（共著，教育出版）他。

橋本雅文（はしもと　まさふみ）　京都教育大学附属高等学校教諭
京都教育大学卒業。文武両道を目指して野球部監督を務める。「学びやすく、教えやすい教材」を求めて、高等学校検定教科書 *Mainstream, New Stream*（共編，増進堂）の他、参考書、問題集などを執筆。英語教育関係論文多数。

藤林富郎（ふじばやし　とみお）　千里金蘭大学教授
京都教育大学卒業。キャンベラ大学留学（TESOL）。「学習者の視点から」をモットーに高校で16年間勤務後、現職。著作：『英語授業実例事典II』（大修

館書店)『すべての子どもにたしかな学力を』(共訳, 明治図書)他。

溝畑保之(みぞはた やすゆき)　大阪府立鳳高等学校教諭
　同志社大学卒業。四技能の統合を目指すダイナミックな英語授業を20年に渡って展開。主な著作:高等学校検定教科書 *Mainstream, New Stream*(共編, 増進堂)、*Talk About Osaka*(共著, 啓林館)の他、論文や学会発表多数。

安木真一(やすぎ しんいち)　鳥取県立八頭高等学校教諭
　大阪外国語大学卒業。テンプル大学大学院修士課程修了(MEd in TESOL) より良い授業を模索しつつ、大阪、東京の私立中高に13年間勤務後、1998年より現職。所属学会:関西英語教育学会、英語授業研究学会他。

籔内　智(やぶうち さとし)　京都精華大学助教授
　大阪教育大学卒業後、同大学附属中学校教諭として勤務。その後、京都教育大学大学院、大阪大学大学院言語文化研究科博士後期課程に進む。音声学、心理言語学、英語科教育に特に関心がある。モットーは"Enjoy teaching!"

山口　均(やまぐち ひとし)　貝塚市立第三中学校教諭
　1960年北海道生まれ。関西大学ドイツ文学科卒業。現代英語教育研究会会員。演劇、養護(障害児)教育、図書館教育等、他分野の経験を英語教育へ応用している。最近は「yosakoiソーリャ!祭り」もプロデュースする。

横川博一(よこかわ ひろかず)　神戸大学助教授
　1968年生まれ。京都教育大学大学院修了、大阪大学大学院言語文化研究科博士課程修了。京都外国語大学を経て、2003年より現職。言語情報処理のメカニズムに関心がある。主な著作:『現代英語教育の言語文化学的諸相』(編著, 三省堂)。

吉見徳寿(よしみ のりひさ)　京都府立苑道高等学校教諭
　関西学院大学文学部英文科卒業。京都府立峰山高等学校に7年間勤務の後現職。関西英語教育学会・英語の教え方研究会会員。教材解釈だけに終わらない授業を常に工夫していきたいと考えている。

より良い英語授業を目指して
教師の疑問と悩みにこたえる
ⓒ Eiji Saito and Juichi Suzuki 2000　　　　　　　　NDC375 295p 22cm

初版第1刷	2000年4月5日
第3刷	2005年9月1日

編著者	斎藤栄二・鈴木寿一
発行者	鈴木一行
発行所	株式会社 大修館書店
	〒101-8466 東京都千代田区神田錦町3-24
	電話 03-3295-6231（販売部）03-3294-2355（編集部）
	振替 00190-7-40504
	［出版情報］http://www.taishukan.co.jp
装丁者	内藤創造
印刷所	厚徳社
製本所	三水舎

ISBN4-469-24451-1　　　Printed in Japan

Ⓡ本書の全部または一部を無断で複写複製（コピー）することは，著作権法上での例外を除き禁じられています。